社会经济史研究系列

计量经济史
研究方法

RESEARCH METHODS
OF CLIOMETRICS

刘 巍／著

社会科学文献出版社
SOCIAL SCIENCES ACADEMIC PRESS (CHINA)

内容提要

本书系统地考察了计量经济史（Cliometrics）的研究方法，并提供了作者近年来尝试研究的案例，可供计量经济史爱好者、经济史研究者和理论经济学其他学科研究者参考。

本书正文共9章，分为上下两编。上编讨论研究方法，基本上遵从实证主义研究路线：前提假设—逻辑推理—实证检验。本书将"前提假设"分为上位前提（总供求态势）、下位前提（制度安排、习俗和发展阶段特征等）和技术性前提（为分析方便而做的暂时假设），并分别做了讨论。在"逻辑推理"部分，本书简要考察了经济学逻辑和前提假设的关系，总结了几种常用的逻辑推理工具。在"实证检验"部分，本书总结了计量经济学应用的基本原则和需要注意的一些问题。最后，本书讨论了计量经济史的"研究链"——经济史研究的相互连接的三个层次，并对研究者的定位问题提出了建议。下编介绍了几个不同角度的研究案例，诸如文献评介、学术商榷与应答、中外经济史专题研究和理论质疑与补充等。

自序：对"经济史应当成为经济学之源"理念的思考

已故著名经济史学家吴承明先生认为，"经济史应当成为经济学的源，而不是经济学的流"。[①] 多年来，这一理念始终为国内经济史学界众多学者所接受，在许多文献中都可以看到赞扬和诠释。但是，绝大多数文献都停留在呼吁和号召的层面上，而将这一理念付诸研究过程或提出具有可操作性的研究路径者却很少见到，国内学界长期以来的实际情况是"源"与"流"之间鲜有沟通管道，经济学和经济史两界学者自说自话，难以体现上下游之间的顺畅联系。以中国近代经济史为例，学界惯常的研究路径是，就时下经济中的某一热议问题，如房地产、"三农"、基础设施建设、股市等，做民国或晚清时期同一问题的论文，文中大都声称为当今提供借鉴。但是，由于作者对经济运行逻辑知之甚少，所以，论文描述的基本因果关系和所用数据的统计口径等规范性元素与经济学含义相去甚远，经济学界无法参考借鉴。于

[①] 吴承明：《经济史：历史观与方法论》，上海财经大学出版社，2006，第219页。

| 计量经济史研究方法

是，当"源"不能为"流"提供"达标水"时，经济学界一旦需要借鉴历史经验，大都是自己动手。例如，经济学家陈志武近年来正率团队研究整理中国1700年以来的时间序列利率数据，其原因自不待言——中国近代经济史文献无法提供这类数据。又如，新中国成立以来中国近代金融史研究开展了几十年，但尚无国内学者估算货币供应量时间序列数据，目前学界使用的近代中国24年的货币供给量是美国经济学家罗斯基估算的，[①]虽有一定瑕疵，但终强于无据可循。众所周知，离开货币量数据，绝大多数经济问题是讲不清楚的。不可否认，也有经济学界学者轻率地使用经不起推敲的历史数据，进而得出令人遗憾的结论之案例。如财新网报道，香港大学许成钢教授2011年7月5日在北京出席IEA第16届全球大会时谈到了中国经济总量在世界上的地位问题："从最近的30年或者50年来看非常了不起，但把历史拉开来看，只是相当于中等程度的恢复。1913年美国GDP世界第一，中国第二，只看这个指标，中国终于回到了1913年时在国际上的地位。但从绝对数量上看，2010年中国GDP约为美国的五分之二，还不如1913年。按照比较乐观的估计，2025年中国GDP会成为世界第一，即便如此，中国也只是达到了1880年的状态，当时中国已经是世界最大的经济体。"[②]许成钢先生的数据不知出自何处，令人惊讶。在前辈学者研究成果的基础上，我们对1887～

---

① Thomas G. Rawski, *Economic Growth in Prewar China*, University of California Press, 1989.
② 详见 http://overseas.caing.com/2011-07-05/100276240.html，且国内各大网站相关栏目多有转载，影响较大。

1936年缺失的40个数据做了初步的估算,① 形成了一个50年时间序列数据。笔者所做的比较研究结论是,1913年中国不是第二,1880年也不可能是第一。②

凡此种种,不一而足,可见,在国内学界,有效沟通"源"与"流",且保证"源"之水能为"流"所用,是当务之急。既然学界同仁对吴承明先生提出的理念从无异议,于是,呼吁号召就嫌多余了。笔者借自序之便,拟就有效沟通源流的思路抒发一孔之见,借以纪念学界泰斗吴承明先生。

一 经济史研究范式思考:"史无定法"大义浅读

从国内学界源与流不能有效沟通的现状来看,笔者认为,经济史学界与经济学界研究范式的巨大差异是源与流尴尬局面的症结所在,同时,问题在于经济史学界。经济史学界一些学者片面地解读吴承明先生提倡的"史无定法"理念,常对此说望文生义,进而作为事实上不懂经济研究方法和分析工具的搪塞,通常凭聪明和灵感对经济史做出朴素的或想当然的解释,研究结论常常令经济学界茫然不解。这犹如不大懂化学的人按自己的观察写出的化学实验报告和实验结果分析,化学家对这份文件是不会感兴趣的。

我们知道,经济史研究过程不是信马由缰的,研究者事先必

---

① 刘巍、陈昭:《近代中国50年GDP估算与经济增长研究(1887~1936)》,经济科学出版社,2012,第107~108页。
② 刘巍:《1887~1936年中国总产出的国际地位研究——与美英日三国的比较分析》,《广东外语外贸大学学报》2013年第2期。

有某种思路。于是，经济史文献中使用的历史资料必然是研究者精心选择的，基本适合研究者的研究思路。但是，如果研究者对经济运行逻辑关系知之甚少或浑然不知，那么，所选资料用处不大就是大概率事件了。

从研究范式差异这一起点开始，经济史学和经济学两界学者必然渐行渐远。那么，吴承明先生提倡的"史无定法"究竟含义如何呢？笔者虽与吴老相识，也曾多次得到吴老的指点，且吴老是笔者博士学位论文答辩委员会主席，但是，笔者毕竟没有就"史无定法"的含义一题向吴老做过专门请教。于是，以下对吴老主张的"史无定法"理念的理解纯属笔者演绎，荒谬之处在所难免。

首先，"史无定法"是大视野的理念。历史是对既往人类活动场景的记述，绚烂多彩，人们从各个角度研究，产生了诸如外交史、战争史、农业史、音乐史、哲学史等"泛历史"分支。如今早已不是司马迁写《史记》的时代了，科学发展突飞猛进，理应有各个角度的方法，不可能也不应该一致。各个研究角度既然有客观的运行规律，就必有反映和继续探索这些规律的逻辑框架及研究范式。于是，研究各种专门史的方法应该有特定的一种或数种，即在某一专门史领域中，方法应该是长期积累形成的特定范式。比如，研究音乐史不可能用外交史的研究方法，研究农业史不可能用哲学史的方法。因此，笔者认为，大视野的"史无定法"理念中蕴含着特定领域的"史有定法"。

其次，经济史研究与经济学研究是不能割裂的。经济学产生至今已有300年左右的历史了，当年威廉·配第、"经济学之父"

自序：对"经济史应当成为经济学之源"理念的思考

亚当·斯密、大卫·李嘉图、边际革命三杰等著名学者研究的经济学，就是我们今天视野中的经济史（也包括经济学说史）。不仅如此，就连"现代经济学之父"凯恩斯的重要研究对象——大萧条，也成了今天经济史学家不倦探索的领地。这些前辈经济学大师的研究方法体现在他们的宏论之中，是传世经典。吾等后辈学人今天在研究他们那个时代的历史经济运行，若连他们的研究方法和分析工具都不掌握（虽有些分析工具，但今天已显落后），甚至看不懂他们的文献，岂不汗颜。学术发展是需要传承的，若某一代人不能从前辈学者那里继承、发扬和创新充满智慧的技法，学术研究水准必将倒退。试想，假如一个人立志研究数学，但对笛卡儿的解析几何、牛顿的微积分既一无所知又不屑一顾，自己另起炉灶，即使此君终日悬梁刺股，又能有多大成就呢？

吴承明先生认为，"经济史研究历史上各时期的经济是怎样运行的，以及它运行的机制和绩效。依此定义，我们研究的视野就不能限于经济本身，因为自然环境、国家、社会和文化都制约着经济的运行，而经济运行的绩效也在自然环境、国家、社会和文化上表现出来"。① 从吴老的定义和释义中可以读出，经济史研究和以往各个时代经济学界对他们的"当今"经济运行研究极为相似。笔者对吴老所言之放开"研究视野"的感受是，任何一个历史阶段的经济运行必然受制于或受益于自然环境、国家、社会和文化等因素，即在不同的自然环境、国家、社会和文化背景之下，各个不同历史时期的经济运行方式不同，经济机制的传导路

---

① 吴承明：《经济史：历史观与方法论》，上海财经大学出版社，2006，第179页。

径不同，经济绩效的高低不同。而宏观经济绩效的累积效应必然促使自然环境、国家、社会和文化等因素发生变迁，进而对下一阶段的宏观经济运行提供大背景。总之，既然经济史的研究内容是历史上的经济运行，无论从何种角度展开研究，必然逼近和最终深入经济运行逻辑之中。因此，经济学的方法应该是经济史研究的核心方法。在《经济史：历史观与方法论》一书的第六章到第九章中，吴老将经济史研究的方法总结为经济学方法、社会学方法、计量分析方法和区域比较方法四种，除去社会学方法之外，其余三种都是大经济学研究方法的子类。同时，应用社会学方法研究经济史也不能独立于经济学逻辑之外，因为研究对象毕竟是历史经济运行，对经济运行逻辑的拒绝无疑会阻碍研究者得出正确结论。

最后，经济史的研究方法与经济史的分析工具是不同层次的概念。从科学研究方法论角度观察，方法应该是上位层次概念，属于梯次展开研究过程的理念或范式；而分析工具则应该是在某种研究理念或范式之下，研究者选择的架构完整的分析手段，如新古典的或现代经济学理论框架，数量分析工具或博弈论分析工具，等等。在一定的方法（理念或范式）之下，可选择的工具很多，但工具本身不是方法，虽然在口语中常常将二者混淆。譬如，在实证主义理念下，经济分析遵循"前提假设—逻辑推理—实证检验"这一范式进行，这是目前主流经济学的研究方法。在这一范式的"逻辑推理"环节上，研究者根据不同的前提假设可选择不同的理论框架作为分析工具，推出最终结论。接下来，在"实证检验"环节上，根据资料情况，研究者可以选择数量分析工具做实证，也可以选择案例分析做实证；如果实在缺乏条件，也可以暂时不做实证，将逻辑推理的结论暂且作为"假说"，待有条件时再做实证。但是，无论怎么变换分析工具，实证主义的研究方法并未发生改变，若研究者不走实证主义路线，那才是研究方法发生了变化。纵观近年来经济史学界对于研究方法的诸多讨论，笔者认为，许多文献的"方法"内涵差异很大，且有大材小用之嫌。

二 经济史与经济学：研究范式对接与研究领地拓展

和大约 30 年前的索洛教授一样，笔者不揣冒昧，也来谈谈经济史与经济学的研究内容。索洛撰文批评过美国计量经济史学派，[①] 吴老在《经济史：历史观与方法论》一书中谈及方法论时，对索洛的论文做了客观的介绍。索洛认为，美国新经济史受到了经济学的损害，虽然也从经济学中得到了营养。索洛的批评主要是针对新经济史学家也和经济学界一样研究整合、使用回归分析工具和"用时间变量代替思考"，他认为，经济史学家应该从社会制度、文化习俗和心态层面给经济学提供广阔的视野。他虽然赞成经济史学家利用经济学家提供的分析工具，但认为不应还给经济学家"同样一碗粥"，即经济史学家应该用经济学的烹饪技艺做出几道新的大菜，从而令经济学家惊奇，而不是重复着经济学的菜单。

---

① Robert M. Solow, "Economic History and Economics", *Economic History*, Vol. 75, No. 2, May 1985.

计量经济史研究方法

虽然吴老在书中对其他学者的观点也有详尽的介绍，但是，中国经济史学界却经常引用索洛的宏论而非其他著名学者的，其意无疑在于否定用经济学工具研究经济史的"新潮"。然而，用某甲的言论否定或肯定某乙的工作是最不科学的，除非某甲是万能的上帝。尤其不可取的是，用某甲若干年前的宏论作为考量某乙若干年后研究工作的尺度。作为1987年诺贝尔奖得主，索洛1985年的观点无疑有较强的公信力，而且可能反映了当时的实际情况。但是，值得注意的是，1985年美国新经济史的年龄不过二十几岁，阅历尚浅，"从社会制度、文化习俗和心态层面给经济学提供广阔的视野"这一重任对于新经济史学派并非力所能及。从新经济史学派的学术发展路径观察，正是由于新经济史学派执着地使用经济学界提供的研究范式和分析工具，潜心做了历史宏观经济运行之类的基础性研究，包括索洛所批评的"研究整合、使用回归分析工具和用时间变量代替思考"，然后才有了对历史上"社会制度、文化习俗和心态"的深入研究。20世纪80~90年代新经济史学派的领军人物、1993年诺贝尔奖得主 D. 诺斯对产权理论、国家理论和意识形态理论做出了巨大贡献，他的研究起点正是美国的航海运输史等经济史领域，若不采用经济学家提供的范式和工具，诺斯对新制度经济学的贡献将难以想象。诺斯的贡献被当今经济学界广泛应用，这一贡献显然不是经济学家们早餐中常见的"一碗粥"，而是做出了在经济学菜单上被忽视的大菜。假如索洛的论文在十年之后——1995年发表，大概就是另外一种宏论了。

众所周知，诺斯的贡献是里程碑式的，诺斯一生恐难再有这样的贡献，就像索洛也难有超越"索洛模型"的贡献一样。不可能每一个经济史学家都会有诺斯那样的贡献，就像不可能每一个经济学家都会有索洛的贡献一样。绝大多数新经济史学者在绝大多数时间里做的研究还都是基础性的工作，科学研究不可能一蹴而就，要给新经济史以时日，要允许新经济史修补往日研究的不足，相信新经济史日后会不断丰富经济学家的菜单。新经济史在美国出现至今，尚不足60年；传到中国并被少数学者接受，还不到20年。笔者相信，随着时间的推移和新生代学者的成长，中国计量经济史也能对中国经济学提供新的营养餐。从笔者近年来的体会来看，国内学界许多激烈批评计量经济史的学者其实还未搞懂计量经济史的研究范式以及所用的分析工具。计量经济史研究的标准范式是"前提假设—逻辑推理—实证检验"，前两个环节要求研究者具备历史学和理论经济学的功底，后一环节要求研究者具备统计学和计量经济学的良好修养。可见，研究计量经济史不仅是会不会"做模型"的问题，而且是要迈过由理论经济学、历史学和计量经济学这几门功课共同设置的"门槛"。

三 经济史研究的最高境界：修正、补充或构建经济学理论

无论从吴承明先生的"经济学之源"角度讨论，还是从前引索洛的宏论分析，经济史研究的最高境界是修正、补充或构建经济学理论。著名经济史学家刘佛丁教授一贯倡导，经济史研究绝不应该是仅仅讲述经济史故事，而应该致力于补充、修正和发现经济学理论的前提假设，即研究经济学理论框架的适用条件，为

当今经济当局实施宏观经济调控政策提供理论依据和剔除前提假设与当前宏观经济运行环境不一致的经济学教条。这一理念和吴老的"源流"之说不谋而合。但是，由于受到诸多条件限制，这一研究导向的身体力行者不多见。

近年来，笔者及所在的团队——广东外语外贸大学中国计量经济史研究中心虽远未到构建理论的境界，但遵循刘佛丁先生的遗训对一些经济学理论发出了质疑和尝试做了粗浅的讨论，成文的浅见主要集中在以下方面（详见油印学术通讯《中国计量经济史研究动态》各期）。

第一，经济史进程中的阶段性特征研究。任何一个经济学理论均产生于特定的历史阶段，而产生于特定历史时期的经济学理论的前提假设（明确的或暗含的）与后来的宏观经济运行环境未必一致或贴近，因此，从先前形成的经济学理论中衍生的经济政策未必都能奏效。我们将近代至今的世界经济史分成三个阶段。

（1）供给约束型经济。这一阶段的特点是"短缺经济"，总供给的物质构成完全与总需求吻合。虽然总需求并不旺盛，但由于供给不足，销售没有任何问题，总需求总是被迫适应总供给。简单地说就是，低下的总产出不能满足消费者低水平的购买。政府若干预经济，一般是压制本来就水平很低的消费，鼓励投资或引进外资。

（2）需求约束型经济。这一阶段潜在总供给能力强大，且总供给的物质构成完全与总需求吻合，只要有订单，厂商就能供给产品，销售成了企业最大的问题。简言之，总供给总是被迫适应总需求。相对来说，只有消费者买不起的问题，而生产一端没有太大问题。政府管理经济的手段一般是扩大外需和内需，经济政策往往比较奏效，至少在短期内效果显著。

（3）"新供给"约束型经济。这一阶段总供给能力虽强大，但其物质形态与总需求增长不吻合。国内需求只是在旧有的规模上循环，总供给的物质形态不能适应国内需求的增长。国内富裕的消费者不是买不起产品，而是没有什么新产品可以引诱消费者多买。处于这一阶段的国家经济增长只能依赖出口，一旦出口受阻，则 GDP 口径的总产出便陷入低迷状态，一切需求管理的政府经济政策均无显著的正面效果。通过对日本经济泡沫和"失去的二十年"的研究，从主流经济学的政策主张回推，得出了"凯恩斯的有效需求不足实际上是指有效内需不足"的结论。在政策意义上说，就是宽松的财政政策和货币政策不能治理外需不足导致的经济低迷。

我们的研究结论进一步指出，英国在维多利亚时代中期就从供给约束型经济过渡到了需求约束型经济；美国从 1919 年开始，完成了这一过渡；中国自近代至新中国改革开放前期，一直处于供给约束型经济态势下，直至 1995～1996 年才完成了向需求约束型经济的过渡；日本在 1950 年之后从供给约束型经济过渡到了需求约束型经济，20 世纪 80 年代中期则进入了"新供给"约束型经济。

第二，对某些国际贸易理论的修正。首先，贸易条件学说只适合于供给约束型经济，而在需求约束型经济态势下，已不适合作为考量国际贸易得失的尺度。对于绝大多数处于需求约束型经济态势下的国家（地区）来说，本币贬值虽恶化了贸易条件，却能改善贸易收支，减少失业和促进投资增长；本币升值虽改善了贸易条件，却恶化了贸易收支，造成国内失业增加和投资下降。最能说明问题的是，在需求约束型经济态势下倾销与反倾销在国际贸易中司空见惯。倾销无疑是倾销国主动恶化贸易条件，但由于在产能巨大的条件下仍可薄利多销，所以很多国家乐此不疲；被倾销国虽贸易条件得到改善，但由于本国产品市场被挤占，则坚决动用关税武器反击。

第三，在需求约束型经济态势下，比较优势理论"2×2模型"无效，自由贸易理论的基石发生松动。在"2×2模型"中，两国都生产自己有比较优势的产品，互相贸易，结果都比没有贸易时的收益大，其中暗含的假设是产品销售没有问题，李嘉图时代的销售也确实问题不大。在当今需求约束型的世界经济中，产品销售是大问题，"2×2模型"必然崩溃。同时，在国家之间时常产生利益冲突、战争不断的前提下，"2×2模型"更难顺畅运行。

第四，对某些货币理论的修正。首先，主流货币理论将货币政策喻为一根绳子，认为"可以用绳子拉车但不可以用绳子推车"，即在萧条时货币政策难以启动经济，必须依靠财政政策。广东外语外贸大学中国计量经济史研究中心的研究结论认为，上述理论源自1929~1933年美国大萧条的特例，不具有一般性。由于胡佛总统固守金本位制，美国的基础货币根本没有供给弹性；由于美国商业银行大量倒闭，"硬件"系统无法使货币乘数运行。因此，问题不在于货币政策的软件本身，而是保证其运行的硬件系统出了问题。大萧条时期，同是需求约束型经济的英国于1931

年实施了放弃金本位制的货币政策，经济便走出了低谷；处于供给约束型经济态势中的中国于1933~1934年发生了萧条，1935年放弃了银本位制，经济增长重新开始。英中两国的共同特点是，货币供给有了充分的弹性，且商业银行体系均未遭受美国那样的重创。历史经验表明，货币政策也是可以引导萧条经济走出低谷的，用主流经济学家的话说就是"绳子未必不能推车"。其次，凯恩斯经济学在论述货币政策无效时论证了一个极端的假说——"流动性陷阱"：当市场利率（有价证券收益率）低到不可再低的水平时，公众将不再购买证券，当局无论投放多少货币，均会被货币需求吸收。于是，投资无法增长，经济不会走出低迷。通过逻辑讨论和对美国大萧条案例的分析，广东外语外贸大学中国计量经济史研究中心的研究结论认为，在金本位时期，经济中不存在凯恩斯"流动性陷阱"暗含的两个重要前提假设：其一，货币当局不具有持续增加货币供给量的能力；其二，有价证券市场上也没有一个"至低"的、公众一致不再购买证券的收益率。从逻辑层面分析，若第一个前提假设不存在，使"流动性陷阱"出现的可能性消失了——既然当局不能无限供给货币，那么，"货币需求可以吞噬任何数量的货币供给"就成了纯粹的想象或虚张声势。即使存在第一个假设——当局有无限供给货币的能力，但如果第二个前提假设不存在，"流动性陷阱"也不会出现，最多是有价证券交易量下降，而不会出现无人购买的惨状，宏观角度的短期收入摆布结构依然是货币和证券。从实证角度讨论，大萧条时期的美国货币当局不具有无限供给货币的能力，同时，1932年国库券到期收益率在10~11月低到了0.01%时（股票的年平均收益率只有 0.72%），股票交易量明显下降，国库券交易额却有所上升。也就是说，在经济萧条到如此悲惨的地步时，由于前提假设不存在，因此也就未能出现凯恩斯的"流动性陷阱"，其逻辑也就成了一个地道的假说——理论正确但理论无效。

第五，我们认为，近代中国法币改革前的货币有"不可控外生变量"之属性，是一种有害的货币供给机制。众所周知，货币理论界对货币供给的性质有"内生性"和"外生性"之分，而我们根据货币理论对银本位制下中国货币供给的形成机制分析之后认为，近代中国的货币供给既无经典的"内生性"，也无经典的"外生性"，而属靠天吃饭式的"不可控外生性"。这一研究结论一方面暗示了法币改革的重大经济意义，另一方面对经典货币理论提出了新解。

诚然，我们的研究刚刚起步，我们的团队实力尚弱。将不成熟的讨论结果在此做一总结归纳的意图有二：其一，供学界同仁评头论足，以便我们修正和深化；其二，抛砖引玉，供后来学人借鉴。归纳之余，参照福格尔和诺斯的宏论从头梳理我们的研究过程，思考陷入山穷水尽之窘境时的苦恼，把教训和点滴体会总结出来，编成本书，就教于方家。由于我们的研究刚刚起步，照猫画虎功力尚浅，因此，书中讹谬在所难免，诚望读者不吝赐教。

刘 巍
2016 年春于广州南沙名苑别墅

目 录

导　论 ·· 001
　0.1　计量经济史的内涵 ·· 001
　0.2　计量经济史与传统经济史的主要区别 ······················ 002
　0.3　计量经济史学科开创与传入中国 ······························ 004
　0.4　计量经济史研究的主要学术价值 ······························ 007

上编：研究方法

1　前提假设 ··· 017
　1.1　上位前提假设——宏观经济态势 ······························ 019
　1.2　下位前提假设——制度安排和其他市场条件 ·········· 051
　1.3　技术性假设——分析过程中的简化手段 ·················· 056

2　逻辑推理 ··· 060
　2.1　逻辑思路的形成——分析工具的选择与修正 ·········· 061
　2.2　常用的逻辑推理方式 ·· 067

3　实证检验 ··· 080
　3.1　计量经济史与计量经济学 ······································ 080
　3.2　计量经济史研究中的数量模型 ································ 083
　3.3　数量分析过程中需注意的几个问题 ························ 097

4 计量经济史文献范式简介 ·················· 100
4.1 正标题与副标题 ····················· 100
4.2 作者姓名和所属机构名称 ·············· 100
4.3 内容提要 ························· 101
4.4 关键词 ·························· 101
4.5 正文 ··························· 101
4.6 注释 ··························· 103
4.7 参考文献 ························· 103
4.8 英文题目、内容提要和关键词 ············ 104
4.9 作者简介 ························· 104

5 计量经济史研究者的学术定位
——"研究链"刍议 ···················· 105
5.1 经济史"研究链"上游环节——数据和故事的
发掘整理 ························· 106
5.2 经济史"研究链"中游环节——解释经济现象和
探讨逻辑关系 ····················· 119
5.3 经济史"研究链"下游环节——补充、修正或
发现经济学理论 ···················· 124
5.4 总结 ··························· 130

下编：研究案例

6 文献评介与学术商榷 ······················ 135
6.1 1996年以来中国近代计量经济史研究评述 ······ 135
6.2 供给约束下中国的汇率、贸易收支与复本位制
（1870~1900年） ···················· 169
6.3 近代中国GDP估算理念、方法与功用 ········· 193

7 中国经济史专题研究 ········· 212
7.1 近代化起步以来中国经济态势初探 ········· 212
7.2 资本品短缺、货币紧缩与中国总产出下降 ········· 240
7.3 1979年以来中国的货币流通速度与物价波动 ······ 264

8 外国经济史专题研究 ········· 287
8.1 美国经济波动中的进口贸易研究——近百年历史经验分析 ········· 287
8.2 美国大萧条的逻辑起点：收入分配不公（1919~1929年） ········· 300

9 经济学理论探索 ········· 327
9.1 对凯恩斯"流动性陷阱"学说的质疑——基于美国大萧条的经验 ········· 327
9.2 比较优势理论的前提假设：供给约束与国家虚无 ········· 349
9.3 *IS-LM* 模型的必备前提：有效需求小于潜在需求——对"有效需求不足"的逻辑分析 ········· 367

主要参考文献 ········· 385

导 论

0.1 计量经济史的内涵

计量经济史，英文 Cliometrics，是美国学界在 20 世纪中叶新造的词。Clio 是一位希腊女神的名字，通常的汉语音译是克丽奥，这位女神司职掌管史诗；Metric 一词是计量的意思。Cliometrics 在汉语中多被译为"计量史学"或"历史计量学"，鉴于到目前为止该学科的研究内容主要是经济史，因此，我们宁愿用"计量经济史"或"数量经济史"这样的汉译。美国经济学家、诺贝尔奖得主、计量经济史开创者之一福格尔定义了计量经济史研究方法的主要特点："第一，对现象的计量；第二，对经济理论的依赖。计量经济史力图提供一种对历史和经济学都适用的更科学的方法，它提出经济史研究必须着力于系统的量化以及（数学的）建模。这样就能够很好地解读历史，通过经济理论、统计分析和经济计量技术的使用，历史可以被提炼，从而通过逻辑一致性和经验相关性的检验。"[①]

[①] Dora Costa, Jean-Luc Demeulemeester, Claude Diebolt：《什么是"计量经济史"》，《中国计量经济史研究动态》2010 年第 3 期，见 http：//www2.gdufs.edu.cn/wtoresearch/xueshuchengguo/dongtai 7.pdf。

我们把福格尔的定义通俗化，可以做这样的解释。第一，对经济理论的依赖，说的是既要遵从经济学提供的因果关系，同时也要明了经济学因果关系成立的条件。条件消失了，因果关系就不存在了。用汉语的复句来表述就应该是"如果……那么……"，即"如果"经济中存在这样的条件，"那么"就有以下因果关系。"如果"条件不存在或不完全一样，"那么"因果关系就不存在或发生一定程度的改变。第二，对现象的计量，说的是用计量分析工具考察历史经验是否支持上述因果关系，而不是用传统的举例法。简言之，整个分析思路应表述为"前提假设—逻辑推理—实证检验"。

0.2 计量经济史与传统经济史的主要区别

0.2.1 研究范式不同

如福格尔所说，计量经济史研究范式和经济学研究范式是一致的：前提假设—逻辑推理—实证检验。而传统经济史则基本上没有逻辑通达的研究方法和成熟的分析工具，对经济过程的分析大都凭朴素的想象，基本不考虑经济运行逻辑，对数据的考证基本不遵循统计学方法。

0.2.2 研究结论对现实宏观经济调控的意义不同

计量经济史研究结论对当下宏观经济运行有强烈的政策意义。如：①通过对大萧条的研究，可以判断"流动性陷阱"是一个假说，在此基础上衍生的政策都是无效的；②通过对大萧条的研究，可以解释某些国家积极财政政策和宽松宏观政策无效的原因——"潜在需求"和有效需求的差额必须大于临界值,"看得见的手"方可收到显著效果。由于研究范式不是经济学的,所以,传统经济史的研究结论大都与当下宏观经济运行不搭界,研究结论当然就难以产生政策意义。即使传统经济史对某些数据资料做了考证,但也因不符合统计学要求而不能直接使用。传统经济史研究最为有用的成果就是作为半成品,为计量经济史研究提供需要进一步加工的资料。但遗憾的是,传统经济史的大多数成果尚不能成为计量经济史的半成品。

南开大学经济研究所王玉茹教授在为拙作《中国货币供给机制研究:历史、逻辑与实证(1910—1935)》所做的序言中曾有这样的比喻:

我们不妨虚拟两个实验。

实验1:让一个军事院校战争学资深教授率领的研究团队研究二战史,同时,让我本人率领的另一个团队也研究二战史,两家收集、整理和推测的资料应该是有很大差别的。原因在于,前者头脑中的军事理论根深蒂固,研究框架几经锤炼日臻成熟,需要何种资料,如数家珍。而我收集、整理的资料集与前者资料集的交集不会很大,原因自不待言。

实验2:让一个美术学院的资深教授领导一个团队研究1840年以来中国油画的发展历程,让刘巍也率团研究同一课题。显然,这两个团队收集、整理的资料之差异要显著大于实验1。

为什么会是这样呢?原因在于下一个差别。

0.2.3 研究者学术背景不同

一个好的计量经济史研究者，其学术背景应该是历史学、理论经济学和计量经济学的有机结合。在做计量经济史研究的同时，也在做现实经济研究，其计量经济史研究的选题不自觉地来自对现实经济问题的深层次思考，如前面谈到的"看得见的手的有效空间研究"问题。

大多数传统经济史学者的学术背景只是历史学，对经济学或一知半解或浑然不知，传统经济史研究者自己也大都承认这一事实。从国内经济史研究现状来看，传统经济史研究文献铺天盖地，而从经济学角度来看，有章法的研究却寥寥无几。试想，若对自然科学一知半解或完全不解，正确解释自然现象的概率无疑是相当低的。同理，在不懂经济学的情况下，对历史经济运行给出朴素的或想当然的解释，就应该是大概率事件了。

0.3 计量经济史学科开创与传入中国

目前，学界公认 1957 年 9 月在美国马萨诸塞州威廉斯顿召开的学术会议是计量经济史作为一个学派产生的标志。为区别于传统的经济史研究范式，学界（也包括计量经济史学者自己）将其称为"新经济史"。后来"新经济史"阵营中产生了"新制度学派"，于是，"新经济史"旗下就有了研究侧重不同的两支人马，一支是福格尔领军的计量经济史学者群，另一支为诺斯领军的新制度经济学学者群。[1]

---

[1] 隋福民：《创新与融合——美国新经济史革命及对中国的影响（1957—2004）》，天津古籍出版社，2009。

尽管学界对新经济史是否引发了学术"革命"看法不同，但新经济史学派的产生无疑是经济学界的大事，对学术发展有深远的影响，两位领军学者因此都获得了诺贝尔经济学奖。美国的新经济史学派突起之后，欧洲、日本等国学者都有跟进者，出现了一批计量经济史研究的著名学者。

中国在改革开放之后，计量经济史和新制度经济学相继传入中国。由于研究范式比较一致，国内理论经济学界很快就消化吸收了新制度经济学，并有一批不错的新制度经济学著作问世。但由于国内经济史学界在研究范式上与计量经济史学派存在着较大差异，于是在相当长的一段时间里停留在对计量经济史的介绍、呼吁、号召和质疑阶段，据隋福民考察，① 最早的论文是著名经济学家罗志如和厉以宁于1982年合写的论文"西方的'经济史革命'和新经济史学的产生"，该文对新经济史学产生的前提、新经济史学的特征及与传统经济史学的分歧都做了介绍和分析。后来，介绍和评论计量经济史学派的文献逐渐增多，② 除脚注罗

---

① 隋福民：《创新与融合——美国新经济史革命及对中国的影响（1957—2004）》，天津古籍出版社，2009。

② 较早的介绍和评述计量经济史的论文如：刘宏谊《西方经济史学发展和美国新经济史学》，《世界经济文汇》1994年第1期；左建龙：《福格尔和诺斯：学术探索及理论和创新》，《中国社会科学院研究生院学报》1994年第4期；邹薇、庄子银：《新经济史评》，《经济学动态》1994年第3期；厉以平：《新经济史学的启示》，《中国经济史研究》1995年第2期；郑备军：《新经济史学方法论述评》，《史学理论研究》1995年第1期；吴承明在《市场·近代化·经济史论》一书中有专门节目评介（云南大学出版社，1996）；荣朝和、柴为群：《对福格尔关于铁路与经济增长关系理论的评论》，《北方交通大学学报》1994年第1期；罗涛：《美国新经济史学的发展历程》，《经济学动态》2000年第11期；赵凌云：《"新经济史革命"的路径、内容与借鉴》，《南开经济研究》2000年第6期；孙涛、张蕴萍：《历史计量学：经济史学研究的进展》，《文史哲》2005年第5期；郭艳茹、孙涛：《经济学家和历史学家应该互相学习什么——论新经济史学与中国传统经济史学范式冲突与（转下页注）

| 计量经济史研究方法

列的文献之外,还有许多评述计量经济史的论著,恕不逐一列出。更值得一提的是两部著作,第一部是霍俊江的《计量史学基础——理论与方法》,据作者自己介绍,该书是1987年国家教委资助项目的研究成果。[①]该书系统地阐述了计量史学的研究方法,颇见功力,作为计量经济史研究方法的教科书似不为过。第二部是隋福民的《创新与融合——美国新经济史革命及对中国的影响(1957—2004)》,该书对国外计量经济史文献的评介和计量经济史学来龙去脉的研究既到位又系统,堪称国人研究计量经济史的必读文献。但是,作者对中国经济史学界计量经济史文献的述评略嫌欠缺,几乎未点评大作杀青之前已见诸中国期刊的计量经济史文献,而作者点评的某些"计量经济史文献"事实上却是非计量经济史研究范式的(传统经济史研究范式的或统计分析方法的)。虽有些许遗憾,但瑕不掩瑜,隋福民的著作对中国计量经济史有很大的学术贡献。

若不计介绍和评论国外计量经济史的文献,国内学界真正研究计量经济史论著大都集中在中国近代经济史领域。回顾中国近代计量经济史文献,鲜见先前对计量学派研究范式做述评之学者的身影,就连计量经济史研究方法素养很高的霍俊江也没有继续笔耕示范。

台湾中兴大学副教授王良行1996年在大陆《近代史研究》

(接上页注②)协调》,《学习月刊》2008年第3期;孙圣民:《历史计量学五十年——经济学和史学范式的冲突、融合与发展》,《中国社会科学》2009年第4期。

① 霍俊江:《计量史学基础——理论与方法》,中国社会科学出版社,1991。

上发表论文,[①] 对 1867~1931 年上海的贸易条件做了研究,应该是中国大陆专业期刊发表的第一篇计量经济史研究论文。

0.4 计量经济史研究的主要学术价值

0.4.1 检验和修正经济学理论框架,评价或预判经济政策

经济学研究不存在理工科意义上的实验室,因此也就没有标准的实验报告。人类既往的经济活动就承担了实验室的功能,经济史就是不可控实验的"实验报告",经济学理论就是实验报告的分析结论。但是,由于这份实验报告是逐步显露和逐步完善的,对其分析研究的工作远未完结。前面说过的"流动性陷阱"和"看得见的手"调控的空间问题,就是我们不断研究实验报告的新结论,起到了修正和补充经济学理论、预判宏观经济政策的部分作用。

再举一例:穆勒的贸易条件学说。计量经济史学者通过对这一学说前提假设的研究,得出了与市场贴近的新结论。

穆勒提出的贸易条件概念最初的含义只是进、出口之间的比价,所谓贸易条件的恶化或改善最初也只是进、出口价格指数的相对上升或下降,即价格贸易条件。在以后的贸易实践中,贸易条件的改善或恶化,成了评价一国国际贸易绩效的重要考量指标。中国自改革开放之后也是如此,官方统计部门公布中国的价格贸易条件数据对业界和学界起导向作用。《财经时报》报道说,商务部的一份研究报告根据中国海关公布的进出口价格指数,编

---

① 王良行:《上海贸易条件研究(1867~1931)》,《近代史研究》1996 年第 3 期。

制了中国贸易条件指数。报告认为,从 1993 年至 2000 年,以 1995 年为基期的中国整体贸易条件指数下降了 13%。经贸专家对于中国贸易条件恶化的解释是,就出口方面而言,是企业过度竞争、低价竞销造成的。而该报道同时说,宋国青教授(北京大学教授)明确反对这一观点,他认为从根本上说,贸易条件恶化是货币汇率扭曲导致的,只是反映到价格上而已。① 中国社科院专家余永定认为,随着出口规模的扩大,特别是单项产品的出口增长,会使中国的贸易条件不断恶化,从而造成资源的错配。② 足以见,中国政界和学界对贸易条件恶化不是好事这一判断上是基本一致的,各种讨论大都是在"产生的原因"层面,暗含的政策意义都是在如何改善贸易条件层面。

通过对世界经济史进程的考察,我们认为,穆勒的贸易条件学说其实暗含着"供给约束型经济"这一假设,虽然穆勒时代的经济学中还没有这个词。恐怕也只有在此前提下,方可以此学说考量贸易绩效。不管穆勒时代(或之前)供给"瓶颈"在哪个层面上,只要是供给约束成立,供给曲线就与横轴垂直(或斜度相当陡峭),供给量就与价格无关(或关系极弱)了。众所周知,国际贸易都是要赚钱的,而且赚得多更好,从国家角度看,贸易收支差额(= 出口量 × 平均出口价格 – 进口量 × 平均进口价格)就是考量该国"赚不赚钱"和"赚的多还是少"的有效尺度。很自然,当供给量一定(或增长潜力微弱)时,提高贸易利润率的

---

① 人民网,http://www.people.com.cn/GB/jingji/1045/2348150.html。
② 外汇通网,http://www.forex.com.cn/html/2006 – 12/176443.htm。

途径只有提高价格。在贸易双方都处于供给约束的条件下，两个价格之比无疑就是利益之比，这个比值的变化趋势，就是利益收益或受损的趋势。通俗地说，在"贱买贵卖"时代，贸易条件的逻辑是通顺的。

当世界经济进入"需求约束型"经济态势之后，生产潜能巨大，总供给被迫适应总需求，"薄利多销"时代来临了，价格成了促销的重要手段。从逻辑角度观察，总供给曲线的斜度已经相当平缓（凯恩斯经济学给出了极端现象——总供给曲线与横轴平行）；从宏观角度考察，总产出的价格弹性绝对值远大于1，即价格降低1%，产出增长率远大于1%。在这种新情况下再看贸易收支差额：$BP=$ 出口量×平均出口价格－进口量×平均进口价格，由于总供求态势的变化，出口量和平均出口价格、进口量和平均进口价格由相互独立的关系演化成了显著的因果关系。罗宾逊夫人提出的马歇尔勒纳条件，详尽地分析了这一问题。中国经济的案例分析也对此有很好的证实：贸易条件"恶化"，却伴随着贸易收支改善——持续顺差和持续的外汇储备增加。

综上，我们的结论是，在需求约束型经济时代，贸易条件已经不适合作考量国际贸易绩效的尺度了，直接关注贸易收支及其影响因素的研究才具有政策意义。

前面列举的大都是对外国经济史计量研究得出的结论，那么，研究中国近代经济史的理论意义何在？我们仅举一例，从1896年到1936年，中国经济是古典和新古典经济学的实验场。他们的理论认为，"看不见的手"调节经济是最有效的，政府只应当好市场的"守夜人"，不要干预经济，即自由放任。然而，古典和新古典经济学的理论框架却无法用欧美日的历史经验实证，因为欧美日诸国事实上没有哪一个政府不干预经济的，虽然不如大萧条以来的干预力度大。反观中国，当年的晚清政府、北洋政府和南京政府不要说干预经济，恐怕连当守夜人都不合格。于是，以中国经济史检验新古典经济学的理论框架，应该是最合适的。无论证实还是证伪，都是理论上的重大贡献。

0.4.2 正确描述近代以来的经济运行演变过程，逐步认识历史经验和教训

例如，自大萧条爆发以来，学界对其爆发原因的探讨就一直没有停止过。以最著名的经济学家为例，凯恩斯（1936）认为，大萧条的出现是由有效需求不足所造成的，边际消费递减规律和资本预期收益率递减规律分别造成消费需求不足和投资需求不足，其中决定因素在于投资需求不足。货币主义领袖弗里德曼与施瓦茨（1963）对大萧条的原因提供了一个简单而有力的解释——大萧条起因于货币供给的外生变化，即直接由20世纪30年代初货币供给收缩引起。迄今为止，对大萧条爆发的原因有许多种解释，但不是所有解释都是彼此绝对排斥的，只是每个学者关注的时间点或者角度不一样。总之，一系列事件共同作用下导致了大萧条的发生。但是，这一系列事件的逻辑起点在哪里？我们从计量经济史角度对这一问题做了初步探讨，结论是，美国大萧条的逻辑起点在于收入分配不公。

1919~1929年美国经济虽然实现了狂飙式的增长，但是，繁荣的背后隐藏着巨大的风险。收入的大部分被占比很少的一部分

人所获得,他们的边际消费倾向递减是显著的。基本徘徊在温饱水平以下的家庭占到了美国总人口的60%以上,即使边际消费倾向递减等于1(或大于1)也购买不了多少商品。分配不公无法保证供需平衡,必然造成物品供应的过剩。供给的过剩并不意味着这些生产盈余不需要,而是大多数人想买却买不起。也就是说,当机械化的流水线生产出大量商品投放在市场上时,缺乏足够的购买力来吸收这些产品。从逻辑角度分析,接下来必然会导致厂家减产,投资减少,消费和投资都会出现不足的现象,整个经济表现为有效需求不足,失业率上升,产能闲置。但是,有数据表明,1919~1929年美国的有效需求是快速增长的,逻辑与现实有很大的反差。我们的分析结论是,增长动力源于当时日益盛行的信贷消费。收入分配不公造成的生产能力和消费能力间的距离的扩大被分期付款——时间错位的需求所掩盖,特别是在耐用消费品方面,在金融要素的支持下,不断透支的需求尽管延迟了消费不足的问题,但是,这一问题并未解决,繁荣或衰退的命运反而系于更容易出事、波及面更广的金融部门了。在总供给的物质属性与总需求对路的条件下,若收入分配结构合理,则无信贷支持的消费率也较高,总需求基本可以拉动总供给,未必对消费信贷过分依赖,宏观经济运行风险较小。在需求约束型经济中,消费需求对消费信贷依赖越重,总需求对货币政策的依赖就越重,宏观经济运行的风险就越大。众所周知,经济下行是具有惯性的,各企业各部门之间存在着有机的市场联系,某些市场主体因债务问题(欠人或人欠)而倒闭必然引发多米诺骨牌效应,导致虚拟经济部门和实体经济部门交替倒闭。因此,当局的突兀紧缩性货币政策应当慎用。20世纪20年代，由于美国刚刚进入需求约束型经济，胡佛政府没有宏观调控经验，不太清楚货币政策与总需求、总需求与总供给之间的利害关系，鲁莽行事，铸成大错。时至今日，也没有充分的证据证明股市飙升就一定是经济泡沫，虽然经济泡沫往往表现为资产价格飙升，但逆命题未必成立。大萧条爆发的逻辑起点和传递机制见图0-1。

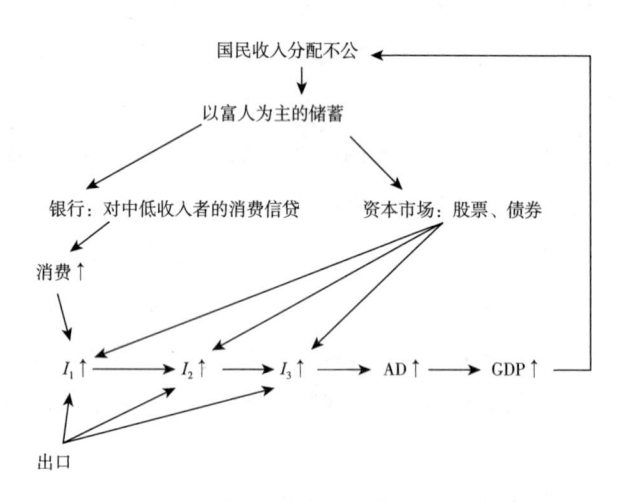

图0-1 大萧条爆发的逻辑起点和传递机制

注：I_1为消费品生产厂商投资，I_2为资本品厂商投资，I_3为资源品厂商投资。

上图的逻辑表明：①由于分配不公导致富人大量储蓄，这造成需求不足；②银行系统的消费信贷，提升了全社会的消费需求；③消费需求和出口需求一起促进了投资需求；④资本市场提供了投资需求所需资金；⑤总需求上升，GDP增长。可见，金融部门成了经济顺畅运行的核心环节，一旦金融部门（银行、资本市场）出现问题，经济危机必然爆发。

导 论

由于新经济史在美国问世，欧美日诸国迅速跟进，所以，按经济学框架构成的欧美经济史比较完善，统计或估计数据建设也比较好用。中国的经济史基本上停留在传统经济史层面，"基础设施"工作很不尽如人意。如近代中国百年的 GDP，长期以来，只有不连续的 10 年数据，中国经济在此期间究竟是增长还是衰退了？只能依靠猜测。众所周知，缺少了 GDP 数据，对近代中国经济运行的种种描述和论证都有存在重大偏颇的可能性，如，一些重大事件（例如《马关条约》）究竟是正向影响近代中国的 GDP 还是负向影响 GDP，研究结论很多，有的满腔怒火、有的胡乱联系、有的仅根据某一数据（如价格）发表议论，既莫衷一是又经不起推敲。直到 2012 年，拙作《近代中国 50 年 GDP 的估算与经济增长研究》出版，近代中国 100 年才有了一半时间里总产出的数据。当然，这套数据也需要修正，后面的工作依然很多。

只有在经济学框架中完整准确地"复原"历史经济运行的基本传导机制，方可为当今经济发展提供参照系，才可能避免将宝贵的历史经验教训束之高阁而苦思冥想，才可能避免不断地向历史"交学费"。

上编：研究方法

1
前提假设

一提起"前提假设",就很容易招致攻击——"历史是不允许假设的"。但是,此假设非彼假设。计量经济史所说的"前提假设"是对研究对象所处的宏观经济环境的主要特征所做的简单抽象,这是研究的起点。经济学家们基于自己对市场的观察,将纷繁复杂的制度、习俗、追求、惯常行为等抽象为几个扼要的重要条件,这是经济学家们展开分析的逻辑起点。这有点像数学上的充分必要条件,接下来的逻辑推理要受制于或受益于这个"充分必要条件",经济学家们将这些条件称为"前提假设"。不仅如此,经济学理论的进步和完善也是从对前提假设的重新认识开始的,各家各派经济学理论的分歧也在于各自理论的前提假设不同。例如,凯恩斯经济学在研究货币需求时,做短期分析自不待言,又提出了不同于剑桥方程式的前提假设——存在着一个完善的金融市场,于是,货币需求理论函数就与剑桥方程式显著不同,影响因素变成了收入和市场利率两个变量。麦金农在研究发展中国家的货币需求时,提出了完全不同于凯恩斯经济学的前提假设:发展中国家不存在完善的金融市场、没有齐一的收益率，甚至国内市场都不甚统一……于是，麦金农的货币需求理论函数就是另外一种模样了。

要抽象宏观经济环境的主要特点，就必须查阅、分析大量的历史资料，否则，这一工作难以完成。比如，要研究近代中国法币改革前的货币供给问题，就必须研读近代中国白银流动、银行和钱庄（更早包括票号）的存贷款业务、贷款的行业结构概况、银行券发行和兑换业务、铜币发行和流通等方面的资料，然后抽象出几个基本特点，将其作为研究起点，从此开始货币供给的逻辑分析。还是以货币供给问题为例，因为货币供给问题涉及银行的货币创造功能，主要是通过贷款进行的，于是，我们必须搞清楚近代中国的产业投资资金是主要来自股票市场、银行贷款（外源融资），还是自己积攒和向亲友借款（内源融资）。这个前提如果没搞清楚，在货币供给问题的研究中就可能发生逻辑混乱。又如，研究近代国际贸易必然涉及汇率是否影响进出口的问题，这就取决于一个重要的前提假设——汇率是否变动。近代中国与金本位制国家之间的货币汇率反映金银比价的变动，所以汇率是不断波动的。而金本位国家之间，在货币含金量不变期间，汇率是固定的（只受输金点影响，有些许波动）。在这样的前提假设下，我们的逻辑判断应该是，近代中美贸易受汇率影响是可能的，而英美贸易受汇率影响是不可能的。

综上，我们是否可以这样认为，"历史不允许假设"中的"假设"大概是指虚构之意，计量经济史也是不同意虚构的，这没有问题。计量经济史的"前提假设"是对主要市场环境特点的抽象，是建立在大量史实基础上的，丝毫没有虚构的意思，批评者切不可望文生义。看得出，这需要计量经济史研究者在大量阅读的基础上逐渐养成一种历史学家常说的"历史感"，这种历史感会帮助计量经济史学者区别主次，激发研究灵感。对于计量经济史学者来说，前提假设是最难做的，前提假设也是绕不过去的；前提假设是有所建树的起点，前提假设也是迈向错误深渊的第一步。若前提假设与历史经济环境很贴切，训练有素的计量经济史学者会用有效的逻辑分析工具得出合理的、有意思的结论；前提假设如果远离当时的经济环境，逻辑分析再精致，一般也不会得出有效的结论。

1.1 上位前提假设——宏观经济态势

计量经济史的特点是使用经济学的逻辑框架和分析方法研究历史上的经济运行，对不同历史时期的不同国家，选用何种理论框架作为分析工具是非常重要的问题。计量经济史研究的时间跨度较大、地域范围较广，除了考察特定时空中的研究对象的制度、习俗、追求、惯常行为等因素之外，首先应该考察的是研究对象处于供给约束型经济态势下还是需求约束型经济态势下。我们将总供求态势称为"上位前提"。从经济学说史的理论模型反推，古典经济学理论的上位前提假设应该是供给约束，即经济增长的发动机是总供给，理论模型中的变量均为影响供给的因素；而现代经济学的上位前提假设是需求约束，经济增长的发动机是总需求，模型中的变量均为影响需求的因素。因此，在计量经济史研究中，学者们关注的前提假设必须比其他领域经济学家们所关注的前提假设还要增加一个层次，即"上位前提假设"——总供求态势。这样才能确定对特定时期问题的研究时，是选用现代经济学还是古典经济学的理论模型。

1.1.1　供给约束型经济

凯恩斯在其巨著《通论》中已经断定，1929～1933年大萧条发生的病因是"有效需求不足"。有效需求不足是一种经济病，它可能是在什么样的机体上发作呢？一个正确的逻辑是，应该在"需求约束型经济体"爆发"有效需求不足"病。接下来的问题是，是不是1929年世界经济才开始转化为"需求约束型经济"？如果不是，那么，世界经济何时发生的转变？大概任何经济学家都不能对此不假思索地回答了。

首先，我们来讨论大萧条之前几个世纪的世界经济总供求态势，这恐怕要追溯到亚当·斯密时代。大概由于供给不足，当时的有识之士都在如何增加物质财富问题上大动脑筋。在亚当·斯密看来，勤劳和储蓄是好的，而奢侈浪费则是可憎的，这位经济学之父强调积累、赞美积累，因为"资本占优势的地方，多勤劳；收入占优势的地方，多游惰"。他认为，"资本的增减，自然会增减真实劳动量，增减生产性劳动者的人数，因而，增减一国土地和劳动的年产物的交换价值，增减一国人民的真实财富与收入"。"资本增加，由于节俭；资本减少，由于奢侈妄为。""节省了多少收入，就增加了多少资本。这个增多的资本，他可以亲自抽下来雇佣更多的生产性劳动者，抑或以有利息地借给别人，使其能雇佣更多的生产性劳动者……""资本增加的直接原因，是节俭，不是勤劳。诚然，未有节俭以前须先有勤劳。节俭所积蓄的物,都是由勤劳得来。但是若只有勤劳,无节俭,有所得而无所贮,资本决不能加大。"①

这如果是非经济学人士的言论,也许他会因观察的偏颇和自身的好恶造成的判断失误,但是,作为经济学大师的力作,他应该是对市场充分观察之后才发表的言论,是可信的。从亚当·斯密的论述中,可以看出这位伟大的经济学家对市场总供求态势观察的结果。倡导节俭,倡导资本积累,说明经济增长的发动机在供给一端,并且,亚当·斯密几乎用语言表达了柯布-道格拉斯生产函数。可见,总供求态势应该是供给约束型的。这使我们想起了1978年之前,在中国短缺经济状态下,城市里到处可见"储蓄一元钱,支援社会主义建设"的宣传标语。我们也记得那凭票凭证供应的年代,别说是正货,就是残次品都有大把人抢购。采购员满天飞,各工厂几乎用不着销售科,卖商品根本不是问题,供给不足体现在各个行业的各个层面上。当年的英国、欧洲虽然不是计划经济,但由于市场经济起步时间不长,供给约束市场态势应该是和我们经验中的改革中国、苏联、东欧大同小异的,见图1-1。

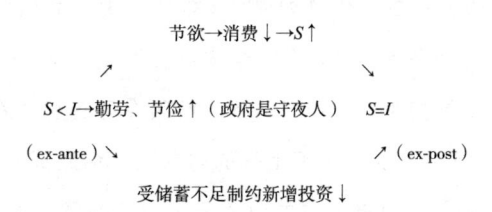

$$
\begin{array}{c}
\text{节欲} \rightarrow \text{消费} \downarrow \rightarrow S \uparrow \\
\nearrow \qquad\qquad \searrow \\
S<I \rightarrow \text{勤劳、节俭} \uparrow \text{(政府是守夜人)} \qquad S=I \\
\text{(ex-ante)} \searrow \qquad\qquad \nearrow \text{(ex-post)} \\
\text{受储蓄不足制约新增投资} \downarrow
\end{array}
$$

图1-1 "供给约束型经济"从事前不均衡到事后均衡

---

① 何正斌:《经济学300年》,上册,湖南科学技术出版社,2000,第68~69页。

19世纪初，当时的欧洲经济出现了某种结构性的商品滞销，著名经济学家萨伊提出了"供给自动创造需求"的理论命题。这一命题可以归纳为简略的公式：一个人之所以卖出商品是为了买回商品。换一句更符合萨伊观点的话说，市场实质上就是产品和产品相交换。这个公式还可以表述为：每个卖主都是买主，而每个买主又都是卖主，由此形成"卖主和买主形而上学的均衡"。萨伊认为，这是他的发现，是个"重要真理"。[1]萨伊的命题很清楚，即国民财富的增长在于供给而不在于需求，即使有暂时的商品滞销，那也应该是结构性的（是因为其他商品生产少了），一旦其他产品的生产跟上来，暂时的积压就会消除。换言之，在供给约束型经济态势下，市场出了问题，要从供给方面治理。

后来的批评者认为，萨伊的学说是把市场经济同简单商品经济相混淆了，是以物物交换来解释商品流通，忽视了货币的作用[2]。我们认为，批评者也该被批评。显然，批评者是以现代市场经济提供的证据来定萨伊教授的罪了。出售商品或劳务之后是否立即购买商品或劳务，取决于人均可支配收入的高低。在不算富裕甚至仍显贫困的时代（如果可支配收入离生命预算线很近），人们的储蓄是微乎其微的，几乎全部可支配收入都得用来购买生活必需品才能维持生存。如果储蓄的份额在可支配收入中占比微小，那么，"卖主和买主形而上学的均衡"之命题成立也无不可。也就是说，人们必须将取得的收入马上用于购买，由于不富裕，

---

[1] 何正斌：《经济学300年》，上册，湖南科学技术出版社，2000，第135页。
[2] 刘凤岐：《当代西方经济学词典》，山西人民出版社，1988，第153页。

货币的贮藏功能没有发挥作用的余地，萨伊"忽视"的正是货币的贮藏作用，而这种忽视也不无道理。在经济学史上，萨伊是一个顶尖级的经济学家，因为我们不怀疑萨伊的智慧，所以，我们也不相信萨伊睁眼看到法国人大把大把的储蓄却闭着眼睛制造"卖主和买主形而上学的均衡"之谬误。我们这一代人还清楚地记得中国计划经济的贫困年代，一个5口之家，年人均储蓄恐怕不会超过10元人民币。甚至有许多家户是负储蓄的。那时候，有点儿额外的收入就立刻补充家用，根本不会进入储蓄范畴。我们的人均储蓄额突飞猛进不过是近30年的事而已。可以想象，欧洲的18～19世纪之交，人均收入也高不到哪里去。当然，这是个实证问题，用18～19世纪的经济史数据完全可以解释。这个问题留待后面讨论。

凯恩斯革命发生后，有些学者认为萨伊理论一无是处。难道萨伊真的错了吗？和不怀疑凯恩斯的智慧一样，我们也不怀疑萨伊的智慧。一个合乎逻辑的解释是，在萨伊生活的时代，欧洲经济是供给约束型的。

从几位世界级的经济学家那里，我们推断出，在一个较长的时段中，世界经济是供给约束型的，经济学家的理论来自当时的经济现实，即来自我们眼中的经济史。我们如果花些时间研究世界经济史，即可得出有数量依据的结论。

在供给约束型经济态势下，经济增长是由供给一端发动的，总供给曲线的右移和斜度变缓都会产生经济增长的效果。

在图1-2中，总供求初始位置是AS_1和AD_1，如果总供给曲线AS_1斜度不变，只是向右移动到AS_2的位置，那么，总需求曲

线 AD_1 如果相应上升到 AD_2 的位置，则有产出从 Y_1 增长到 Y_2，价格从 P_1 上涨到 P_2；如果总需求下降到低于 AD_1 的位置，则有经济增长依然增长到 Y_2 和价格下降（低于 P_1）的局面出现。在图 1-3 中，总供求初始位置是 AS_1 和 AD_2，产出是 Y_1，如果总供给曲线的位置不变，斜度变缓，呈 AS_2 的形状（设价格弹性小于 1），且总需求曲线上升到 AD_3，则价格上升到 P_3，产出从 Y_2 增长到 Y_3；若总需求曲线下降到 AD_1，则产出增长到 Y_2（$<Y_3$），价格下降到 P_1（$<P_2$）。由此看来，总供给曲线在供给约束性质范围内斜度变缓时，总需求是能够发挥一些作用的，但重要的变量仍然是总供给（通过 Beta 系数可以算出来重要性）。总之，在供给约束型经济中，经济增长可能伴随着价格上升，也可能伴随着价格下降。在供给约束型经济实际运行中，图 1-2 和图 1-3 的情况可能同时发生，可能交替发生，也可能在某一时段内以某一种情况为主。用柯布-道格拉斯生产函数的逻辑来解释，固定资本增长的作用是推动总供给曲线右移，而效率参数和人力资本质量提高的作用则应是将总供给曲线变缓。于是，从经济运行实践来看，应该是总供给曲线右移发生的概率高于斜度变缓。

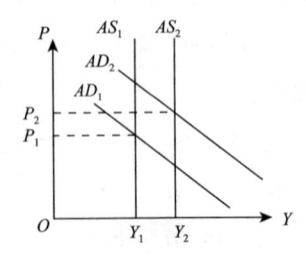

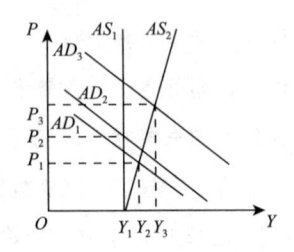

图 1-2　总供给曲线右移　　图 1-3　总供给曲线斜度变缓

1.1.2 需求约束型经济

显然,供给约束型经济向需求约束型经济态势的转变即使是发生在一个时点上,我们也无法精确地发现这个时点,只能将其大略地估计在某个不大的区间上。何况,这个转变应该是渐进的,应该在一个时段内发生。从逻辑和经验角度分析,我们把两种经济态势的转折点确定在第一次世界大战前后的一个时间区间内。我们的这个经验来自美国经济史。

1913年,亨利·福特首创"传送带生产线",即"流水装配线",大大提高了机械效率和管理效率。这种管理模式逐步由汽车工业传播到其他工业领域,成为制造业等相关产业的主要生产管理方式。汽车制造业的迅速壮大和成熟,给美国经济注入了巨大的活力,石油生产、轮胎制造、钢铁冶炼、公路建设等行业在汽车工业的带动下快速发展起来了。工业产业突飞猛进,造就了巨大的生产能力,只要你下订单我就能供货,而且,1921年曾出现了货物积压成堆的现象,供给的约束力渐渐消失了。这从"柯立芝繁荣"出现的新事物中可反映这一新的总供求态势。

第一,"一战"后,分期付款方式在美国普遍推开。这是以未来作抵押,刺激公众的需求的有效手段,这一手段可以保持产业始终正常运转。依靠分期付款的方式,美国人不仅可以购买到一般消费品,而且可以购买20世纪才有的汽车和拖拉机这样的城乡生活和生产必需品了。如果没有分期付款这种商家推出的赊销措施,很多人不知何时才能攒够这笔钱,有效需求不知会被推迟到何年何月。

"一战"后，美国人已经意识到，自己被现金余额限制了消费是一种过时的行为，应该用"自己的信用"支付账单。这种刺激消费市场和产业发展的方法甚是灵验，据经济学家对战后20年代的测算：所有零售额的15%都是用分期付款的方式完成的，1927年用分期付款方式销售的汽车占总交易量的60%，大约60亿美元的商业证券业务也是通过分期付款方式完成的[①]。如果说不是经济态势转化为需求约束型，这种产销两旺的局面是不可想象的。

第二，"一战"后，美国的推销员和促销员满天飞。美国的推销员和促销员制度是20世纪20年代出现的。这一制度的出现，说明厂商已经把销售置于与生产同等重要的地位，甚至置于比生产更重要的地位了。厂商们非常清楚，终端消费者对于他们来说有多么重要。如果不是消费者被推销员和促销员们耐心说服并且大量地购买各种各样的商品，那么多的六汽缸汽车、收音机、电冰箱、各种化妆品和各种口味的香烟会有多少人问津呢？

美国的20世纪20年代，推销员和促销员（也包括广告商）是架在消费者脚下、通向供给者的桥梁，他们手中掌握着市场大门的钥匙。随着市场竞争的日益加剧，为了销售各种商品，推销员们使尽了全身的解数，促销手段也变得愈加复杂多样。他们已经不满足于仅仅用谦恭直白的语言介绍自己的产品，等着顾客下决心购买的早期做法了，而是把推销当成一种职业，从设计到实施无不精细筹划。推销人员不仅要制订宏大而细致的宣传计划，而且还要请教心

---

① 〔美〕弗雷德里克·刘易斯·艾伦：《大繁荣时代》，秦传安、姚杰译，新世界出版社，2009，第182~183页。

理学专家，学会揣摩购买者的心理，然后劝诫（甚至是欺骗和恐吓），千方百计地说服顾客购买他们的产品。当时一位著名的经理人说："你再也不能只做一个接收订单、等待顾客上门的人，你必须成为一个推销员，走出去，走到有可能需要你产品的顾客中去。"① 在强大的销售压力下，各路推销高手奇招频出。②

第三，"一战"后，美国的广告业终于成了一个重要的行业。战后初期，人们还没有认识到广告的重要性，但到了1923年，有人就预言广告将成为一个行业。到了1927年，美国的广告费用就超过了5亿美元。在需求约束型经济态势下，广告商们大显身手，绞尽脑汁，推出了精美的广告设计、贴近民众生活的现实主义图片以及更为灵活生动的宣传方式。广告商们根据不同的产品，针对不同的顾客群，不仅表现出了一种全新的态度，而且在表达技术上也进行了微妙的处理。他们针对不同的受众，揣摩他们的心理，根据他们想要的，如怎样会更加年轻、受人喜爱、显得富有、不能让邻居瞧不起，甚至让人嫉妒等，撰写投其所好的广告词，完全不必在产品的特殊品质和优点上浪费笔墨③。

广告和推销员联手，左右或控制了消费者的选择，透支未来的支付方式——分期付款，则使这种选择变为有效需求的可能性大大提高。

---

① 〔美〕弗雷德里克·刘易斯·艾伦：《大繁荣时代》，秦传安、姚杰译，新世界出版社，2009，第184页。
② 〔美〕弗雷德里克·刘易斯·艾伦：《大繁荣时代》，秦传安、姚杰译，新世界出版社，2009，第186页。
③ 〔美〕弗雷德里克·刘易斯·艾伦：《大繁荣时代》，秦传安、姚杰译，新世界出版社，2009，第187~188页。

不用权衡"一战"后美国的个人可支配收入，也不必观察美国人的消费倾向，仅从上述市场表象和活生生的事实观察，我们可以感受到美国此时巨大的生产潜能（供给对需求巨大的吸纳能力），基本上可以得出需求约束型经济的结论了。也就是说，美国的供给没有问题，经济增长的发动机是需求。在这种经济态势下，一旦有效需求不足，尤其是投资需求不足，发生大规模经济动荡的可能性极大。

不仅在美国，大洋彼岸的欧洲，经过战后的经济恢复和产业更新，供给潜能也有了大幅度增长。1937年，世界级的女经济学家琼·罗宾逊夫人在《就业理论论文集》一书的"外汇"篇中，从国内外的供给、需求两个方面分别考察了在进口供给弹性和出口供给弹性不同的条件下一国汇率变动对进出口双方的影响并着重研究了一国采取本币贬值政策时，进出口弹性对国际收支平衡的作用。在马歇尔局部均衡和弹性概念的基础上，勒纳曾加以完善和发展，罗宾逊夫人从此出发，创立了著名的"马歇尔－勒纳条件"（M-L条件）。经过严格的逻辑推理，货币贬值可以改善贸易收支的条件为：

$$E_x + E_m > 1 \qquad (1-1)$$

当然，和其他经济学理论一样，M-L条件受到多方质疑，并不断修正补充，最后完善为罗宾逊－梅茨勒条件的理论模型。这些修正和补充都不重要，重要的是罗宾逊夫人的四个前提假设中，第二个假设就是"所有有关产量的供给弹性均为无穷大"，以另一种方式肯定了市场总供求态势为需求约束型经济。显然，这应该是罗宾逊夫人对欧洲经济，起码是对英国经济长期观察之后，对市场环境的抽象概括。即使在 M-L 条件遭到质疑时，这一假设基本上也被认同，说明当时经济学界对市场看法的一致，特别是 M-L 条件是在 1936 年凯恩斯的《通论》出版之后问世的，这个共识的达成是比较容易的。我国著名经济学家陈岱孙、厉以宁也认为，"应当承认，在 30 年代资源未充分利用时，弹性分析中关于供给弹性无穷大的假设不是不合理的"。[①]

1936 年，凯恩斯的《就业、利息与货币通论》巨著问世，将 1929～1933 年的大萧条诊断为"有效需求不足"。有效需求不足的病症，必然在需求约束型经济中发作，就如同供给不足病症必然发作于供给约束型经济一样。后者用萨伊的药方，前者必须吃凯恩斯开的药。凯恩斯认为，著名的三大心理因素造成的阻碍，使得需求约束型经济中会产生有效需求不足，即较多的收入被储蓄起来了，并未转化为投资，储蓄远大于事前投资。这显然是"富贵病"，短缺经济或贫困经济是得不上这种病的。短缺经济或贫困经济（供给约束型经济）如果患病，那一定是营养不良的"穷病"——有效供给不足，见图 1-4。

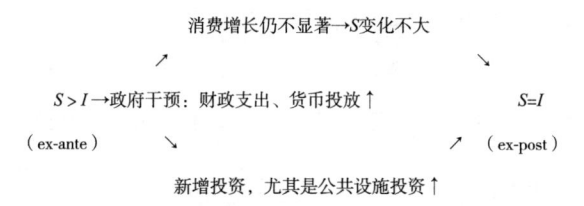

消费增长仍不显著→S变化不大

$S > I$→政府干预：财政支出、货币投放↑　　　　$S = I$

（ex-ante）　　　　　　　　　　　　　　（ex-post）

新增投资，尤其是公共设施投资↑

图 1-4　"有政府干预的需求约束型经济"从事前不均衡到事后均衡

---

① 陈岱孙、厉以宁：《国际金融学说史》，中国金融出版社，1991，第 355～356 页。

| 计量经济史研究方法

1929~1933年，世界经济重病发作，但不是说世界经济的机体刚刚转变为易于害这种"富贵病"的体质，而至少在10年前或更早就发生转变了，用凯恩斯的话说，大萧条"是由一个经济阶段过渡到另一个经济阶段时，在重新调整中的痛苦"。经济学家何正斌认为，在生产不足的年代（供给约束），鼓励消费与鼓励节约和储蓄相比，后者显然更容易为人们所接受。当已过了生产不足时期进入生产过剩（需求约束）的时代后，由于仍受传统和习惯影响，在较长的时期内，人们还是固守旧说。只有当出现了像20世纪30年代的大萧条、大过剩，才震醒了像凯恩斯这样敏锐的人。而前人的思想不仅给他以反叛传统经济学的信心，同时也为他的学说提供了有益的启示[①]。

如图1-5所示，在极端的需求约束型经济中，总供给曲线AS_0是与横轴平行的，总需求在政策干预下依次由AD_1上升到AD_3时，价格不变（P_0），对应的产出水平为y_{11}、y_{22}和y_{33}。在常见的需求约束型经济中，总供给曲线AS_1的斜度非常平缓，但不是与横轴平行的。当政策干预下总需求依次由AD_1上升到AD_3时，价格是小幅上升的，对应的产出水平为y_1、y_2和y_3，产出的增幅小于极端状态，但远大于价格涨幅。

从实证角度来看，我们先前的一项研究认为，[②] 美国从1919年开始进入了需求约束型经济态势；英国更早，在维多利亚时代前期

[①] 何正斌：《经济学300年》，上册，湖南科学技术出版社，2000，第389页。
[②] 刘巍、陈昭：《大萧条中的美国、中国、英国与日本——对不同供求态势国家的研究》，经济科学出版社，2010。

就进入了需求约束型经济态势。陈昭的研究认为,[①] 日本是在 20 世纪 50 年代初从供给约束型经济转变为需求约束型经济的。

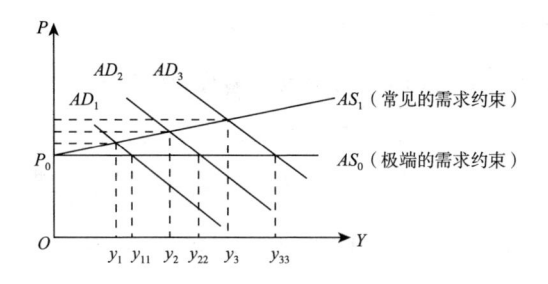

图 1-5 需求约束型经济的逻辑

1.1.3 新供给约束型经济——以日本为例

日本经济泡沫崩溃至今,经历了 20 多年的低速增长时期,国内外学界对这一现象做了多角度的研究,文献目不暇接。从上述文献的结论来看,绝大多数学者都认为日本长期经济低迷在于政府经济政策的失误,而且是需求管理政策的失误。我们认为,[②]从总需求角度考察,日本经济的主要问题是"有效外需不足",内需管理性质的财政政策和货币政策是解决不了问题的。我们对日本国内供求关系进一步分析的结论认为,[③] 日本国内供给虽产

[①] 陈昭:《日本从供给约束型经济向需求约束型经济转变研究》,《广东外语外贸大学学报》2012 年第 2 期。

[②] 张乃丽、刘巍:《外需不足、拉动内需与经济泡沫》,《中国计量经济史研究动态》2012 年第 3 期(见 http://www2.gdufs.edu.cn/wtoresearch/xueshuchengguo/dongtai16.pdf)。

[③] 刘巍、蔡俏:《新供给约束型经济:日本经济低迷的逻辑与前景分析》,《中国计量经济史研究动态》2012 年第 4 期(见 http://www2.gdufs.edu.cn/wtoresearch/xueshuchengguo/dongtai15.pdf)。

| 计量经济史研究方法

能巨大，但对国内需求的增长来说，大都属于"无效供给"，从总供求态势角度来看，呈现"新供给约束型经济"特点。本节拟结合国内、国外两个市场，考察日本"新供给约束型经济"的机理，从逻辑角度论证一个假说。

我们将日本的 GDP 实现过程分解为国外和国内两个市场。在图 1-6 中，图 (a) 为国外市场，图 (b) 为国内市场。在国内市场上，横轴 A 表示国内因素导致的本国产品的实现额：

$$A = C + I_1 + G - M \qquad (1-2)$$

(a) 日本依靠国外市场实现的GDP

(b) 日本依靠国内市场实现的GDP

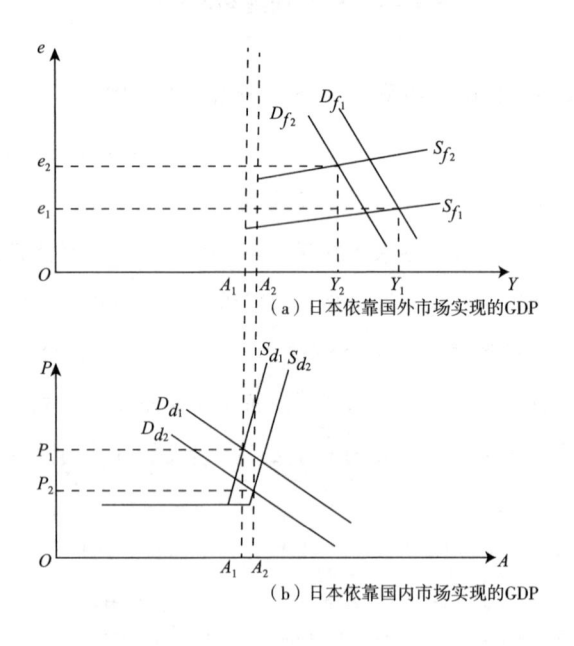

图 1-6 日本的新供给约束型经济

032

式（1-2）中，C 表示消费；I_1 表示国内因素促成的投资需求，是总投资的一部分；G 表示政府购买；$C+I_1+G$ 的和减去进口 M 之后，意即本国公众对本国产品的购买，但这不是全部"内需"，因为投资并不完整，还有一部分投资 I_2 是国外因素导致的。

在图 1-6 的国外市场部分中，纵轴表示间接标价法的日元汇率，即日元越是升值就越沿纵轴向上。横轴表示日本 GDP，是国内市场和国外市场因素促成实现的总产出之和：

$$Y = A + X + I_2 \qquad (1-3)$$

式（1-3）中，X 表示出口，I_2 表示出口拉动的投资。前面说过，我们将日本总投资分解为两个部分：国内因素拉动的 I_1 和国外因素拉动的 I_2。I_2 的投资是出口品制造厂商和为出口品制造厂商服务的其他厂商在出口订单驱动下的投资，显然，这部分投资的趋势应该是和出口同升同降的。I_2 虽在国内实现，但由于是国外因素拉动的，所以算作外需部分。

1. 对日本国内市场的讨论

我们首先从日本国内市场角度做一些逻辑判断，分别讨论供给、消费、投资、政府购买和宏观经济政策释放需求的能力。

第一，国内供给。在图 1-6 的国内市场部分中，S_d 表示本国产品的供给，D_d 表示本国产品的需求，两条曲线的交点决定 A 和价格。我们设定的 S_d 曲线开始与横轴平行，到达拐点之后则比较陡峭，意在表明：日本国内在既有科技水平的产品生产平台上，供给弹性相当大，但由于缺乏诱人的领先科技产品，所以，既有科技水平产品需求基本饱和之后，大量供给能力成了"无效供给",新科技水平产品不足导致供给曲线相当陡峭。因此,国内市场实现的 GDP 只能在 0 增长水平附近徘徊,政府的调控政策最多能使供给曲线小幅右移(由 S_{d1} 到 S_{d2}),而不能使供给曲线的斜度放缓。

第二,国内消费需求。从消费需求角度来看,日本的消费率相当稳定,我们计算过 20 世纪 80 年代以来的日本消费率,基本上稳定在 55%,[①] 几乎不存在大起大落。中国社会科学院经济研究所赵志君的考察结论是,日本从经济起飞阶段到泡沫经济破灭,走的是均衡经济增长的道路,实现了全民充分就业,很好地解决了经济增长和民生的关系,实现了共同富裕。日本的基尼系数基本维持在 0.2,直到 1993 年,它的基尼系数还是 0.249,2011 年是 0.31 左右,社会贫富差距很小,90% 的人认为自己是中产阶级。[②] 所以,在既有科技水平的消费品市场上,日本居民不是因为买不起消费品而造成的"有效需求不足",而是缺乏诱人的新科技消费品供给而造成的"有效供给不足"——没什么可再买。

第三,国内投资需求。由于对既有科技水平产品的需求增长畸慢,对既有科技水平资本品的投资需求 I_1 就自然受到了极大抑制。除非有新科技水平的、可以大幅度提高利润水平的资本品供给,否则,投资需求也必然增长畸慢。于是,不能发生耐用消费品的批量更新——消费稳定,也不能发生固定资本的批量更

---

① 张乃丽、刘巍:《外需不足、拉动内需与经济泡沫》,《中国计量经济史研究动态》2012 年第 3 期(见 http://www2.gdufs.edu.cn/wtoresearch/xueshuchengguo/dongtai16.pdf)。
② 赵志君:《日本:"失去 20 年"的"民生大国"》,《中国发展观察》2011 年 1 月。

新——投资也稳定，巨大的产能中有相当大一部分对日本国内来说是"无效供给"，而可以引诱有效需求的"有效供给"则发展缓慢，导致国内需求量稳定在供给曲线的拐点附近（见图1-6中的国内市场部分）。

第四，政府购买与货币政策。由于城市化进程基本结束和基础设施建设已经完善，公共工程只有小修小补的余地，政府财政金融调控政策的着力点太少，只能推动S_d曲线小幅度右移。与此同时，往往是国内市场供给曲线几乎没有发生什么变化，于是就弱化了宏观经济调控的力度，致使A值在横轴上右移的幅度很小，同时还时常伴随着价格小幅下降。在我们先前的研究中，曾讨论过日本财政政策和货币政策在"失去的十年"效果极不显著的问题。[①] 结合上述宏观经济运行的背景状态，政府购买和宽松的货币政策不可能启动高增长，而不是政策出台的时机和力度存在失误的问题。在具备某种激情和狂热的时期可以引发经济泡沫，而在泡沫破裂和外需受阻造成的市场悲观情绪笼罩下，则对宏观经济的拉动作用甚微，无能力重拾昔日的辉煌。

2. 对日本国外市场的讨论

在日本国内市场需求饱和和有效供给不足的前提下，经济增长主要影响因素来自国外市场，我们分别从需求、供给及对投资的拉动等方面做初步讨论。

[①] 刘巍、蔡俏：《新供给约束型经济：日本经济低迷的逻辑与前景分析》，《中国计量经济史研究动态》2012年第4期（见http://www2.gdufs.edu.cn/wtoresearch/xueshuchengguo/dongtai16.pdf）。

第一，日本的国外供给。在图 1-6 的国外市场部分中，S_f 是日本对国外市场的供给曲线，包括出口产品和国内厂商制造出口产品所需的资本品。我们设定的 S_f 曲线是比较平缓的，这和国内市场供给曲线拐点之前的情形是相似的。日本以既有科技水平生产的产品虽在国内市场基本饱和，但对国外市场来说，因为日本的产品技术先进远未到达拐点，只要价格合理，日本产品还有广阔的国际市场。同时，由于日本产业的市场准入、融资、技术革新、劳动力转移、进出口等市场机制都是相当健全的，不存在某种明显的"瓶颈"，所以，在既定的价格上供给满足合理增长的需求不是问题。因此，供给曲线应相当平缓。

在图 1-6 的国外市场部分中，当汇率从 e_1 上升到 e_2 时（日元升值），对国外进口商来说，折合本币或美元的日本商品价格全面上涨，供给曲线便从 S_{f_1} 上升到 S_{f_2} 的位置，如果国外进口商的需求曲线 D_f 位置不变（如 D_{f_1}），则日本的出口量必然会下降。

第二，出口与投资的关系。由于出口下降，日本出口产品制造商对资本品的购买 I_2 也会下降。我们在先前的一个研究中做过日本投资与出口的数量关系分析，经一阶差分和三阶差分之后，出口每变动 1%，总投资就同向变动 0.23%。[①] 虽然目前我们得不到总投资中出口拉动的投资数据，无法做二者准确的数量关系分析，但出口与总投资的数量关系也可以大致反映二者的趋势，因为在 1980~2003 年的时段中，不可能有连续 20 多年的其他投

---

① 张乃丽、刘巍：《外需不足、拉动内需与经济泡沫》，《中国计量经济史研究动态》2012 年第 3 期（见 http：//www2.gdufs.edu.cn/wtoresearch/xueshuchengguo/dongtai16.pdf）。

资与出口走势一致的偶然相关现象。

第三，国外需求。在图 1 - 6 的国外市场部分中，D_f 是国外市场对日本产品的需求曲线。需求曲线的斜率反映了需求量变化对价格变化的敏感程度，这与产品自身的用途和特点有关，如资本品的需求价格弹性相对较小，而消费品的需求价格弹性较大。在一定时期内，可以计算出一个平均弹性，因此，需求曲线的斜率能够确定。若需求曲线相对陡峭，汇率变动对日本的出口影响不大；若需求曲线相对平缓，则日元升值对日本的出口影响较大。在图 1 - 6 上，考虑到日本产品的先进性，我们设定的 D_f 曲线相对陡峭，如果有可靠的数据，可以做出准确的需求曲线。

需求曲线的位置高低首先取决于进口国的国民收入，收入越高，则曲线的位置越向右上方移动，反之则反是。这就是说，日本出口受世界经济周期变化的约束。不仅如此，需求曲线的位置高低还取决于日本的竞争产品的性价比。进口国在同等收入水平上，如果多买了和日本出口产品竞争的产品，就会少买日本的出口产品，需求曲线就会向左下方移动，反之则反是。20 世纪 90 年代以来，中国大陆、韩国、中国台湾、新加坡和中国香港等国家和地区的出口产品在世界各地不断蚕食着原本属于日本出口产品的市场，使得日本出口产品的需求曲线不断向左下方移动。深入一步思考，日本出口受到亚洲新兴国家排挤的症结，也在于日本领先科技产品的缺失。成为富裕国家之后，日本的劳动力成本上涨是必然的，出口产品的价格劣势迟早会显现。随着新兴国家技术水平的提高，日本出口产品的性价比必然下降。日本在受到"尼克松冲击"和"石油冲击"之后仍能保持出口产品的优势，除了依靠技术和管理降低成本之外，当时没有亚洲新兴国家的竞争大概也是其中重要的原因之一。

综上所述，日本自经济泡沫崩溃以来，新供给约束型经济态势笼罩了日本的内部经济和外部经济，失去了十年，又失去了十年。今后若不能建立领先科技产品的生产平台，加之与中国交恶而渐被逐出这一潜力巨大的出口市场，再失去多少年也未可知。我们将上述假说的逻辑抽象如下（见图1-7）：

```
                传统内需饱和·新供给约束→国内需求增长乏力
                          ↗        ↑         ↘
高速增长后科技平台老化 ……领先科技产品市场平台缺失……  经济长期低迷
                          ↘        ↓         ↗
                  日元升值·新兴国家竞争→外需不足
```

图1-7　日本新供给约束型经济的逻辑

从总量数据上看，在既有的生产平台上，日本经济增速骤降是有效需求不足造成的。但是，从有效需求的结构上看，一国总需求包括内需和外需两个部分。从凯恩斯主义的需求管理政策回推，"有效需求"无疑指的是"有效内需"，"有效需求不足"大致与"有效内需不足"同义。因此，在运用凯恩斯主义的需求管理政策手段调控宏观经济时，先对一国经济中的问题是不是"有效内需不足"做出正确的判断是至关重要的。内需即 $C+I+G$，如果进一步考虑对国内产品的内需，就是前面所做的式子：$C+I+G-M$。按凯恩斯理论来解释，消费需求 C 是比较稳定的（边际消费倾向递减），一旦投资需求 I 不足，经济萧条就可能发生，需要政府购买 G 来补偿或启动投资,然而,日本的经济运行的内在逻辑全然不似大萧条时期的美国。学界常说日本经历了"失去的十年"或"失去的二十年",但是,需要研究的是日本在这十年或二十年中究竟失去了什么?数据表明,日本失去的是先前经济增长的高速度,经济低迷是指增长速度低迷,而负增长是很少见的,像美国大萧条时的负增长是绝对没有的。日本人的消费水平没有下降,中产阶级仍占大多数,根本没有发生 1932 年美国的惨剧,经济增长率和同时期许多欧洲国家相比,都不算低。我们曾在一项研究中按历史的顺序将日本经济态势划分为"供给约束型""需求约束型"和本文讨论的"新供给约束型"三个阶段,①从内需的角度来看,主要有以下几个特点:①在明治维新到 1950 年左右的"供给约束型经济"中,公众手里的钱虽不多,但难以买到足够的商品,经济增长的"瓶颈"在于供给不足。②在 20 世纪 50 年代至 80 年代的"需求约束型经济"中,生产能力足够大,最终实现的 GDP 取决于总需求。于是,经济增长的发动机在总需求一端。③在 20 世纪 80 年代以来的"新供给约束型经济"中,消费者买得起商品,但除了正常循环的消费-投资需求之外,没有更好的供给产品可以诱发需求增长。于是,经济增长的"瓶颈"在于"新供给"不足。在出口需求旺盛时,这一"新供给瓶颈"被掩盖了,即内需的饱和被外需强劲增长所掩盖——总需求持续增长。但是,若外需增长一旦停滞或衰退,导致经济低

---

① 刘巍、蔡俏:《新供给约束型经济:日本经济低迷的逻辑与前景分析》,《中国计量经济史研究动态》2012 年第 4 期(见 http://www2.gdufs.edu.cn/wtoresearch/xueshuchengguo/dongtai16.pdf)。

迷，当局则认识不到新供给约束型经济的内在逻辑而做出错误的市场诊断，进而下错药。的确，从经济总量数据层面考察，若不考虑总需求的结构——内需和外需，不考虑投资需求的结构——国内因素拉动的和出口因素拉动的，日本宏观经济运行的表象应如图1-8所示。

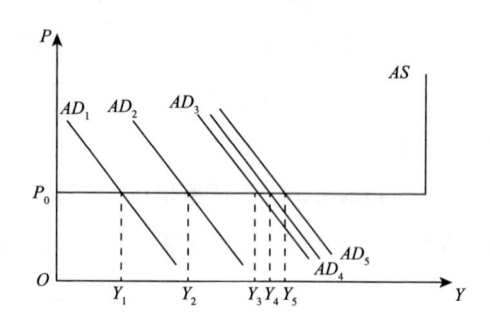

图1-8 日本经济"失去的二十年"之"需求约束"表象

图1-8中，忽略小幅价格波动后，简化的总供给曲线 AS 在拐点之前是与横轴平行的。AD_1、AD_2 和 AD_3 表示高增长时期的总需求，增长幅度很大，体现在横轴上的 Y 值增长率相应很高。经济泡沫崩溃之后，总需求如图1-8中的 AD_4 和 AD_5，向右移动的幅度很小，若在"失去二十年"中观察，有时还有衰退发生（向左小幅移动），于是，横轴上 Y_3 到 Y_4、Y_4 到 Y_5 的增长率和高速增长时期相比便相当之低（有时还有负增长）。其实，在 AD_1 到 AD_2，再到 AD_3 的时期（产出从 Y_1 到 Y_2，再到 Y_3），高速增长的总需求中已有相当大部分是外需，即出口和出口拉动的投资。从总量数据得来的这个解析几何图大略可以描述日本经济的表面

现象，于是，这个"需求约束"的表面现象就掩盖了图1-6"新供给约束"的真相。日本政府频繁启动"看得见的手"，力图将经济重新拉入高增长的轨道，但由于财政政策和货币政策既无力创造新供给，也无力促成日元贬值和阻止亚洲新兴国家的竞争，其政策效果必然是极不显著的。

在20多年的时间里，日本的财政政策和货币政策轮番出台，但经济增长率始终没有超过2%，远在泡沫时期的5%之下，更不用说"伊奘诺景气"时期的10%了。对我们新供给约束假说有显著支持的事实是，在2002～2007年的"伊奘诺景气"时（平均增长率不足2%），经济增长仍是外需拉动的，原因是超宽松货币政策及2003下半年至2004年3月大规模外汇干预导致了日元贬值。[①] 看来，日本巨大的产能对内需增长来说，确属无效供给。

综上可以得出三个结论。

第一，新供给约束模型的基本前提可以归纳为这样几个：①总收入和人均收入水平很高；②中产阶层占人口比例很高；③生产平台的科技水平居世界前列；④经济增长率大幅下降并非持续负增长。

第二，日本经济在泡沫发生之前就进入了"新供给约束"态势，产能对于内需增长而言，大部分属于无效供给，但正常的国内需求仍可消化供给一端在原有产出水平上的产量。经济增长靠外需拉动。外需拉动的含义不仅在于出口量，而且还包括出口拉

---

① 刘瑞：《金融危机下的日本金融政策》，世界知识出版社，2010，第10页。

动的投资。从日本的经济结构推测，出口与出口拉动的投资之和应占日本 GDP 较大的比重。

第三，日本的新供给约束型经济在需求约束表象的掩盖下，其宏观经济运行逻辑与凯恩斯经济学基本前提大相径庭，经济增长的发动机不是内需，而是外需和新供给。广场协议之后日元升值、外需增速下降，新供给跟不上，日本经济增速大幅回落。当局和学界对新供给约束型经济态势缺乏正确判断，并在误判的基础上实施拉动内需的财政政策和货币政策，其结果是催生了资产泡沫。泡沫崩溃之后，继续推行拉动内需的积极宏观经济政策，效果极不显著，反而是一度干预汇率的货币政策对出口有所促进。

1.1.4　总供求态势的判断——数量分析思路

目前，我们的研究结论仅限于对供给约束和需求约束两种经济态势的判断，而"新供给约束"很大程度上尚属"未来经济史"，我们的研究正在进行中。受亚当·斯密、萨伊和约翰·穆勒的启迪，我们考虑了三个实证路径。

第一，从总供给、总需求与价格的关系角度入手，考察样本中左右价格的是总需求还是总供给。以费雪的交易方程式为理论基础，并放开某些脱离实际的前提假设。如果对于价格变动来说是总需求因素重要，那么，经济态势无疑是供给约束型的。以小麦为例，当新小麦没有成熟时，如果面粉需求陡增，小麦存量的增长可能性为零，那么只有价格上升来抑制面粉需求了。这无疑是一个供给约束态势，价格变动的主要影响因素是需求。反之，如果总供给取决于总需求,则经济态势无疑是需求约束型的。从技术角度来说,在用最小二乘法拟合回归模型的基础上,用 β 系数方法可以得出变量的重要性来。

若上述逻辑的数量模型为 $P = a_0 + a_1 D + a_2 S$,则有判断两个解释变量的相对重要性的方法——β 系数法。其基本原理为,由于偏回归系数与变量的原有单位都有直接的联系,单位不同,彼此不能直接比较。为此,可以将偏回归系数转换为 β 系数,其公式如式(1-4):

$$\widehat{\beta}_j^* = \widehat{\beta}_j \frac{s_x}{s_y} = \widehat{\beta}_j \sqrt{\frac{\sum (X_{ji} - \overline{X}_j)^2}{\sum (Y_i - \overline{Y})^2}} \quad (j=1,2,\cdots,k; i=1,2,\cdots,n)$$

(1-4)

β 系数就是按照解释变量的标准差与因变量的标准差之比例对估计的斜率系数进行调整,其数值与测定变量时的单位无关,即是一个"纯数",因此可以直接比较,用以确定计量模型中解释变量的相对重要性。在图 1-9 中,总需求的 β 系数就是 AD 推动价格向上运动的力度,总供给的 β 系数就是 AS 向下压迫 P 的力度。显然,在供给曲线陡峭时,总需求的 β 系数应该显著大于总供给的 β 系数,反之则反是。

换个思路,供给弹性学说也对分析经济态势提供了有用的分析框架。在可考的经济史上,可以断言,从未出现过总供给曲线严格与横轴垂直或平行——价格供给弹性严格为 0 或无穷大的极端现象,供给曲线应该总是介于这两个极端之间,见图 1-9。

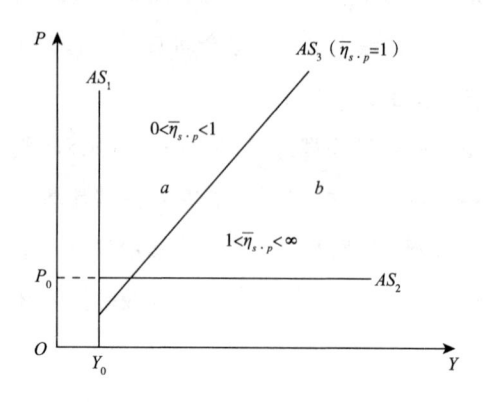

图 1-9 不同约束型态势的区域划分

图 1-9 中，AS_1 和 AS_2 是两条极端的供给曲线。在 AS_1 和 AS_2 之间，有无数条 AS 曲线，其中的 AS_3 是平均价格弹性线等于 1 的一条供给曲线，显然，这也应该是一种特殊现象，但有出现的可能。在 a 区域内，平均的总供给价格弹性大于 0 而小于 1，即 $0 < \bar{\eta}_{s \cdot p} < 1$。由于 AS_3 的价格弹性等于 1，因此是 a、b 两个区域的分界线。在 b 区域内，各条 AS 曲线的平均价格弹性都是大于 1 而小于 ∞ 的。a 区域内的各条 AS 曲线具有共同的特点，即总需求变动 1% 时，总供给的变动总是小于 1% 的，总需求的其余能量被价格吸收。AS 曲线越是接近 AS_1，需求拉动供给的能力越低。到达极端位置——AS_1 时，总需求的力量全部转化为价格，产出变动率为 0。总之，在 a 区域内，经济态势表现为供给约束型，AS 曲线的斜度越是陡峭，位置越接近 AS_1，供给约束的强度越大。在 b 区域内，各条 AS 曲线的共同特点是，总需求变动 1% 时，总供给的变动幅度会大于 1%，即总供给强大的潜能有抑制价格上涨的

044

功能。AS 曲线的斜度越是平缓，位置越接近 AS_2，总需求拉动总供给的能力越强，价格上涨的势头越弱。到达极端位置——AS_2 时，总需求的力量全部化为产出，价格变动率为 0。总之，在 b 区域内，经济态势表现为需求约束型，AS 曲线的斜度越是平缓，位置越接近 AS_2，需求约束的强度越大。

上述分析留给我们的疑问是，弹性是两个变量变化率之比，弹性等于 1 时，只说明两个变量变化的百分比相等，并不说明两个变量的绝对量相等。这样一来，AS_3 还可以作为供给约束和需求约束的理论界限吗？我们对此问题做一点讨论。计算弹性的原函数是指数函数：

$$Y = Y_0 P^\eta \qquad (1-5)$$

当 $\eta = 0$ 时，则有：$Y = Y_0$，即供给曲线为 AS_1。当 $\eta = \infty$ 时，则有：$P = P_0$，即供给曲线为 AS_2。现在，我们对式（1-5）两端取对数，得

$$\ln Y = \ln Y_0 + \eta \ln P \qquad (1-6)$$

为了使两个变量在两轴上的标度单位相等，令 $Y = P$，则有

$$\eta = \frac{\ln Y - \ln Y_0}{\ln P} = \frac{\ln Y - \ln Y_0}{\ln Y} = 1 - \frac{\ln Y_0}{\ln Y} \qquad (1-7)$$

当实际经济中的 Y 远离 Y_0 时，即 Y_0 值很小或 Y 值很大时，$\frac{\ln Y_0}{\ln Y} \approx 0$，即 $\eta \approx 1$。我们认为，当一个国家的经济从极端的供给约束（假如存在这条曲线）发展到将向需求约束过渡的地步时，Y 必远大于 Y_0。接下来的工作是，只要算出总供给曲线的价格需

求弹性，我们就可以判断一国经济所处的总供求态势了。

第二，价格贸易条件与贸易收支是否正相关？如果正相关，是供给约束型经济态势；反之，则是需求约束型经济态势。用贸易条件考量国家利益，只有在供给约束型经济条件下适用，于是从这个角度观察世界经济是合乎逻辑的。但是，从这个角度做实证分析有一定难度，因为许多国家出于不同的考虑，总是在干预进出口，需要剔除许多人为因素。

贸易条件概念最初的含义只是进、出口之间的比价，所谓贸易条件的恶化或改善最初也只是进、出口价格指数的相对上升或下降，即价格贸易条件。在以后的贸易实践中，贸易条件的改善或恶化，成了评价一国国际贸易绩效的重要考量指标。贸易条件学说其实暗含着"供给约束型经济"这一假设。即使穆勒时代没有这个词，也有萨伊的"供给自动创造需求"思想存在了。恐怕也只有在此前提下，方可以此学说考量贸易绩效。不管穆勒时代（或之前）供给"瓶颈"在哪个层面上，只要是供给约束成立，供给曲线陡峭或与横轴垂直，供给量就与价格关系不大或无关了。于是，当供给量一定时，提高贸易利润率的途径只有提高价格。假定贸易双方都是供给约束型的国家，于是，两个价格之比绝对就是利益之比了。如果进出口价格指数能大略算出来的话，贸易条件与贸易收支的走势应该是相同的或正相关的。难怪，国际贸易学早期理论常用的案例都是靠天吃饭的农业和畜牧业及这两个产业附属的加工行业——小麦、葡萄酒和呢绒。这些产业不用说都是供给约束型的，由于经济关系简单、便于分析，直到现在，国际贸易学教科书依然沿用这些案例。

前提假设

进一步地，我们换个角度，对现实中的反倾销现象来做一点探讨。倾销、反倾销是国际贸易发展的产物，倾销是在外国市场上的低价销售行为。对于倾销国来说，出口价格降低，则贸易条件恶化，倾销就变成了一种自愿恶化贸易条件的行为，为了贸易伙伴（进口国）的贸易条件改善而进行生产销售。再说进口国，当遭遇倾销时，他们的第一反应是反倾销，事实上，一方面进口国的贸易条件得到了改善，另一方面却通过复杂的反倾销程序极力地拒绝这种改善。贸易条件理论在此必然推出荒谬的结论：一边是出口国奋不顾身地自愿恶化贸易条件，另一边是进口国宁愿撕破脸也不愿接受贸易条件的改善，双方还要通过复杂的博弈以示决心。用穆勒的价格贸易条件考量，当代国际社会交易双方这种行为是既愚蠢又多余的。问题当然不是这样荒诞不经。理论与实践不符，只能说明理论本身的逻辑出了问题或理论应用的前提发生了质变。穆勒是一位令人尊重的经济学家，犯逻辑错误的可能性不大，较大的可能是社会经济背景变化到了与穆勒模型的前提假设相反的地步。

倾销最早可以追溯到重商主义时期，已有几百年的历史，而反倾销法的出现距今也只有百年，而被国际社会严重关注则是"二战"之后若干年的事情。当年的星星之火缘何到如今才成燎原之势，其原因是多方面的。该行为本身的因素暂不探讨，我们从倾销、反倾销赖以茁壮成长的经济条件着手，做一简单分析。我们知道，实施倾销行为的前提是要有足够多的产品，在几百年前，社会生产力不发达，社会产品有限，这样的供给约束型经济体决定了倾销在其成长过程中的营养不良命运，供给约束型经济体是倾销不成规模的根本原因。在供给约束型经济体中，整体社会生产力不发达，但局部生产力水平较高是正常的，这时出现偶然性的倾销是合情合理的。所以，供给约束型经济可以用来解释为什么倾销在几百年前出现却不能成规模。同时，贸易条件在需求约束型经济前提下是荒诞的这一事实，也可以提示我们，贸易条件在供给约束型经济中也许是考量国际贸易绩效的重要工具。从众多文献看，在当代经济中，贸易条件与贸易收支大都是负相关的，即贸易条件恶化了，贸易收支却改善了。

随着贸易条件与经济发展现实间矛盾的显现，学界开始修正价格贸易条件，出现了收入贸易条件。收入贸易条件试图将一国以出口为基础的进口商品的能力数量化，而不仅仅体现出口与进口之间的价格关系。其值为价格贸易条件与出口量指数的乘积，即：

$$ITT = NBTT \times Q_x \tag{1-8}$$

式（1-8）中，Q_x 为出口量指数。我们不清楚收入贸易条件为何假定进口量指数不变，这种逻辑在国际贸易现实中是绝对行不通的。如果借用双要素贸易条件的思路，加入进口量指数，逻辑上还可以是通顺的。收入贸易条件与价格贸易条件最本质的区别在于，供给"瓶颈"消除了，出口贸易量是可变的，提高贸易利润的途径不再单一，扩大贸易量，薄利多销也不失为正确的贸易思路了。贸易量一旦可以变动，价格贸易条件与收入贸易条件便同室操戈了，往往是价格贸易条件恶化而收入贸易条件改善。其实，收入贸易条件事实上是在考量贸易收支，但由于测算公式中缺少进口量指数，因此，对贸易收支的测度也是含混的。在此方面分析比较到位的是马勒条件，而不是这种收入贸易条件。

第三，也可以从马勒条件角度做实证，如果马勒条件普遍不成立，说明经济态势是供给约束型的，因为"本币贬值—出口价格下降—国外需求增长"，如果仍不能使出口增长，说明产量无法增长，经济态势是供给约束型的；反之，如果马勒条件普遍成立，则说明经济态势是需求约束型的。

马歇尔首先提出国际收支调节弹性理论，勒纳在马歇尔的弹性理论基础之上得出马歇尔－勒纳条件（又称马勒条件）。之后，罗宾逊夫人做了大量工作，对其进行了修正。它主要被用来考量一国货币的贬值与该国贸易收支改善程度的关系。众所周知，对一国来说，货币一旦贬值，在贸易品本币价格不变时，会造成出口商品外币价格的整体下降或是进口商品本币价格的整体上升，无论用哪种货币计算，价格贸易条件必将恶化。马勒条件实际上考察的是，政府行为导致的价格贸易条件主动"恶化"之后，会不会产生"双"收入贸易条件（出口量和进口量的变化同时考虑）的"改善"。剑桥大学的经济学家们为什么会考虑主动"恶化"价格贸易条件呢？问题在于，国际贸易的评价原则主要是考量总体获利程度，获利是目的，价格是手段而已。马歇尔、勒纳和罗宾逊夫人之所以做这样的分析，是因为多数西方国家的经济态势和穆勒时代相比，发生了实质性的变化，即产量是可以大幅增加的。在低价格的诱惑下，出口量是可以增长的，生产一端没有问题。此时的供给曲线是向右上方倾斜的，从理论上说，厂商可以满足任何数量的有效需求。在马勒条件的几个假设中，四个供给弹性均为无穷大是很重要的，这基本上说明，新古典主义者们的分析框架是在"需求约束型经济"假设之下建立的。因此，降价刺激国外需求，薄利多销，进而在贸易收支差额上获利是新古典主义者们的理性选择。在一系列假设下，马勒条件推导出了价格贸易条件主动"恶化"可以改善总体贸易收支的基本条件：

$$E_x + E_m > 1 \qquad (1-9)$$

式（1-9）中，E_x 表示对出口品需求的价格弹性，E_m 表示对进口品需求的价格弹性，如果一国的经济条件满足式（1-9），本币贬值将改善贸易收支。根据罗宾逊夫人的推理，我们可以得出以下结论。

（Ⅰ）当 $E_x + E_m > 1$ 时，有 $\dfrac{\mathrm{d}B}{\mathrm{d}P} < 0$。贸易收支变动与间接标价法的汇率变动呈反向变动关系，即币值越低，顺差越大（或逆差越小）。

（Ⅱ）当 $E_x + E_m < 1$ 时，有 $\dfrac{\mathrm{d}B}{\mathrm{d}P} > 0$。贸易收支变动与间接标价法的汇率变动呈同向变动关系，即币值越低，顺差越小（或逆差越大）。

这里我们没有讨论 $E_x + E_m = 1$ 的情况，是因为在现实经济体中，这种情况发生的概率几乎为零，即使发生，也是不稳定的，$E_x + E_m = 1$ 不是现实经济体的常态。

结论（Ⅰ）表明，$E_x + E_m > 1$，意味着需求是富有弹性的，同时，罗宾逊夫人的模型假设供给弹性是无穷大的，则此时的经济体是需求约束型经济。我们套用一下萨伊定律的句式来描述就是，需求可以自动创造供给。在需求约束型经济体中贸易收支变动与本币币值变动呈反向变动关系，即本币贬值可以改善贸易收支，马勒条件成立。换句话说，马勒条件在需求约束型经济体中是适用的。

结论（Ⅱ）表明，当 $E_x + E_m < 1$ 时，意味着需求是缺乏弹性的，即价格对需求量的刺激能力太弱。国外需求量（出口量）增加产生的利益不能抵补价格下降造成的损失，国内需求量（进口量）下降节省的开支不足以抵补价格上升造成的开销增加。这种情况从表面上看，似乎是需求的问题，其实，这无疑是供给方面有较大的问题。首先，在出口外币价格下降时，国外需求不能有效增加，说明供给方面无力调整出口商品结构或商品品质，存在着较大的供给"瓶颈"，供给弹性无穷大是一句空话。其次，进口品本币价格上升时，国内替代产品的产量上不来或根本没有，更是与供给弹性无穷大无缘。这说明，当 $E_x + E_m < 1$ 时，该国经济是供给约束型的，货币适度升值可以改善其贸易收支。

第四，前两个实证工作完成后，考察该时段的人均国民收入水平和平均消费倾向或边际消费倾向，从国民收入角度得出供给约束型经济的物质指标，完成这个有重大理论意义的研究工作。

1.2　下位前提假设——制度安排和其他市场条件

在上一节中，我们将总供求态势称为"上位前提"，这个概念是我们提出的，尚不知能否被学界同仁接受。相应地，我们把对制度、习俗、追求、惯常行为等因素的抽象称为"下位前提"，亦即经济学理论中惯常使用的前提假设概念。若大致分类，经济史上的阶段性特征、结构性特征和经济制度安排与变迁的轨迹特征可被称为正式约束，而居民的习俗、宗教和主流意识形态等方面特征则可被称为非正式约束。如果说上位前提假设是经济史研究过程中宏观分析必须找到的起点，那么，下位前提则是在宏观和微观各个层面经济分析中必须掌握的充要条件。

1.2.1 关于正式约束——制度安排对经济行为的规范

无论在近代以来的历史上还是人们每天生活的现实中，社会公众的经济行为必然受到某种官方的或经济大环境的约束。无视这些约束，越雷池半步则极有可能遭受损失，在理性人假定不可能被推翻的条件下，社会公众经济行为的自动反应函数的起点必与这些正式约束密切相关。因此，在对经济史或现实经济运行做分析时，无疑首先要掌握下位前提。否则，设置的逻辑关系就可能出现严重错误，从而导致结论的不正确。

在本节我们仅举两例，从而讨论制度安排对于经济行为中因果关系的重要意义。

1. 关于货币需求研究的前提假设

前面我们曾提及凯恩斯货币需求理论的前提假设，在此我们做一详细讨论。主流经济学的货币理论都建立在一些公开的或暗含的前提假设之上。凯恩斯货币需求理论函数最重要的假设是：资本市场或金融市场是发达和完善的，金融资产的收益率可用齐一的市场利率表达。在此前提假设之上，建立了著名的货币需求理论函数，见式（1-10）：

$$M_d = f(Y, i) \quad\quad (1-10)$$

$$\frac{\partial M_d}{\partial Y} > 0 \quad \frac{\partial M_d}{\partial i} < 0$$

我们来观察一下凯恩斯的货币需求理论函数中设置的变量与前提假设之间的关系。

首先,对于国民收入 Y 与货币需求之间的正相关关系无须赘言,只要是处于市场经济中(无论发达与否),就会有这样一种经济逻辑。其次,根据假设,国内金融市场是健全发达的,公众面临着齐一的市场利率,于是,这个不断变化着的市场利率(有价证券收益率)就成了公众持有货币的机会成本率,M_d 与 i 之间的负相关关系成立了(理性人假设是其微观基础)。

建立于上述前提假设基础上的货币需求理论能否用于发展中国家的货币需求研究?这是我们一定要考虑的问题。从前提假设上看,发展中国家与西方市场经济国家的宏观经济运行环境有很大的差异。因此,要建立某一发展中国家的货币需求理论函数,必须首先抽象出该国宏观经济的前提假设。通俗地说,一味药主治一种病,绝无包治百病的灵丹妙药。特定国家的经济病症在哪里、该用什么药、多大剂量?需要研究者自己去研究。如果从经济学大师那里学来的是一套"诊断方法"和"药理",而不是死记硬背的药方,那你才可能成为诊治经济病症的"好医生"。

2. 关于劳动力流动制度安排对相关逻辑关系的影响

在近代中国,由于不存在限制性的户籍制度,劳动力流动不受制度性因素的阻碍。从我们阅读到的文献来看,也未见到晚清政府和国民政府做过鼓励劳动力流动的制度安排。再考虑到近代中国工业化水平较低的情况，因此，城市就业量应该是劳动力需求的函数。

改革开放初期，中国政府默许了蓝领劳动力的自由流动（或称"准"自由流动），如今学界都承认，如果当年没有"十万川军下广东"，就没有当时被津津乐道的"深圳速度"。到 20 世纪末，中国的蓝领劳动力依然可以视为呈"无限供给"状态，城市就业量仍是劳动力需求的函数。

进入 21 世纪后，随着老一代吃苦耐劳的农民工逐渐退出城市劳动力的蓄水池，随着经济增长带来的新生代需求期望的大幅提高，捆绑着诸多福利、尊严，甚至家庭成员前途的户籍制度渐为蓝领和白领劳动力流动的共同障碍，珠三角地区首先出现了"民工荒"，这种趋势渐而向长三角蔓延，甚至向内地发达地区扩散。在这样的前提下，城市就业量就不再是劳动力需求量的一元函数了，一些影响劳动力供给的因素必须在就业函数中有所考虑。于是，在这一新显现的制度安排约束下，城市就业量就应该是劳动力需求和供给两条曲线的均衡值。

1.2.2 关于非正式约束——习俗、伦理和传统等因素对经济行为的规范

从横向角度观察，世界不同国家、不同地区的人们之间存在着一定差异（主要指某些态度和行为方面）。虽然这个差异不是随便就可以准确地概括和总结出来的，但是我们就实实在在地能感受到这个差异。深究一步，这个差异的决定因素就应该是习俗、伦理和传统等因素，这些因素对人的影响是全面和深入的，

甚至可以影响到举手投足。从纵向角度观察，即使是同一国家、同一地区，不同时代的人们也会有一定差异。在这种历史性差异的背后，推动力无疑也应该是不断演化着的非正式约束。

从某种意义上讲，非正式约束对人们的规范作用往往比正式约束还要大。非正式约束一旦形成，从微观上看，社会公众的某些个体偶尔可能会有反常举动；但从宏观上看，整个社会行为则基本上被约束在既有的习俗、伦理和道德的边界之内。同时，在非正式约束下，对公众行为的监督成本很小。

非正式约束既然影响到人们很多方面的态度和行为，因此也必然影响人们的经济行为和态度——价值评价体系。这样，在分析不同时期、不同民族国家的历史经济运行时，非正式约束就应该是经济逻辑之起点——前提假设的重要组成部分。

譬如，在人均收入相近的两个国家里，在其他条件不变时，如果节俭或奢侈的习俗不同，边际消费倾向肯定是不同的。有节俭习俗的国家，边际消费倾向递减；而有奢侈习俗的国家，边际消费倾向递减肯定高。又如，在不同的意识形态约束之下，企业家的行为是有较大差别的。美国的企业家、中国的企业家和埃及的企业家虽然本质上都是逐利的，但各自的惯常行为表现会有较大的差异，对利益链条上各个环节的取舍各有特色。这和他们各自的意识形态有密切关系，在这样的前提下，他们各自的行为反应函数应该是有一定差异的。

1.2.3 关于阶段性特征——同一经济态势下不同阶段的市场特点

前面我们讨论过，从世界角度看，市场经济走过了供给约束态势、需求约束态势,并可能走向"新供给"约束态势。然而,无论哪一个经济态势都是慢慢向下一个经济态势过渡的。在某一经济态势的早期、中期和晚期,市场情况必然不同,经济行为受制或受益的"大环境"必有差异。在需求约束型经济的早期,政府、厂商和学界对经济运行逻辑的认识往往停留在供给约束型经济时代,某些不正确的意识不可避免地影响学者的言论,影响厂商、消费者乃至当局的决策和预期。大萧条爆发的20世纪30年代,大抵就是这种情形。当世界经济步入需求约束型经济中期后,政府、厂商和消费者对总供求态势的认识比较一致,政策效果一般都比较显著。当某些发达国家进入需求约束型经济晚期后,需求约束的经济意识空前强化,全社会都进入了强烈的"路径依赖"状态,往往对下一种经济态势——新供给约束型经济的来临认识不清,产生泥古不化心态,致使经济长期徘徊。

1.3 技术性假设——分析过程中的简化手段

本节的标题一目了然,技术性假设是为了分析方便而暂时规定的,只用于一项研究的过程中,而最终结论一定要放开这个假设的约束。比如,在物理学中,很多研究的中间阶段都做了"不考虑空气阻力""忽略摩擦"一类的假设,目的是暂时排除诸多干扰因素,集中分析主要因果关系。但是,在研究最终结论的阶段都必须放开这些与自然现象有冲突的"荒唐"假设。换言之,技术性假设约束下的结论仅仅是整个研究的一个中间环节,这种研究套路类似于数学上对函数中的某一自变量求偏导数的思路。整体观察研究过程,一个环节一个环节地走到最终结论时,所有的影响因素都在变化,就有数学上对函数做全微分的意思了。

在经济学理论研究过程中,特别是在经济学教科书中,技术性假设是经常用到的。在技术性假设的约束下,得出的结论往往是与市场真实情况不完全一致的,不能作为分析工具使用。有待于将一系列技术性假设放开,继续做逻辑分析,必须将研究做到最终环节时得出的结论才是有用的分析工具。例如,《微观经济学》教科书一开始就分析消费者的需求函数,教科书上给出的曲线如图 1-10 所示。

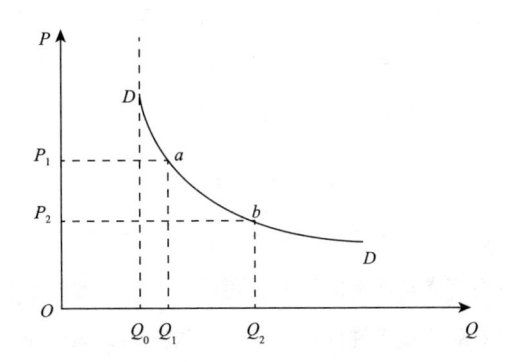

图 1-10 《微观经济学》教科书中的需求曲线

从图 1-10 观察,技术性假设一定是除价格以外的其他条件都不变,而"其他条件"都作为常数归入了 Q_0。于是,当价格为 P_1 时,需求量为 Q_1;价格下降为 P_2 时,需求量增长为 Q_2。在几何平面上,用一条平滑的曲线将 a 点和 b 点连接起来,就有了 DD 这条负斜率的需求曲线。把图 1-10 的逻辑写成线性方程,则有:

$$Q = Q_0 - \alpha P \qquad (1-11)$$

众所周知，市场经济中，实际上众多的"其他条件"都是变化的，教科书的这一章节是要分析价格对于需求量的影响，所以将前提简化为"其他条件不变"。接下来，若想进一步分析需求的影响因素，还有大量的工作要做。首先，收入变量（Y）对需求的影响是相当大的。如果放开"其他条件不变"中的"收入不变"，且收入越高需求量越大，方程就应该变为二元的：

$$Q = Q_0 + \alpha_1 Y - \alpha_2 P \qquad (1-12)$$

其次，我们知道，消费者通常都有"买涨不买落"的心态。为什么呢？因为在价格上涨期间，消费者通常的预期是价格还会涨；在价格下跌期间，预期价格还会跌。因此，价格预期（$P^{\exp}$）对于需求量也会产生重要影响。于是，式（1-12）应修正为三元的：

$$Q = Q_0 + \alpha_1 Y - \alpha_2 P + \alpha_2 P^{\exp} \qquad (1-13)$$

继续分析下去，不断放开技术性假设，式（1-13）还会扩展。如，存在消费信贷条件下的利率、消费者偏好、替代品价格等，此处略去对需求函数技术性假设的进一步放开和逻辑分析。显然，如果不知道经济学教科书中存在着技术性假设的分析套路，把式（1-11）选为最终分析工具，用以讨论某一具体国家历史上或现实中消费者对某种商品的需求规律，那是要犯严重错误的。

在经济学纯理论研究中，学者可以做任何假设，只要在假设的基础上可以顺畅地推出结论，都可以被称作"理论正确"。但是，如果假设做得很离谱，经济中没有出现过，或者按现有的制度安排就不可能出现，则这种结论虽然是"理论正确"的，却是"无效"的，不能用作研究某一国家某一时代具体经济问题的分析工具。这就如同某医生开出了这样的药方：如果患有 X 综合征，就吃 Y 药加 Z 药。假如按照医理、药理都是合乎逻辑的，那么，这个药方就是"理论正确"的。但是，假如从来就没有这么一种综合征，于是，这个药方就是"理论无效"的，没有人会照方抓药。

在后面的"研究案例"部分，列入了我们对凯恩斯"流动性陷阱"假说的研究。凯恩斯做"流动性陷阱"假说，意在用极端方法论证萧条爆发时货币政策无效，有效的是财政政策。我们通过对需求约束型经济以来最为悲惨的大萧条案例分析，得出的结论是，第一，货币当局没有能力向经济提供无限的货币供给；第二，证券市场上也从来没有出现过公众一致认为的"低得不能再低的收益率"。经济中既然不可能出现这两个暗含假设的情形，于是，正如凯恩斯自己所说，"流动性陷阱"从来没有出现过。这个假说虽然理论正确——从前提假设可以顺畅地推出结论，但这个假说无效——不能用作经济分析工具。

计量经济史研究过程中也需要做技术性假设，但最后一定要放开，方可得出最终结论。笔者近几年审阅了不少博士学位论文，发现很多博士生在研究中国某一具体问题的过程中做过技术性假设，但最后不放开这些"荒唐"的假设，例如，劳动力同质假设、高效的证券市场假设、价格不变假设、工资不变假设等。在和这些博士生交流这些问题时，他们竟没有觉得这是失误，理由是教科书上经常做这样的假设。于是，书来信往数次才讲清楚这个问题，本节的文字大都取自和这些博士生交流时笔者写的 Email。

2
逻辑推理

逻辑推理是经济分析的重要环节，将这一环节的结论一般化，是经济研究的终极目的——发现规律。在这个研究环节中，正确选择和使用分析工具是至关重要的。经济运行是复杂的，没有分析工具，仅凭朴素的想象就能完成预期任务的可能性太低。用生活中的经验比拟，比如给轿车换轮胎，没有千斤顶和合适的扳手，仅凭肩扛手拧，显然无济于事。

在对经济史资料做了尽可能详尽考察和分析的基础上，可以做出一组简明扼要的前提假设——逻辑分析的起点。如果这一组前提假设与某一经济理论框架设定的前提假设一致，我们就可以直接使用该理论框架，免去逻辑推理过程。显然，这是对经济学理论的选择过程。对于选择来说，重要的基础是对理论的熟练掌握，不仅要掌握经济学理论的推理过程，而且必须掌握各类经济学理论中暗含的或明示的前提假设——上位前提假设和下位前提假设。有了这个基础，才能做出正确的选择。总体来说，经济史中大多数研究领域的宏观经济运行条件与相关理论的前提假设都有或大或小的出入，这就必然涉及一项重要的工作——必要的修正。

2.1　逻辑思路的形成——分析工具的选择与修正

在前提假设与历史经济状态一致或贴近时，通过较为缜密的逻辑推理，一般可以得出正确的结论。前面说过，如果抽象出的前提假设与某一现成的经济理论框架设定的前提假设一致，我们就可以直接使用该理论框架，免去逻辑推理过程，因为经济学理论是数代经济学家潜心研究的成果，一般不会在逻辑推理方面犯低级错误。例如，我们的一项研究结论是，近代中国进口活动的前提假设与国际贸易理论的前提假设基本一致，于是，研究近代中国进口基本上可以直接使用进口理论框架。在研究其他领域的问题时，如果某一国家在某一历史时期的经济运行条件（前提假设）与既有的逻辑分析框架相距甚远，那就不能套用现成的经济学理论。又如，研究近代中国的货币需求问题，在凯恩斯、弗里德曼的理论框架中，有价证券收益率都是一个重要的影响因素。但这些理论的一个重要前提假设是经济中"存在着一个完善的金融市场"，这和近代中国的宏观经济环境完全不同（甚至和当下中国宏观经济环境都不一致），于是，若使用这个理论做逻辑分析就会南辕北辙。正像前面提过的，麦金农的货币需求逻辑框架之前提假设与近代中国的经济特点相当接近。[①] 麦金农对发展中国家的宏观经济环境做了不同凡响的抽象。

---

① 参见麦金农《经济发展中的货币与资本》，上海三联书店，1988。

(1) 国内市场分割性严重，各经济单位所处的技术条件差异较大、要素价格不一、资产报酬率不等，没有一种市场机制使之趋于一致；

(2) 资本市场不完善，不存在齐一的市场利率；

(3) 货币市场存在着"金融抑制"，投资以内源融资为主；

(4) 在一个时段内，货币与实际资本是互补品。

我们将这一组前提假设与发达的市场经济国家对比一下便知，不发达国家在这一领域的经济基本特征几乎与发达国家处相反。在前提假设的基础上，麦金农博士建立了发展中国家货币需求理论函数，见式（2-1）：

$$\frac{M_d}{P} = f\left(Y, \frac{I}{Y}, d - \dot{P}^*\right) \quad (2-1)$$

式（2-1）中，$\frac{I}{Y}$ 为投资率，$d - \dot{P}^*$ 为实际银行存款利率，且实际货币需求对所有变量的一阶偏导数均大于 0。

我们简要分析一下麦金农博士的前提假设与理论函数各变量之间的经济学逻辑。

假设（2）的资本市场不完善，就在理论函数中排除了市场利率（有价证券收益率）变量。假设（1）的市场分割性说明，无法统计出一个可以作为与投资相联系的、影响货币需求的变量的利润率水平。假设（2）实际上还说明了生产要素——尤其是资本的不可分割性，投资必须是由一个投资主体完成，即储蓄和投资在同一经济单位进行。那么，在投资额发生之前的货币资金从何而来呢？假设（3）指出，以内源融资为主，即自己攒钱。

该假设同时指出，发展中国家存在着"金融抑制"，即存贷款利率被人为抑制在一个远离资金供求关系的低水平上，信贷配给无法满足投资需求，内源融资现象愈发严重。这样，在一个时段内来看，投资需求越大，平均货币需求（M_2层次）也越大，于是有：

$$\frac{I}{Y}\uparrow \to \frac{M_d}{P}\uparrow \qquad (2-2)$$

另外，被束缚在内源融资方式上的经济单位（储蓄-投资者）如果打算购买一种与自己的产品不同的资本品，他可以有两种选择：①将自己的产品正常出售，以货币方式储蓄；②把自己的产品作为存货，在积累一定时间后将其出售，购买自己所需的资本品。选用何种方式储蓄，取决于持有货币的实际收益率和贮藏自己产品的成本。他所面临的持币名义收益率和贮藏自己产品的费用及损耗是给定的，正常情况下前者大于后者，但如果加进预期物价上涨的因素，就难说孰利孰弊了。于是，麦金农博士将银行存款利率减去预期物价上涨率作为储蓄-投资者心目中的实际货币收益率，从而认定该变量是影响货币储蓄替代实物储蓄，即正向影响货币需求量的变量，于是有：

$$(d-\dot{P}^*)\uparrow \to \frac{M_d}{P}\uparrow \qquad (2-3)$$

虽然麦金农货币需求理论函数的前提假设相对复杂一些，但若对凯恩斯和麦金农分别做出的前提假设做一比较，则可以看出，有无完善的金融市场这一制度安排，直接涉及市场利率与货币需求之间是否存在因果关系的问题。需要强调的是，虽然一般意义上的金融市场是经济中的金融业实体单位集合，和其他企业的性质没有本质差异，但是，"完善的金融市场"则体现了一个国家金融制度安排的集合。概言之，有什么样的前提，就可以推导出什么样的结论；前提不存在，结论自然推导不出。这和数学理论中某一定理与其充分必要条件的关系是极其相似的。

一般来说，一个理论框架是否适合用作特定时空的逻辑分析工具，主要是看它的前提假设是否与其宏观经济环境一致或贴近。我们的体会是，在很多方面，近代中国的宏观经济环境与西方经济学理论框架的前提假设都有较大差距，相对来说，和发展经济学理论的前提假设接近一些。但是，接近不是一致，对这样的分析工具要做适当的修正。我们仍以麦金农的货币需求理论函数为例，谈谈修正工作的体会。

在思考近代中国的总体货币需求函数时，除讨论上述变量外，还有一个绝对忽视不得的问题——社会经济的货币化程度。货币化，即货币经济范围扩大的动态过程。货币化是一切发展中国家经济增长和发展过程中最重要的特征之一，它可以说明货币这种效率机制在整个经济中发挥作用范围的大小。那么，从统计角度来看，是不是货币绝对数额越多，货币化程度越高呢？显然不是这样。这就涉及了如何度量货币化程度的问题。在现代经济学中，普遍使用的度量货币化程度的统计量是货币化比率，易纲等将其定义为：经济中购买全部商品和劳务时，用货币支付的比率[①]。定义中"购买

[①] 易纲、贝多广：《货币浅说》，上海人民出版社，1993，第136页。

全部商品和劳务"的形式的含义应该是：

购买商品和劳务的形式 = 货币支付的购买 + 非货币支付的购买

非货币支付的购买 = 以物易物的购买 + 自我购买（自产自用）

显然，若计算某一年的货币化比率，则有下式：

$$\mu = \frac{Q_M}{GDP} \qquad (2-4)$$

式（2-4）中，μ 表示货币化比率；Q_M 表示以货币支付形式购买的商品和劳务量；GDP 为国内生产总值，它应等于"被购买的全部商品和劳务"。

货币化比率对欠发达国家的货币需求的影响较大，如果忽视了货币化因素，就不可能合理地建立货币需求理论函数。我们以货币的交易需求为例讨论两种极端现象：第一，若货币化程度为 0，整个经济是以物易物的，那么，无论实物收入大小，货币需求应该为 0；第二，货币化程度高达 100% 或接近 100%，那么，货币的交易需求就应该是收入的函数。于是，在货币化程度不高且在逐步提高的不发达经济中，货币需求研究应该考虑货币化程度变量。

在不考虑货币化比率时，货币交易需求的双对数方程为：

$$\ln M'_d = c + \alpha \ln Y \qquad (2-5)$$

若将货币化比率考虑进去，再做双对数方程，则有：

$$\ln M'_d = c + \alpha \ln Y + \beta \ln \mu \qquad (2-6)$$

如果我们假定货币化比率呈现上升趋势、货币需求量和国民收入都呈上升趋势，那么，式（2-6）中的参数 α 势必要小于式（2-5）中的 α。这是因为，式（2-5）把货币需求的增长都归因于收入的增长，而在式（2-6）中，货币需求的增长被解释为是由收入和货币化进程共同引发的，这样一来，货币需求的收入弹性自然就要小一些了。至此，我们可以将近代中国货币需求的理论函数用下式做比较完整的表达：

$$\left(\frac{M}{P}\right)_d = f\left(Y, \frac{I}{Y}, d-\dot{P}^*, \mu\right) \qquad (2-7)$$

$$\frac{\partial\left(\frac{M}{P}\right)_d}{\partial Y} > 0, \frac{\partial\left(\frac{M}{P}\right)_d}{\partial \frac{I}{Y}} > 0, \frac{\partial\left(\frac{M}{P}\right)_d}{\partial(d-\dot{P}^*)} > 0, \frac{\partial\left(\frac{M}{P}\right)_d}{\partial \mu} > 0$$

式（2-7）中，$\left(\frac{M}{P}\right)_d$ 表示实际货币需求；Y 表示实际产出量，即 $\frac{GDP}{P}$；μ 为扰动项，表示不确定因素和偶然性因素对货币需求量的影响。函数式中，除扰动项 μ 的符号不定外，其余各自变量的偏导数均大于0，呈现增函数性质。

综上所述，计量经济史研究者必须要熟练掌握发达经济学和发展经济学的理论，不仅要掌握各种理论框架的逻辑过程和结论，而且要对其前提假设有精准的把握。这样才能知晓在何种前提下何种影响因素能起作用，哪个前提不存在时，应该剔除其对应的影响因素。对于计量经济史研究者来说，通过研究经济学理论逐渐养成的经济学"逻辑感"是非常重要的，其重要程度至少不比历史学家强调的"历史感"逊色。

诚然，逻辑推理过程中要使用有一定难度的数学工具，因为深藏在经济史表象背后的逻辑关系不是凭着肉眼看或用简单的加减乘除四则运算就可以得到的，必须将各变量符号化，使用相对高级一些的数学工具做分析方可拨云见日。好有这样一比，系鞋带用双手即可，任何工具都嫌多余；而给篮球充气则必须要有打气筒或更好的充气工具，不借助工具显然是不行的。传统经济史研究者最容易轻率地质疑（或公开批评）这种逻辑推理方法，然而，这却是最不该质疑（批评往往也不得要领）的。一个合理的顺序是，先弄懂再质疑（或批评）。众所周知，科学研究中的一个大忌就是，胡乱批评自己还不懂的东西。不可否认的是，在逻辑推理过程中，"炫耀数学技术"的倾向也是不可取的。我们认为，在能够解决问题的前提下，分析工具越简单越好，而不是越复杂越好。比如，诊断一个用听诊器就足够了的小病，若非动用核磁共振仪不可，就显得画蛇添足了。这就是说，使用何种程度的数学工具要视对问题分析的深度而定，如果动用了高深的数学工具，得出的结论却是人所共知、人所共信的，那就太没必要了。使用高级分析工具，得出了简单工具难以发现或难以证明的结论才是合算的。

2.2　常用的逻辑推理方式

自古典经济学产生至今，引领时尚的经济学逻辑推理工具大致经历了有哲学味道的语言思辨、箭头图、解析几何、代数等几个时期。时至今日，几种工具并未完全以新代旧，在不同层面的逻辑推理中几乎都能看到，并未有形式上的优劣之分。只要可以清晰地阐述经济学逻辑，都是无可非议的。本节我们对这种推理工具做些初步的讨论，请读者见仁见智，品头论足。

2.2.1 箭头图

箭头图是一种简单明了地展示逻辑传导机制的图示工具，常用于教科书中，也经常在一些学术论文和著作中用于展示道理简单、公知公用的逻辑链条。严格地说，这还不是挖掘从未面世之规律的"逻辑推理"，而是利用既有的逻辑结论综合或者归纳出学界忽视的经济学传递机制。以我们最近研究的投资逻辑传递机制为例（未刊稿），做一个简单的讨论。

如图 2-1 所示，假定一国在需求约束型经济态势下，C 代表消费需求，X 代表出口需求，I_1 代表消费品厂商投资，I_2 代表资本品厂商投资，I_3 代表资源品厂商投资，AI 代表总投资，即 $AI = I_1 + I_2 + I_3$。

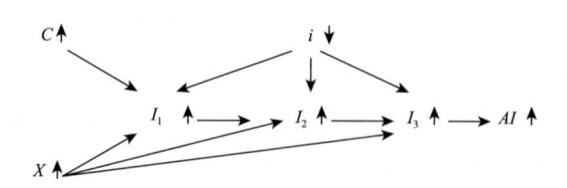

图 2-1 投资影响因素的传递机制

从逻辑角度讨论，我们将总投资分解为消费品厂商投资、资本品厂商投资和资源品厂商投资三个部分。封闭条件下，拉动投资的起点在于消费。消费上升首先将拉动消费品生产厂商的投资，消费品生产厂商的投资将拉动资本品生产厂商的投资，资本品生产厂商的投资将拉动资源品生产厂商的投资。也就是说，在足够的时间里，消费增长上升是总投资增长的必要条件。由于现代经济中的投资都是"外源融资",所以,融资成本——利率的高低成了厂商投资成本收益核算的重要影响因素。如果货币当局能够使利率下降(至少不上升),厂商的融资成本下降(或不变),进而导致利润率上升,那么,投资的影响因素就充分了。开放条件下,出口会对总投资的各部分均产生拉动作用。于是,消费、出口和市场利率的变动最终影响了总投资。我们把图2-1的传导机制略去,可以得出函数关系式,见式(2-8):

$$I = f(C, X, i) \qquad (2-8)$$

虽然箭头图工具简单易使用,但是,出现逻辑错误——从前提推不出结论的概率也是很大的。因此,无论在选择箭头图还是自己构造箭头图时,必须格外小心。从经验出发,我们做一些简单讨论。

箭头图中的每一个箭头,其实都是一个因果关系或者说是个一元函数,即箭头左边为自变量、箭头右边为因变量。若想使箭头所示的因果关系成立,必须有一系列合理的前提假设。例如,在图2-1中,若"$I_1 \rightarrow I_2$"的因果关系至少应建立在这样的前提假设之上:第一,国内存在装备制造产业,且比较健全;第二,厂商融资渠道畅通。如果第一个假设不成立,就像近代中国一样,消费品生产厂商的投资拉动的必是外国装备制造业,国内的I_2无法受益。读者大都看过电视剧《大染坊》,剧中的人物虽然是虚构的,但故事情节是真实的。当时,中国印染企业只要想扩大生产规模,就必买外国机器,图2-1中的"$I_1 \rightarrow I_2$"因果关系不可能成立。再如,图2-1中的"$i \rightarrow I_2$"

因果关系必须建立在"存在着完善的金融市场"假设之上。如果没有金融市场,何来有价证券收益率(市场利率)?如果金融市场不完善,融资渠道照样不通畅。于是,无论在"内源融资"为主的国家,还是在资源配置市场化程度不高的国家,都不存在这个因果关系或者因果关系大打折扣。

2.2.2 解析几何工具

解析几何是新古典经济学以来常用的逻辑推理工具,在《微观经济学》教科书中随处可见。解析几何模型的优点在于直观且与函数贴近,便于进一步做实证。缺点在于,一个平面解析几何只能反映两个变量的逻辑关系,如果描述复杂的逻辑传导机制,则研究者必须将多个平面解析几何模型巧妙叠加方可顺畅描述逻辑关系。本节以我们几年前所做的菲利普斯曲线传导机制图形为例,讨论一下其中的技巧。

按照标准的凯恩斯理论,总需求小于总供给时,会出现失业;总需求大于总供给时,会出现通货膨胀。照此逻辑,失业与通货膨胀不会并存。但是,20世纪60年代以来,普遍出现的失业与通货膨胀并存的"滞胀"局面,就使上述标准的凯恩斯理论遇到了挑战,经济学家们对"滞胀"进行了各种解释,其中,菲利普斯曲线就是一种。这个曲线所表明的关系也被凯恩斯学派所接受和运用,但这在理论上说,已不是标准的凯恩斯理论了。

图2-2中的图(a)、图(b)中两个平面描述的是需求拉上型通货膨胀模型,图(a)表达的是超额货币供给导致总需求增长,每一个总需求水平都对应着图(b)纵坐标上的价格水平,

进而影响横轴上的产出量。图（c）是转换坐标系，是一个工具模型。横、纵二轴都表示价格，通过坐标系中的45°线，将纵轴上的 P_1 和 P_2 转换到横轴，再映射到图（e）的横轴上。图（d）平面上描述了产量与失业率之间的关系曲线，产量与失业率之所以呈负相关，是因为在一定的技术条件下，产量越高，所需就业人数越多；反之则反是。在图（e）平面上得到了菲利普斯曲线，说明非充分就业条件下通货膨胀与失业率之间的替代关系。

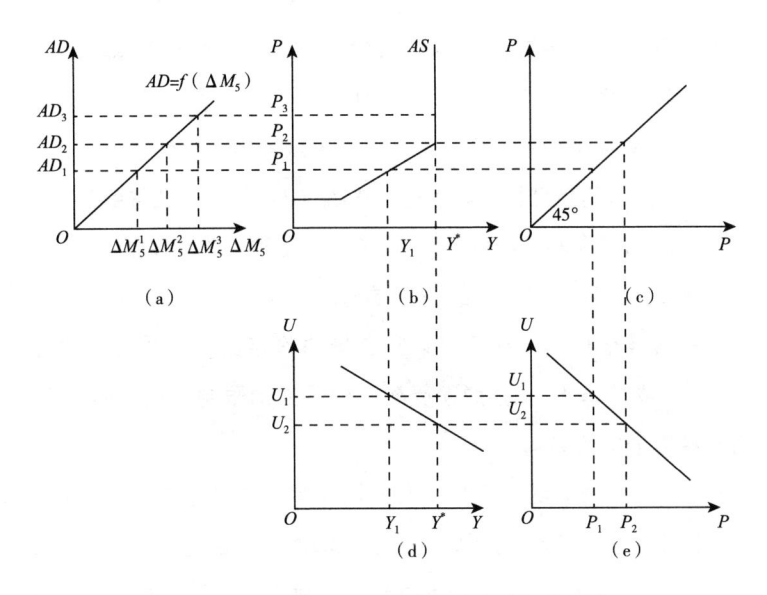

图 2-2　货币因素导致的价格变动与失业率

20世纪60年代以后直至80年代，西方各国的"滞胀"日趋严重，失业率与通货膨胀率几乎同步上升，菲利普斯曲线不断向右上方移动，原来的临界点不再适用，这就使菲利普斯曲线遇到了严重的挑战。经济学家们对此提出了不同的看法，有的认为根本不存在物价和失业率的交替关系，有的则不否认这种关系，但曲线的位置是可以变换的。我们认为，这种现象与成本推动型通货膨胀、混合型通货膨胀有关。

图2-3描述了非货币因素导致的价格上涨与失业率的关系。在图（a）平面上描述的是成本推动型通货膨胀，在成本推动型通货膨胀发生时，价格与产量是负相关的。同时，价格水平传递到图（b）的纵坐标上。图（c）是产量与失业率的关系，在技术一定的条件下，二者应该是负相关的——可以通过产量确定失业率。同时，将失业率数值传递到图（d）平面的纵坐标上。图（b）是转换坐标系，可将价格水平由纵轴转到横轴，再传递到图（d）平面的横坐标上。于是，在图（d）平面上便得到了一条斜率为正的"菲利普斯曲线"，价格越是上涨，失业率越高。

图2-2和图2-3的技巧在于，恰到好处地使用了工具图——转换坐标系，从而，某些变量的作用路径可以在平面上"转弯"或"掉头"，摆脱了受到几何平面的限制。从图形上看，有一种数学的美感。

接下来，再讨论一下用平面解析几何工具推导二元函数的过程。图2-4是我们先前所做的关于银本位制下近代中国货币供给机制的一个结论，这个分析套路受到了凯恩斯学派推导货币需求决定机制的启发。

图2-4表明，在图（a）上，当国际市场银价是P_1时，现银流动导致中国的现银存量为b_1，过b_1点向图（b）的横轴作垂线，在图（b）上得到截距为b_1。图（b）描述的是货币供应量

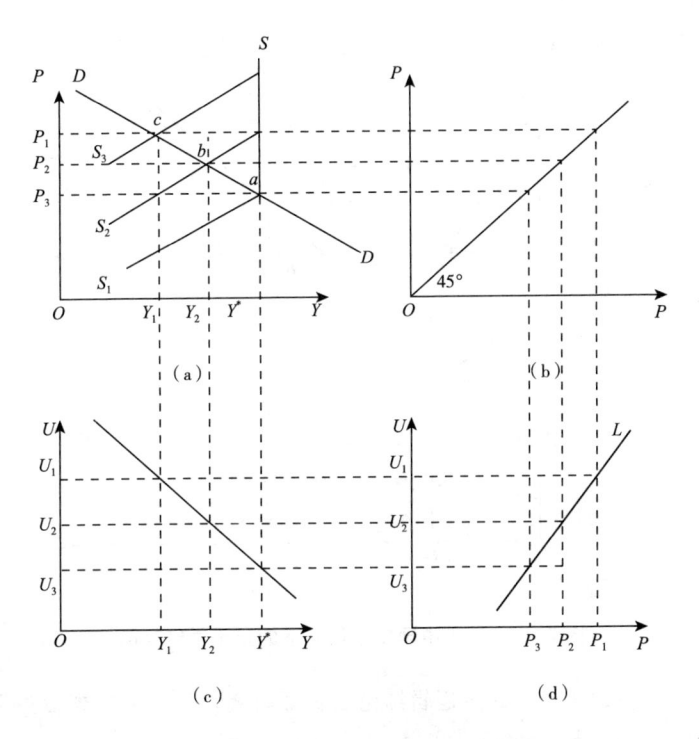

图 2-3 非货币因素导致的价格上涨与失业率

曲线,当截距为 b_1 时,货币供应量曲线的位置如 M_s。如果银行体系的货币创造力度为 k_1,k_1 与货币供应量曲线 M_s 交点的横坐标 B_1 为此时的货币供应量。在图(a)上,若国际市场银价下降到 P_2,现银流动导致中国的现银存量为 b_2,同理,图(b)的横轴截距为 b_2,货币供应量曲线退为 M'_s。如果银行体系的货币创造力度仍为 k_1,则国内货币供给量为 B'_1。当银行体系的货币创造力度为 k_2 时,货币供应量则为 B'_2。

计量经济史研究方法

银行货币创造力度

(a)

国际市场银价

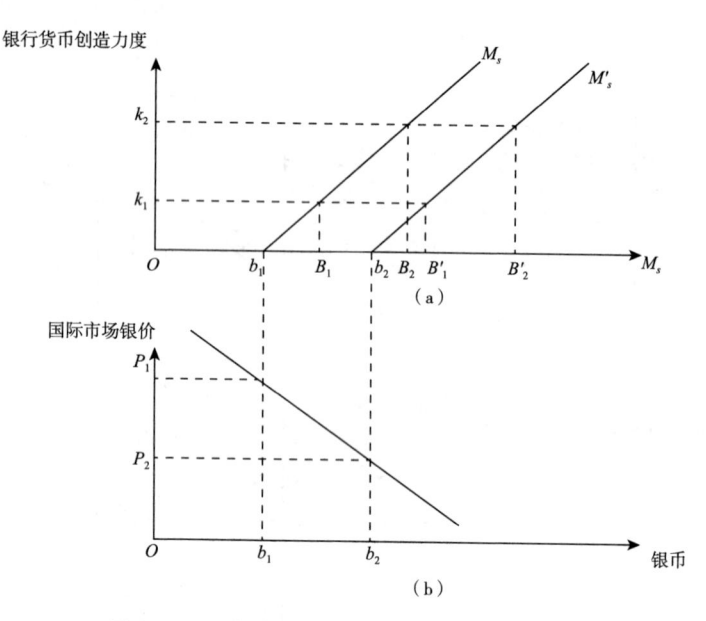

(b)

图2-4 近代中国银本位制下的货币供给机制

如需进一步对这一逻辑结论做实证研究，可将上述逻辑关系写成一般函数，则有：

$$M_s = f(P_s, k) \qquad (2-9)$$

$$\frac{dM_s}{dP_s} < 0; \quad \frac{dM_s}{d\mu} > 0$$

式（2-9）中，P_s 表示国际银价，k 表示商业银行（包括钱庄等金融机构）的创造强度，即货币乘数，$k = \dfrac{活期存款 + 银行券}{现银 + 铜币}$。

2.2.3 其他数学工具

自微积分进入经济学分析领域之后，更为复杂的数学工具便逐步占据了逻辑推理的高端领域,可以解决用简单分析工具无法解决的问题。后来,中级经济学和高级经济学教科书中大都使用这类分析工具。同时,由于数学出身的经济学家陆续增多,所以,在经济学工具箱中,更高级的数学分析工具不断出现,使得绝大多数经济学家都有自己看不懂的学术论文。高深的数学理论为经济学纯理论研究提供了非常有用的工具,为超前的理论研究开辟了道路,更重要的是,提供了一种逻辑严密的抽象思维,功不可没。学海无涯,经济学家们客观上都不能没有紧迫感,但是,学界也有人反对数学工具对经济学的不断"入侵"。笔者认为,不管赞同还是反对,都应该先弄懂;如果实在弄不懂,就不该评论其长短。

笔者的学术出身属于纯文科,念了7年历史系,在博士生导师的"震慑"下开始学习数学。时至今日,懂的数学工具不多,不懂的不少,但是,最大的收益是初步掌握了数学思维,并产生了对数学的敬畏感。笔者的体会是,只要肯下功夫,数学是可以入门的,入门之后肯定别有洞天。

数学分析工具琳琅满目,不胜枚举,限于篇幅,我们只用"鲍莫尔-托宾模型"这一经典案例来体会其中的奥妙。

众所周知,凯恩斯对货币需求理论的一个突出贡献是将货币需求作为函数来处理,这是与古典学派的重大区别,后来的学者们都是沿着凯恩斯的道路走下去的,无一例外。在凯恩斯的理论函数中,货币需求量是由交易货币需求和投机货币需求两部分组成的,而且,两个自变量——收入和利率分别决定货币需求量中的交易货币需求、投机货币需求。按照凯恩斯的分析,交易货币需求与利率无关。

20世纪50年代以后，凯恩斯学派的经济学家们对凯恩斯的货币需求理论进行了深入的研究。他们发现，即使是交易货币需求，对利率也相当敏感。在经济实践中，每一个个人、家庭和企业都有节约交易货币需求量，从而最大限度降低持币成本的倾向。所以，交易货币需求量虽然与交易量（收入）同方向变化，但其增长率低于交易量（收入）的增长率。凯恩斯学派的学者们对这个观察结论进行了程式化处理，就成了现代货币理论中著名的"平方根定律"。

首先将交易货币需求的利率弹性、规模经济等性质做程式化表述的，是鲍莫尔和托宾。因此，这一学说被称为"鲍莫尔－托宾模型"。

1952年，美国普林斯顿大学的威廉·鲍莫尔发表了论文"现金交易需求：存货理论分析方法"。1956年，耶鲁大学的詹姆斯·托宾发表了论文"货币交易需求的利率弹性"。二人分别在论文中证明，人们在确定交易货币需求量时，和厂商确定存货量时既考虑交易的便利又考虑存货的成本一样，也考虑持有大量货币时，利率变动所产生的机会成本。

鲍莫尔的模型简单明了，一般被作为"平方根定律"的代表性模型。鲍莫尔指出，企业或个人可以用两种方法持有交易所用的货币。

设：某人月收入5000元，其中3000元用于消费，每月按30天计。

（1）若该人在月内以均匀速度消费掉3000元，这样，一个月内每天的货币持有量就形成了一个等差数列，求其平均值，得：

$$\overline{M}_d = \frac{3000+0}{2} = 1500(元)$$

（2）若该人预知月内的交易量是均匀的，则可将一个月划分为 3 个相等的时段（或 n 个时段）。把供消费性交易的 3000 元中的 1000 元以现金形式持有，在第一个时段内使用；另外 2000 元买有价证券，以便获得收益。当第一个时段即将终了时，卖出 1000 元有价证券获得货币（即套现），供第二时段消费……以此类推。

显然，第二种方法比第一种方法有利，而且，时段划分得越多，收益越大。但是，第二种方法要负担交易成本——每次证券交易的费用（购买和套现），包括佣金、交易税、印花税、交通费、通信费、时间……

设未来某时间内预知的交易支出量为 T，每次套现量为 C，每次买卖证券的费用为 b，则在该时间内的总交易成本为 $\frac{bT}{C}$。

在第二种方法中，除去交易成本之外，也同第一种方法一样要负担持有货币的机会成本（在第一种方法中，只负担机会成本）。由于每次套现的数量都是 C，在匀速支出条件下，平均交易货币需求量为 $\frac{C}{2}$，在市场利率为 i 时，机会成本——因持有货币而损失的利息为 $\frac{iC}{2}$。

综上所述，第二种方法的总成本为交易成本加机会成本。设 y 为总成本，显然，y 是 C 的函数，则有：

$$y = f(C) = \frac{bT}{C} + \frac{iC}{2} \qquad (2-10)$$

从理性人假定出发，显然 y 最小为佳。对式（2-10）求导，然后令其等于 0，解出 C，是为最佳套现量，即：

$$f'(C) = \frac{\mathrm{d}\left(\frac{bT}{C} + \frac{iC}{2}\right)}{\mathrm{d}C} = \frac{-bT}{C^2} + \frac{i}{2} = 0 \qquad (2-11)$$

从式（2-11）中解出 C，得：

$$C_0 = \sqrt{\frac{2bT}{i}} \qquad (2-12)$$

对式（2-12）求二阶导数，得：

$$f''(C) = \frac{2bT}{c^3} > 0 \qquad (2-13)$$

式（2-12）和式（2-13）说明，二阶导数大于 0，C_0 是使成本总额降至最低的交易货币需求量。从式（2-12）可以得出两个结论。

（1）最适当的交易用途的现金持有量 C_0 与交易总量 T（或收入 Y）的平方根同向变化，也就是说，二者不是同比例变化。

令 $\alpha = \sqrt{2b}$，则式（2-12）可以改写为：

$$C_0 = \alpha T^{0.5} i^{-0.5} \qquad (2-14)$$

对式（2-14）两端取对数，则有：

$$\ln C_0 = \ln \alpha + 0.5\ln T - 0.5\ln i \qquad (2-15)$$

我们知道，双对数方程中自变量的系数就是因变量对自变量的弹性。因此，可以说，交易量或收入变动 1%，最适当的现金持有量就应同向变动 0.5%；利率变动 1%，最适当的现金持有量就反向变动 0.5%。

（2）既然交易量或收入增长 1% 时，交易货币需求量只增长 0.5%，那么，交易货币需求量显然就有"规模节约"或"规模经济"的性质。鲍莫尔就此指出，在经济萧条时，若利率、价格不变，则货币政策的效果就应该比我们预料的要大，即用货币政策工具增加货币供给量，可以产生比原来预想要大的交易量或收入额。这个结论有很强的政策意义。

鲍莫尔－托宾模型在 20 世纪 50~60 年代在理论界产生了很大影响，甚至有学者将"平方根定律"应用在了国际储备研究领域。但是，随着货币理论研究的深入，鲍莫尔－托宾模型受到一定的批评。

3
实证检验

实证检验是计量经济史"标志性"的研究手段,即用数据验证前面逻辑推理的结论的可靠性。若能通过检验,称为结论被证实;若未能通过检验,则必有某一分析环节出了问题,需重新做分析。这里所说的以"数据验证结论"是使用计量经济学方法所做的数量分析,俗称"做模型"。计量经济学是融合数学、统计学和经济学几个学科产生的一门学问,自20世纪上半叶末问世以来飞速发展,是截至目前经济数据资料分析工具中最好的工具,这在经济学界是公认的,计量经济学家因其卓越的贡献而获诺贝尔经济学奖。

3.1 计量经济史与计量经济学

计量经济学分析方法最基本的功能是用一个时段内所有时点上的全部数据来验证某种因果关系的存在或不存在,验证过程具有可重复性,能避免举例法的不完全性和研究者选择故事时的主观好恶,从而避免无谓的争论。数量分析结论不仅可以回答逻辑推理得出的因果关系能不能得到经验支持的问题，而且可以回答各个影响因素的敏感程度和重要程度的问题。

目前，大多数计量经济史学者也从事现实经济研究工作，在经济学界，几乎没有人对经济学分析范式质疑。而一旦对近代以来时段的经济做经济学范式的分析，那么，历史的"复杂性""个性""人的情感"等质疑就会扑面而来，似乎不用讲故事的方法娓娓道来经济史就会"越来越乏味"。这就出现了一个奇怪的逻辑，在对现实经济的研究中是可以使用经济学理论和方法的，而对离现实稍远一些的经济运行做研究就不可以了。近代以来，中国逐步进入了市场经济，为什么不可以做经济学范式的分析呢？我们对此百思不得其解。

成熟的计量经济史学者对于计量模型的建立和解释是相当谨慎的，没有见过哪一个计量经济史学者宣称数量模型可以代替经济史本身，更没有人宣称要用它建立新理论，这类批评完全是批评者的误解。作为经济史研究的一种分析工具，计量经济学的方法非常适合证实和证伪经济运行中各变量之间的逻辑关系，毫无疑问，这是目前其他研究方法望尘莫及的。

和传统经济史学者对经济史的描述和解释的初衷一样，计量经济史学者也是在讨论经济发展进程中的主要影响因素。和传统经济史研究不同的是，计量经济史学者建立的逻辑模型大都是以函数形式出现的，函数中的几个自变量，是通过逻辑推理得出的几个主要影响因素，这当然不是全部影响因素，计量经济史学者从来也没有说过这是涵盖全部影响因素的结论。迄今为止，也没有哪一学派的哪部经济史著作能令人信服地分析全部影响因素，

| 计量经济史研究方法

任何研究方法都不能丝毫不差地还原历史上的经济运行过程，这也是毫无疑问的。经济学界对现实经济研究的事实说明，反映因果关系的函数也没有必要涵盖全部影响因素。同样毫无疑问的是，传统经济史长于描述历史过程，而计量经济史在解释历史经济运行的逻辑方面更擅长。如果说描述经济史过程是经济史研究的一项重要任务的话，那么，解释历史经济运行同样也是经济史研究的重要任务，也许更重要，因为人类做科学研究最渴望的是发现事物的规律、解释自然和社会，从而科学地去做对人类自身更有利的事。从国内经济史研究现状来看，经济史学界描述性文献铺天盖地，而有章法的解释性研究寥寥无几。当然，我们不否认传统经济史学家也做了许多解释性研究，但是，有很多解释性研究的结论是不得要领的，因为大多数传统经济史研究者自己也承认对经济学理论和方法知之甚少或全然不知。试想，若对自然科学一知半解，正确解释自然现象的概率无疑是相当低的。同理，在不懂经济学理论和方法的情况下，对历史上宏观、微观经济运行给出朴素的和想当然的解释就应该是大概率事件了。

计量经济史研究不可或缺的资料就是数据，没有数据就等于无米之炊。因此，中国近代计量经济史当前的主要任务之一就是数据建设。值得注意的是，某些经济领域的影响因素乍看上去确实难以用数据表达，甚至有经济史名家也宣称其不能数量化，我们不以为然。既然某因素影响经济，那么就必然会在某一数量指标上反映出来，关键是如何找到或构造出这个统计量，这需要有统计学的扎实功底和较高的智商。如果某因素确实对任何数量指标也不影响，那就是对经济没有影响，直接剔除就行了。只要是经济的影响因素，就应该可以量化，你我不能量化不意味着他也不能量化，过去不能量化、现在不能量化也不意味着将来不能量化。

3.2 计量经济史研究中的数量模型

3.2.1 实证是对逻辑推理结论的实证

在前提假设和逻辑推理的基础上，就可以得出某种逻辑关系的结论了。这个结论一般是以理论函数的形式出现的，即：

$$y = f(x_1, x_2, \cdots, x_n) \qquad (3-1)$$

要知道，初步判定的逻辑关系是否真的成立，尚需检验、证实。饶余庆博士说："任何理论在未经实证研究所证实之前，只能作为一种假说，而对其能有效地解释和预测经济现象的能力，也只可暂时存疑。在现代经济学中，实证研究是指运用计量经济学方法验定的过程，即先将理论假设以数学模型的形式表示，然后再以统计学的方法来测验资料，以证明或推翻该项假说。"[①] 这就是说，我们要做的实证分析必须是对逻辑推理结论的实证，逻辑推理是至关重要的，绝不应该在没有弄清各变量的逻辑关系之前就随心所欲地胡乱实证。在一般的计量经济史分析过程中，逻辑推理的结论一般是以表达因果关系的函数形式出现的。

同时，我们也不否认，在数据等实证条件尚不成熟时，以逻辑推理的结论作为研究的终点，暂时不做实证，也未尝不可。早

---

① 饶余庆：《现代货币银行学》，中国社会科学出版社，1998，第168页。

期经济学理论都是逻辑推理，实证工作大都是在20世纪上半叶计量经济学创建之后的产物。时至今日，若仅仅以逻辑结论示人，则该结论应是工作量较大的重大发现。但是，未能证实或证伪的逻辑结论只能作为"假说"，而不能作为指定经济政策的指导。

理论函数是联系经济学逻辑和历史经济数据的桥梁。同时，以数学逻辑进行的推导比语言的描述要来得清楚、准确。例如，我们在经济学中学过的新古典学派的 C-D 生产函数：

$$Y = AK^\alpha L^{1-\alpha} \qquad (3-2)$$

该函数清楚、准确地表述了产量与资本、劳动力和效率之间的因果关系。如果我们还想知道产量的增长率，那么，对 C-D 生产函数取对数求一阶导数即可。因为导数的意义就是函数在某一点上的变化率，变化率亦即增长率（或负增长率）。显然，这是用一般语言描述不清楚的。因此，要想深入研究计量经济史的任何一个分支（如金融史、贸易史、财政史等），必须要首先学好数学。学习数学，需要足够的耐心和毅力。

除了数学之外，我们还要具备两个本领：计量经济学和计算机应用。前者提供理论和方法，后者提供技术手段。一般来说，对一个理论函数的实证研究，大都需要分析大量的数据样本。假定一个单方程的理论函数有5个自变量，用20年的时间序列数据检验，如果没有计算机和相应的软件，这项工作将是相当艰苦的。美国著名的"连接计划"（Link Project）采用宏观经济计量模型，其中包括18个国家、7447个方程和3368个外生变量，用来对多国经济合作进行预测和政策模拟。如果没有计算机，恐怕要预测的时期过去了，预测的结果还没出来。

3.2.2 数量分析模型的构成

经济计量模型是研究分析某个系统中经济变量之间的数量关系所采用的随机的代数模型，是客观经济现象用数学方法的描述和概括。经济计量模型之所以成为重要的数量分析工具，起着逻辑结论与数据资料之间的桥梁作用，与模型的内部结构及其运算机制有关。任何经济计量模型都是由下述四个要素构成的。

1. 变量

变量分为内生变量和外生变量两类。前者的数值是在所研究的经济系统的模型本身内决定的，是该模型求解的结果，属于因变量；后者的数值是在所研究的模型之外决定的，不受模型内部因素的影响，即在模型求解之前事先规定的，是"给定的"或"已知的"值，属于自变量。

外生变量可以分为政策变量和非政策变量。前者是决策者可以控制的变量，如政府支出；后者则是难以控制或不能控制的外生变量，例如农业收成等。应用模型时，可以把政策变量看作工具变量，而把内生变量看作目标变量，通过对有关工具变量的调节，以便达到事先确定的目标变量的水平。例如，在发达国家，通常用较低的失业率和通货膨胀率等作为目标变量，事先固定下来，然后再计算调整相应的工具变量，如税率、公共支出预算水平等的数值。

此外，技术变量和虚拟变量可以作为外生变量。

必须指出，某个变量是内生变量还是外生变量，是目标变量还是工具变量，并不是先验确定的，主要应结合分析的目的，取决于它在模型中的地位和作用。

在动态模型中，时间因素起主要作用，涉及一个内生变量取决于另一个内生变量的前期数值。例如，在下述简单的宏观经济计量模型中，Y_{t-1}是上一年度的国民收入，称为滞后内生变量：

$$C_t = \alpha_1 Y_t + \beta_1 + u_{1,t}$$
$$I_t = \alpha_2 Y_t + \beta_2 Y_{t-1} + u_{2,t} \qquad (3-3)$$
$$Y_t = C_t + I_t + G_t$$

式（3-3）中，C_t，I_t，Y_t分别表示第t年的消费、投资和国民收入，是模型中的内生变量；G_t是t年的政府支出，是外生变量。由于引进了Y_{t-1}这一滞后内生变量，表明投资是Y_t和Y_{t-1}以及随机扰动项的函数。

综上所述，模型中的变量可以做图3-1所示的分类。

	变量	
本期	本期内生变量	本期外生变量
前期	滞后内生变量	滞后外生变量

图3-1　模型中变量的分类

上述滞后内生变量的值是由前期所决定的，因此，它和外生变量都是在求解本期内生变量之前就已确定了的变量，合称为前定（或先决）变量，作为解释变量。

2. 参数

反映模型中各类方程式的经济结构特性的参数,称为结构参数,它有显含参数和隐含参数之分。显含参数就是与变量相乘的常数系数,例如,需求供给模型中的 α_0、α_1、α_2、β_1、β_2、β_3 和隐含参数,如随机扰动项 u_1、u_2 的概率分布。

通过参数把各种变量连接在方程式中,借以说明外生变量或前定变量的变化对内生变量变化的影响程度。参数值可以用数理统计方法根据样本资料进行估算。参数一经确定,函数关系亦随之而确定了,就可以按外生变量或前定变量的值预测内生变量的值。

确定参数值的大小及其正负号,就是对模型的"事前约束"。在模型中排除或者包含某一变量,可以看作对该模型中某一变量的参数施加零约束或非零约束。

3. 随机扰动项或误差项

理论经济学一般假定经济变量之间存在确定性的规律,从而建立确定性模型,例如,下面的消费方程式就是其中的典型例子:

$$C = \alpha + \beta Y \qquad (3-4)$$

经济计量模型与一般经济理论模型的主要区别就在于在方程中添加了随机扰动项或误差项 u,建立了如下面方程所述的概率性模型:

$$C = \alpha + \beta Y + u \qquad (3-5)$$

随机扰动项列入有关方程中的主要原因是：①观测误差；②由于忽略了许多次要因素所引起的误差，其中每个因素对有关方程都会产生微小的影响；③由于社会经济现象固有的不可重复性，即使相同的条件进行试验而无观测误差时，也不可能得出完全相同的结果，因而出现随机误差。这些误差越小，表明内生变量与外生变量或前定变量的相关程度越高，亦即该模型能较好地描述各个经济变量之间的数量依存关系。

4. 方程式

经济计量模型都是由一个或一系列方程构成的。这类方程就是根据经济理论的判断和分析，参照实际需要和可能，把变量、参数和随机扰动项组成数学表达式，借以反映各个经济变量之间以及同各种外部条件之间的函数关系。按照所反映的经济关系的性质，方程式可以归纳为以下四类。

（1）行为方程式：用来描述居民、企业、政府等的经济行为，亦即说明这些单位对外界刺激或影响在其经济活动中所做的反应。例如，研究全国某年人均消费 C 与人均收入 Y 的关系，列出方程式（3-5），方程式描述了人均消费与人均收入之间的线性依存关系，说明人均收入每增加 1 元时，将导致人均消费增加 β 元。其他如投资函数、需求函数和供给函数等均属于行为方程式。

方程式（3-5）中的变量 C 和 Y 又是指同一年或同一时期的，所以称为静态方程式。假如人均消费不仅取决于现期人均收入，而且也取决于上期或上年的人均收入，则线性关系式可以写成：

$$C_t = \alpha + \beta_1 Y_t + \beta_2 Y_{t-1} + u \qquad (3-6)$$

式（3-6）中，C_t 和 Y_t 分别代表第 t 年的人均消费和人均收入。一方面，由于这个方程中包含不同时期的变量，所以是一个动态行为方程式。另一方面，方程是就全国所有消费者的"平均"行为而论的，这种方程就称为宏观关系式。假如方程中的 C 和 Y 分别表示个别家庭的消费支出和收入，则这种方程就称为微观关系式。

（2）技术方程式：由科学技术水平可能确定的物质生产技术关系的方程式，一般说明投入的生产要素与产出成果之间的工艺技术关系，典型的例子就是在经济计量分析中广泛使用的 C-D 生产函数：

$$Y = AK^{\alpha}L^{1-\alpha}U$$

或
$$Y = AK^{\alpha}L^{\beta}U \qquad (3-7)$$

式（3-7）中，Y 为总产量，K 为资本，L 为劳动力，U 为随机扰动项，A、α 和 β 均为待定参数，它们反映某种生产结构。当 K 和 L 为已知值时，A 表示对总产量水平产生成比例的影响，因此 A 可以看作是一种效益参数或技术状态指标。上式中的 α 和 β 都是正分数。如果 $\alpha + \beta = 1$，这就是"线性齐次"假设，此时，规模报酬不变，亦即生产要素如果增加 m 倍，产量也会相应地增加 m 倍。

式（3-7）写成对数形式，就称为线性方程式：

$$\ln Y = \ln A + \alpha \ln K + \beta \ln L + \ln U = a + \alpha \ln K + \beta \ln L + u \qquad (3-8)$$

线性假定在经济计量分析中起着重要的作用，这样，就可以通过 $\ln K$ 和 $\ln L$ 的资料，利用普通最小二乘法估计出参数 A、α 和 β。例如，美国数学家柯布和经济学家道格拉斯在研究 1900 ~ 1922 年美国的资本和劳动力对产量的影响时，根据历史统计资料，得出这一时期的生产函数为：

$$Y = 1.01 K^{0.25} L^{0.75} \qquad (3-9)$$

式（3-9）中，$\alpha = 0.25$ 和 $\beta = 0.75$，分别称为资本的产出弹性和劳动力的产出弹性，亦即表示资本每增加 1%，生产量增加 0.25%；劳动力每增加 1%，生产量增加 0.75%。上述生产函数的方程式表示，在一定的技术水平条件下，生产要素的某种组合与可能生产的最大产量之间的依存关系。若技术水平发生了变化，生产函数亦将随之而改变。

一般来说，技术性关系既有确定性的，也有概率性的，所以技术方程式就有确定性方程和概率性方程之分。同时，技术方程式也可以是动态性质的，例如，某企业在不同年份中购买的生产资料（资本存量）具有不同的生产率时，上述生产函数就扩展为：

$$Y = A K_t^{\alpha_0} K_{t-1}^{\alpha_1} K_{t-2}^{\alpha_2} \cdots L_t^{\beta} \qquad (3-10)$$

由于 Y、K 和 L 分别表示某一厂商或企业的最大产量、资本和劳动力，这时的技术方程式就是微观关系式。如果 Y、K 和 L 代表一国所有生产企业的总产量、资本存量和劳动力，这时的方程式就称为宏观关系式。

（3）制度方程式：根据法律、制度和政策等制度性规则所规定的经济变量之间的数量关系方程式。例如，销售税金 = 销售收入×销售税率（％），其中，税率是由政府制度明确规定的，所以这种制度方程式是确定性方程式。

（4）定义方程式：根据经济理论或假设所确定的有关经济变量之间的定义关系，用方程式或恒等式表示。例如，$Y = C + I + G + NX$。这类方程式是用来说明与 Y 有关的定义或者描述均衡条件，不包含随机扰动项，属于确定性方程。

在上述四类方程式中，以行为方程式最为重要，其次就是技术方程式。建立模型时，方程式的个数必须等于内生变量的个数，模型才有唯一解，这种模型就称为完备模型。

综上所述，经济计量模型是由变量、参数、随机扰动项和方程式四个要素有机结合而成的随机性代数模型，具有能运算的机制。它的一般性质和逐期运行的流程示意图如图 3 – 2 所示。

图 3 – 2　经济计量模型的一般性质和流程示意图

图 3 – 2 主要表明模型的应用，是由前定变量的取值和随机扰动项的取值，确定本期内生变量之值；虚线指出本期内生变量之值在下期转化为滞后内生变量之值，将会影响未来内生变量的数值。

3.2.3　数量分析模型的结构式与简化式

经济计量模型中的方程，有的反映行为关系，有的反映技术关系或者特定关系，而每个方程式代表了所研究的经济系统内部结构的某一个方面，所以称为结构方程。结构方程式把内生变量表示为其他内生变量、前定变量和随机扰动项的函数。根据研究的目的，把若干有关的结构方程有机地结合起来所构成的总体，称为模型的结构式，它是描述经济变量关系结构的完整方程系统。例如，简单的宏观经济模型的结构式如下（为便于说明起见，扰动项暂略）：

$$C_t = \alpha_0 + \alpha_1 (Y_t - T_t) \quad (3-11)$$

$$I_t = \beta_1 Y_{t-1} + \beta_2 R_t \quad (3-12)$$

$$Y_t \equiv C_t + I_t + G_t \quad (3-13)$$

模型的先验约束为：

$$0 < \alpha_1 < 1, \beta_1 > 0, \beta_2 < 0$$

其中，C 表示消费，I 表示投资，Y 表示国民收入，G 表示政府支出，T 表示所得税，R 表示政府的调节工具（如利息率）。

这个模型中的 Y_t、C_t、I_t 是本期内生变量，T_t、R_t、G_t 是本期外生变量，Y_{t-1} 是滞后内生变量，共同组成消费和投资这两个行为方程以及一个恒等式，连同先验约束一起，构成一个结构式模型。模型中的结构参数只表示每个前定变量对内生变量的直接影响，它们之间的间接影响不能由个别结构参数计算得出。因此，需要采用模型的简化式。

所谓模型的简化式，就是把原来模型中的内生变量表示为前定变量和随机扰动项的函数。通过连续替代的方法，可以求得简化式。例如，把方程式（3-12）和方程式（3-13）代入方程式（3-11），即得：

$$C_t = \frac{\alpha_0}{1-\alpha_1} + \frac{\alpha_1\beta_1}{1-\alpha_1}Y_{t-1} + \frac{\alpha_1\beta_2}{1-\alpha_1}R_t + \frac{\alpha_1}{1-\alpha_1}(G_t - T_t) \quad (3-14)$$

由于投资方程式（3-12）右端不包含现期内生变量，符合简化式要求，仍然写作：

$$I_t = \beta_1 Y_{t-1} + \beta_2 R_t \quad (3-15)$$

利用方程式（3-13）、方程式（3-14）和方程式（3-15），得出：

$$Y_t = \frac{\alpha_0}{1-\alpha_1} + \frac{\beta_1}{1-\alpha_1}Y_{t-1} + \frac{\beta_2}{1-\alpha_1}R_t + \frac{1}{1-\alpha_1}G_t - \frac{\alpha_1}{1-\alpha_1}T_t \quad (3-16)$$

方程式（3-14）、方程式（3-15）和方程式（3-16）构成该模型的简化式。简化式参数都是原来的结构式参数的函数，其中外生变量的参数具有特殊意义，通常称为"影响乘数"，因为它们表明本期中任一外生变量的变动对于本期每一内生变量的影响。例如，政府调节工具 R_t 增加一个单位时，会使消费 C_t 发生的变化为 $\alpha_1\beta_2/(1-\alpha_1)$，而使投资 I_t 发生的变化为 β_2。由于上述模型是线性模型，所以若干个外生变量同时变化所产生的影响，就是各个个别影响的总和。

由此可见，模型的结构式和简化式的作用有所不同，各有各的用途。如果问题在于阐明经济系统各个部分的联系，亦即研究它们之间的依存关系，宜于采用结构式。当前定变量之值为已知，要确定内生变量之值时，就采用简化式。由于简化式的参数反映了前定变量对内生变量的总的影响，这是决策者所关心的内容，因此简化式常常用作预测和政策评价的工具。

3.2.4 最常用的方程形式

如前所述，经济计量模型是由一个或一系列方程组成的，如何选择满足一定准则的数学形式，这不仅是个理论问题，而且具有现实意义。

模型中采用的方程形式，亦即反映经济变量之间数量关系的函数形式，最简单而又容易估算和解释的应是线性方程，但复杂的社会经济现象并不总是能用线性关系来描述的。有时，需要采用指数函数、双曲函数等的形式。

经济计量研究中最常用的方程式如下：

（1）一次方程：

$$Y = a + bX \qquad (3-17)$$

（2）二次方程：

$$Y = a + bX + cX^2 \qquad (3-18)$$

（3）双曲线方程：

$$Y = a + \frac{b}{X} \qquad (3-19)$$

（4）半对数方程①：

$$\ln Y = a + bX \qquad (3-20)$$

（5）半对数方程②：

$$Y = \ln a + b\ln X \qquad (3-21)$$

(6) 双对数方程：

$$\ln Y = \ln a + b\ln X \quad (3-22)$$

上述方程左边的变量为因变量或称被解释变量，右边的变量为自变量或称解释变量。社会经济现象中，被解释变量 Y 和解释变量 X 之间多数是非线性关系。在经济计量研究中，广泛应用对数变换和倒数变换使它们变换为方便的线性形式，例如：

$$Y = \beta_0 + \beta_1 X + \beta_2 X^2 + \beta_3 X^3 + u \quad (3-23)$$

式（3-23）中，Y 表示总成本，X 表示产量水平。在这种情况下，平均成本（AC）为：

$$AC = \frac{Y}{X} = \frac{\beta_0}{X} + \beta_1 + \beta_2 X + \beta_3 X^2 \quad (3-24)$$

式（3-24）是二次函数形式，表明平均成本是产量水平 X 和 X^2 的函数，其图像为 U 形曲线，如图 3-3 所示。

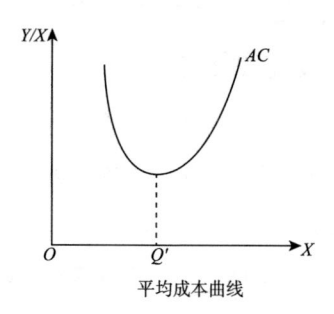

平均成本曲线

图 3-3 U 形曲线

从图3-3中可以看出，且AC在特定产量Q'处达到最小值。这对于选择使成本达到最低的生产规模是有一定意义的。例如，在经济计量研究中，通过对数变换，应用双对数函数来估算需求函数和生产函数。这种函数的优点之一是，解释变量X的参数也就是Y相对于X的弹性，推导过程如下。

上述双对数方程式（3-22）可以表述为幂函数，即：

$$Y = aX^b \tag{3-25}$$

Y相对于X的弹性为：

$$\frac{X}{Y} \cdot \frac{dY}{dX} = \frac{X}{aX^b} \cdot abX^{b-1} = \frac{abX^b}{aX^b} = b \tag{3-26}$$

因此，双对数函数的弹性为：

$$\frac{d\ln Y}{d\ln X} = b \tag{3-27}$$

弹性是指某一变量对另一变量的微小的百分比变动所做的反应，在经济分析中是一个重要的概念，对于结构分析和经济预测工作有十分重要的意义。

3.2.5 选择方程形式的准则

如何选取适合于特定的经济计量模型的方程形式，通常根据经验加以确定，此外还可以参考以下的一些准则。

首先，由于经济计量研究的目的之一，是要给出经济理论的内涵，所以必须选择适当的数学形式来表达，力求方程形式与经济基本原理相一致。例如，采用二次函数形式表述平均成本，是符合传统的U形平均成本理论的。

其次，如果两种形式都能同样地表述经济研究的问题，就应选择其中比较简单的一种形式。经济理论是客观事物的本质、规律性的反映，都具有简单性的特点，所以有不少经济现象的数量关系的描述，都采用线性函数形式。总之，假使其他条件都能满足，模型中的方程数目越少，其函数形式又比较简单，则所建立的模型就越好。

最后，较好的计量模型既能概括实际的经济现象，证实逻辑推理结论，又可以对历史上的经济政策做出恰如其分的评价。因此，选择的方程形式至少应该与数据有良好的拟合；否则，就很难给出内生变量的精确预测结果。

以上准则的应用，涉及拟合优度、统计显著性检验等问题。此外，还涉及残差的类型。方程中的误差项 u_i 虽是不可观测的量，但是残差 e_i 是可以观测的，残差即内生变量的观测值 Y_i 与其相应的估计值 $\hat{Y}_i$ 之差：

$$e_i = Y_i - \hat{Y}_i \qquad (3-28)$$

根据残差的类型，可以分析方程中是否遗漏重要的变量，可以判断指定的函数形式是否合适。以上所涉及的问题是计量经济学中浓着笔墨之处，此处不再赘述。

3.3 数量分析过程中需注意的几个问题

在做数量分析的过程中，即使我们对有关计量模型设置的基本原则烂熟于心，也未必能够一步到位地做出高质量的计量模型。一旦模型效果不显著，切不可轻率地否定逻辑结论，得出证伪的判断。需要在模型的细节上多下功夫，不到山穷水尽，不要轻易放弃。本节我们讨论一下在做数量分析时需要深入考虑的几个重要问题。

3.3.1　统计量的选择和构造

模型设置了许多个变量，包括自变量和因变量，做数量分析时必须赋予这些变量以合适的统计量，模型才有可能显著。例如，模型中的一个自变量是价格，用符号表示很简单，用字母 P 即可完成。但是，我们在众多的价格统计量中选择哪一个价格数据呢？是 CPI、PPI，还是 GDP 平减指数？是零售商品价格还是批发价格？就时间序列而言，是选择同比指数、环比指数，还是定基指数？是月度数据、季度数据，还是年度数据？不同的价格指数对于特定的模型来说，显著程度一定是不同的。如果模型分析的是居民消费和储蓄的问题，一般来说，采用 CPI 较为合适，而且，月度环比指数比较适合百姓做市场判断的依据。而在研究宏观经济运行问题时，GDP 平减指数则更能反映整体价格水平的波动。

有时，由于模型使用了一些较为特别的变量，没有现成统计口径的数据，研究者不得不利用现有数据构造一些统计量。一般情况下，研究者构造的统计量大都为两个变量的比值，或两个变量的差额再除以某个变量，等等。构造统计量一定要有统计学依据，不能随意构造自己都无法解释的统计量。

前面我们讨论过麦金农教授建立的发展中国家货币需求理论函数。因为发展中国家普遍存在着"金融抑制"，普通企业很难从银行得到贷款，也难以发行证券筹集资金，所以，投资以"内源融资"为主,即自己攒钱或面向亲友集资。为了考察投资对货币需求的影响,麦金农构造了投资率这一变量和统计量。本来,按照麦金农的逻辑分析,投资额越大,平均货币需求量就应该越大,没有必要用投资率变量。但是,在数量分析模型中,GDP 和投资一定会有显著的多重共线性,导致模型失真。为了消除多重共线性,用投资额与 GDP 的比构造投资率这一统计量,就很好地解决了这一问题。

3.3.2 变换方程形式

在统计量合适的条件下,如果模型效果还是不能令人满意,那么,就应该考虑方程变换形式,比如,由线性方程转换为双对数方程或半对数方程。这需要不断试错,从而形成经验的积累,难有现成规律可用。

3.3.3 变换实证工具

在"计量经济学"课程中,我们学到很多种处理数据、拟合模型的方法,尝试换一种方法,有可能会迅速走出困境。总之,需要多角度、多层面地考虑数据会以何种方式向我们"倾诉"变量之间的数量关系。

有些实证方法对数据的要求比较严格,对于计量经济史研究来说,有些勉为其难。特别是关于近代中国宏观经济运行的合格数据是比较缺乏的,在很多情况下,我们必须迁就现有的数据,而难以在实证方面做更多的选择。相对来说,欧美日经济史数据比较完整,初学者可以用他们的数据多做些练习和研究。

4
计量经济史文献范式简介

本章从形式要件层面讨论一下计量经济史的文献格式,对计量经济史论著的写作范式做一个简单归纳。鉴于本章内容较少,因此不再分节,只是按照计量经济史论文的形式要件的先后顺序逐一描述。

4.1 正标题与副标题

任何一篇学术论文都需要标题,计量经济史论文也不例外,标题又分为正标题和副标题,也可以没有副标题。标题应言简意赅,反映论文研究的主体对象,不必将论文涉及的内容都写在标题上。标题尽量不用标点符号,必要的引号、冒号或破折号等除外。标题可以在论文写作之前就确定了,而且不再修改,也可以在写作之前大略拟定,论文完成后进一步修改。

4.2 作者姓名和所属机构名称

在论文标题之下,按先后顺序列出作者姓名。在作者姓名的下一行,列出所述机构名称和所在地,加括号,如:

对凯恩斯"流动性陷阱"学说的质疑
——基于金本位制和美国大萧条的经验

刘 巍　　龙 竞

(广东外语外贸大学中国计量经济史研究中心　广东广州　510420)

4.3　内容提要

内容提要是论文的"名片",是读者首先阅读的部分,并且据此决定是否继续阅读全文。所以,必须认真对待内容提要。内容提要一般包括三个方面:①论文研究了什么问题;②论文使用了什么方法;③论文得出的主要结论。

从内容提要涉及的三个方面来看,这一部分虽然位于论文的开头,却是论文写完之后回头做的,不可以先写内容提要,因为论文尚未完成时,结论是什么作者并不完全知道。

4.4　关键词

关键词是为方便检索而设置的,早些年中文期刊公开发表的论文并不要求写关键词。关键词应为论文中重复率高且反映论文主要研究内容的 3~5 个名词或词组。如果论文标题设置得当,且内容提要写得恰到好处,几个关键词应该包含在标题和内容提要之中。

4.5　正文

正文一般分为几个小节,从经验上看,中文论文一般不少于三小节，只有两小节或不分小节的论文是罕见的。计量经济史的论文之正文部分一般按照如下结构设置正文。

4.5.1 引言

引言一般首先简单讨论选题的意义，但对选题的意义不必长篇大论。接下来是文献综述，在文献综述部分，引文注释的惯常做法是采用"文内注"，即作者姓名之后用括号注明文献的出版或发表时间，如"林毅夫（2008）认为"。凡用文内注，文后的参考文献中必有对应的文献。引言部分如此，正文的其他部分亦如此。

文献综述势必要指出现有文献对选题所做研究的弱点或盲点，然后说明本文的研究切入点正是在这里，这也就道出了论文研究角度或层面的学术意义所在。

建议引言部分不设序号和"引言"字样的标题，如："一、引言"或"一、问题的提出"等。因为论文的开头部分在论文结构中称为"引言"，所以大可不必再列"引言"字样的标题了。这是笔者的一家之言，悉听读者尊便，因为现在很多杂志发表的论文都可看到"一、引言"这样的结构设置元素。

4.5.2 正文各小节的内容

正文的第一节分析的内容一般应该是前提假设和逻辑推理，且最终要推导出理论函数来。如果前提假设和逻辑推理的内容都比较多，也可分设两节。论文中设置的小节一般用中文序号，如"一、对'流动性陷阱'暗含前提的讨论"。各节标题的排版一般应居中，字号大于正文小于标题并加黑。

正文的第二节一般是实证检验，计量经济史论文和对当前经济问题分析的论文一样，按计量经济学的一般要求逐一做出即可。

正文的第三节一般是结论部分，计量经济史论文和研究当前经济问题的论文不同，切不可有"政策建议"的字样出现。对历史经济运行的分析结论最多可以做政策评价，而政策建议则贻笑大方。

4.5.3 图表所用资料的出处标注方式

正文中出现的数据表和曲线图下方必须有资料来源和数据来源的规范标注，如果资料来自互联网，出处则应标出相应网页，如，"数据来源：http://www.nber.org/databases/macrohistory"，而不可以用"见中经网"之类无法核对的出处。

4.6　注释

论文中使用的零散数据（未在数据表中列出的）、历史资料和直接引语，必须加注释，明确出处。注释既表明引文可信，同时也是一个"免责"声明——数据若有错是原作者的错，不是本文的错。注释可以用脚注也可以用尾注，视杂志的要求而定。

4.7　参考文献

参考文献一定是正文中以文内注形式标注的文献，正文中未注引的文献切不可为"凑数"而列在参考文献中。反之，正文中文内注引出的文献必须在参考文献中可以找到。目前，出版社正式出版发行的专著上的参考文献和书中的引注不是一一对应的，即参考文献包含且大于书中的引注。但是，杂志公开发表的学术论文的参考文献和文内注则要求一一对应。

4.8　英文题目、内容提要和关键词

为方便国际检索，中文期刊发表的论文均要求作者给出英文题目、内容提要和关键词。正确翻译，中英文内容一致是唯一的要求。

4.9　作者简介

作者简介中包括作者身份、性别、出生年份、研究领域、通信方式等元素，照实填写即可。如：

×××（1966—　），男，北京房山人。北京大学经济学院教授、经济学博士，中国金融学会常务理事。主要研究领域为货币经济学。

电子邮箱：×××××@bju.edu.cn

手机：×××××××××××

邮政地址：北京市××路×号　　北京大学经济学院　100000

以上9个部分为笔者总结的计量经济史论文的形式要件，大致遵从即可，不必过分拘泥。

5
计量经济史研究者的学术定位
——"研究链"刍议

    虽然经济史研究者们的着力点不尽相同,但是,作为一个学科,经济史和任何学科的终极目的都应该是一样的——发现规律,具体而言就是补充、修正和发现经济运行的逻辑框架。否则,经济史就没有作为一个学科存在的意义了。[①] 然而,和大多数理工学科有所不同,经济史研究者无法在同一前提条件下做有限多次可控制的实验,直至发现新结论或因彻底失败而更改实验方案。在经济史研究中,任何一个研究对象的前提条件都在随时间推移不断地变化,不仅历史进程不可控,而且历史记录也不完整或被有意隐藏、篡改,因此,经济规律往往是隐晦的、难以发现的。相对来说,经济史研究的难度似乎更大,对"原料"和

---

① 众所周知,在中国,经济史是一级学科理论经济学项下的二级学科,本文仅在这个意义上展开讨论。在历史学的学科目录中,经济史是专门史的一种,不在本文考察范围内。另外,如无特别说明,下文讨论中谈及的"经济史"多指近代以来的经济史。

"工具"的要求更为严格,研究者发现可重复的规律性结论的概率比其他学科更低。20世纪60~70年代以来,美日欧诸国和地区在新经济史学派的努力下,近代经济史数据资料建设有了长足进步,开辟了新的研究视角,涌现出诸多对经济学有启迪意义的研究结论,以至于产生了新制度经济学。反观中国近代经济史,以宏观经济运行研究为例,统计数据等"原料"依旧相当匮乏,几乎无法用经济学分析工具做完整和全面的研究。

我们认为,若想逐渐摆脱这种尴尬局面,使经济史研究真正走向"经济学之源"的高地,中国经济史研究的整体思路就必须有较大的变革,学界应在某种共识之下形成科学的"研究链",进而使各个环节上的研究成果可以归为"原料产品""半成品"和"制成品",上游研究环节的产品可作为下游研究环节的加工对象,从而在客观上(而非官方"拉郎配"式的或高校某种课题申报表格上臆造的)形成学界的整体性合作,最终为经济学提供新鲜思路。

5.1 经济史"研究链"上游环节——数据和故事的发掘整理

对经济史研究来说,原料的发掘和整理是上游研究环节,其产品是中下游研究环节的"粮草",若此类产品匮乏,中下游研究环节则顿陷无米之炊境地,其重要性不可小视。但是,这些原料产品并非可以信手拈来,制造过程应该是颇费周折的。上游研究环节如果制造了大量的不合格产品,量虽多,但由于货不对路,中下游研究环节则必因此而停工待料。那么,什么样的原料才是合格的？本节尝试讨论一下这个问题。

5.1.1　合格数据的发掘和整理

研究者在发掘和整理经济史数据时，不可仅凭自己的想象随意为之，必须要清楚中下游研究环节的需求。譬如，中游研究环节在研究近代中国的货币供求问题时，最需要的数据无疑是货币量数据。那么，什么是货币量呢？研究者切不可望文生义，要老老实实先做功课。

首先，要正确理解经济学中各变量的基本概念和核算统计量的方法。在本例中，货币量概念为：流通中的（在金融机构持有的不算在内，如商业银行的法定准备金和超额准备金）货币（银币、铜币、银行券等纸钞）属 M_0 层次的货币，在货币总量中占比不大；M_0 加上可开列支票的活期存款称为 M_1，是通常意义上的社会购买力，又称"狭义货币"；M_1 加上准货币——定期存款，称为 M_2，又称"广义货币"。当然，还有 M_3、M_4 等货币层次，不常用，不再赘述。究竟哪一层次的货币量是具体研究工作需要的货币量数据？这要视研究内容而定，无法先入为主。

美国学者罗斯基（中文版，2009）教授估算的 1910~1936 年中国的货币量就涵盖了 M_0、M_1 和 M_2 三个层次，对货币供求研究非常适用。而国内学者的估算工作，则大都仅限于白银，白银仅仅是 M_0 的一部分，远不是经济学意义上的货币量，这种统计数据基本上属于不合格产品。当然，国内一些学者对罗斯基教授的数据也有诸多微词，但这也不是坏事，恰好给有志于修正这套数据的研究者提供了研究课题。进一步说，罗斯基教授的数据时间序列也不长，尚缺 1840～1909 年的数据，亟须补足。若有同仁能够做成，功莫大焉！第一，从大处说，学界有望深入研究；第二，从小角度看，论文引用率和刊发论文杂志的影响因子都会很乐观。

除货币量数据之外，国民收入数据对于货币需求研究而言，也是极其重要的数据。广义国民收入可以指 GDP，也可以指 GNP。不仅对于货币需求研究，国民收入数据对很多领域的研究都是至关重要的，它几乎构成一切方面研究的大背景。譬如，很多近代中国经济个案研究文献动辄认为某政策、某事件对国民经济有重大影响，如果连国民收入的走势是增长还是下降都不知道，凭什么判断其影响了国民经济呢？众所周知，近代中国国民收入的数据也是比较缺乏的，需要做大量估算工作，这项工作的学术价值高于对货币量的估算。对于研究者来说，必须掌握国民收入核算的基本概念和方法，其难度大于货币量概念。经济史学界曾有同仁撰文，批评自巫宝三先生以来近代中国 GDP 的估算工作，但是，这位先生自己尚未弄明白 GDP 核算的路数，犯了"胡乱批评"的大忌。[①] 我们认为，学术批评是必要的，可以促进学术研究深入，任何人都有权批评，任何文献都有义务接受批评。但是，批评者参与争鸣的前提是有足够的相关知识。值此，我们希望经济史学界年轻同仁多做功课，练好学术研究的基本功，起码要反复研读并弄懂《微观经济学》《宏观经济学》和《发展经

---

① 刘巍：《近代中国 GDP 估算理念、方法与功用》，《广东外语外贸大学学报》2014 年第 4 期。

济学》，这是在近代经济史研究领域有大作为的必要条件。

其次，研究者还要做好经济统计学的功课。到目前为止，经济统计学是处理经济数据最为科学的方法，切勿不以为然。做好这门功课，使数据在统计口径和方法上符合科学范式，是研究成果经得起推敲的必要条件之一。经济统计学其实并不难学，即使是历史学出身的同行，也是可以自学过关的。希望青年经济史研究者多下功夫，一旦突破这个不太高的门槛，终身受益无穷。

最后，做数据发掘整理工作要注意的是，最终成果应该是时间连续数据（无论是年度数据还是月度数据），离散数据意义不大。例如，有的学者估算某种数据时，每隔10年估算一个，这种数据只能说明某一变量的大致趋势，而对深入研究不太合适。再如，吴承明先生（1991）曾估算过1914年、1920年和1936年三个时点的中国资本存量，为近代中国资本存量的估算打下了基础。众所周知，这需要做大量的资料工作，非常艰苦。但是，百年近代中国仅有三个资本存量的年度数据，显然不能满足研究需要。毫无疑问，这样的数据为进一步研究提供了基础，后来者可以遵循文献中给出的估计路径、查找更多的资料逐个补足缺失年份数据，这对经济史数据建设来说无疑是重要的贡献。

5.1.2 历史数据的计量推断

在缺乏具体历史资料的情况下，使用计量经济学工具推断时间序列中缺失的部分数据，也不失为一种整理数据的好方法。比如，如果银行存款的时间序列数据存在，但有若干时点的数据缺失,可以利用现有的存款数据和收入、价格、利率等变量数据(假如这些数据完整)建立数量模型,进而将缺失的若干时点存款数据推算出来。然后,再从其他角度用既有的数据得到显著的验证结果,就可以认为这些缺失时点的计量推断数据是可靠的。待到有历史资料面世时再予修正,没有发现新资料时,暂用无妨。虽然计量推断得来的数据不是历史文献记载的数据,但要比主观赋予某种比例推导出来的数据(目前学界使用的很多数据是这样产生的)可靠得多。在缺乏历史资料的情况下,我们如果坐等,也许永远等不来。在数据匮乏的中国经济史研究领域,一组计量推断的数据经过学界的不断合理修正,将朝着历史真实发生的状态逼近,这也是学术研究的重要贡献。翻开《帕尔格雷夫世界历史统计》,可以看到,欧美日等地区和国家已将经济史数据回溯到了18世纪或更早。我们知道,发达国家的官方统计数据都是"二战"之后制作和公布的,在这之前的各国数据中不乏计量推断工具的贡献。

诚然,掌握计量经济学有一定难度,大多数历史学出身的学者会望而却步。由于"文革"、上山下乡等历史原因,一些年龄较大的同仁和笔者一样,当年没有机会掌握这个技能。承认这个现实——不参与这项工作也无所谓,幸好现在许多青年学者有很好的数量分析技术,在计量经济史(Cliometrics)领域下了较大的功夫,这可以视为一种能提高学界整体效率的"学术分工"现象。值得一提的是,计量经济学是以数理统计为基础的分析技术,具有较强的科学性,外行人士切不可仅凭朴素的想象懵懵懂懂地发表议论。

对中国GDP的估算工作始于20世纪30年代，以巫宝三先生和刘大中先生的工作为起点。此后，国内外许多学者都参与了这项工作，有人做了个别年份的时点估算，有人做了短时间序列估算。刘佛丁、王玉茹两位先生撰文总结了20世纪30年代以来的研究成果，到1997年为止，不完全连续的近代中国GDP估算值仅有十几年的，有一些工作是对同一年份的重复估算。这些估算工作大都是用收入法做的会计核算，对于同一年份来说，不同的学者通常得出差距较大的不同数据，几乎不具有可重复性。运用收入法估算GDP，需要大量的历史资料，一旦个体资料缺乏，很大程度上还要依靠揣测（一般是用一个百分比增减既有年份的数据来补足缺失年份的数据），这是产生争议的原因所在。最为不利的是，一旦某一时段某种必需的资料缺失，就无法估算宏观经济总量。这也许就是既有文献中的估算值年份比较集中的重要原因之一。

20世纪50年代，美国兴起了计量经济史学派，苏联随后也出现了热衷于计量经济史研究的一批学者。他们根据经济学原理已经反复证明的函数关系，对不可能存在文献中的关键数据，利用已知的数据以计量经济学的方法推算出来，从而开辟了经济史中过去无法进行研究的新领域。同时，对过去以点代面形成的定性判断进行检验，使经济史研究的科学性大大提高。美国新经济史学派对19世纪美国国民收入、劳动力数量、农业劳动生产率、铁路运输效率等数据的估算被认为是他们最卓越的贡献。在日本，著名经济学家大川一司根据税收的历史资料将日本的国民收入倒推至1878年。他的研究经过反复检验，被世界各国研究日本经济发展的学者认同，也被日本官方出版物采纳。美国计量经济

| 计量经济史研究方法

史学派的计量推断方法是现代经济理论框架内的研究范式，即根据一国某一时代的宏观经济运行条件，抽象出最重要的前提假设，然后建立理论模型或者修正既有的理论模型（增减变量），使用既有的数据运用计量方法进行实证分析，根据通过检验的数量模型外推出缺失的某一变量数据。例如，假定历史上存在着一些年份的储蓄数据，但另外一些年份的数据缺失。研究者在经济学分析框架的指引下建立逻辑模型，利用既有的储蓄数据和其他变量数据（如收入、价格、利率等）做出历史储蓄数量模型。如果相邻年份的宏观经济运行条件无重大变化，依据数量模型给出的参数外推出缺失年份的储蓄数据。

到目前为止，国内学界对于计量推断估算方法仍多有质疑——得到的结果能是真实数据吗？研究结论表明，用这种方法得到的同一年份的估算值差异不大，具有较强的可重复性。同时，只要前提假设与市场条件贴近，逻辑推演没有问题，模型设定与实证结果较好，接受计量推断估算方法有何不可呢？何况，使用计量推断方法估值时，要么是缺失数据不能做，要么就是使用某一时段内某一经济领域既有的全部时点数据估算出的，不可谓不全面。一个最为严峻的问题是，也许不用计量推断方法，今后也难以得到这些数据。事实表明，从巫宝三等老一代经济学家开始，经过许多中外经济学家的辛勤工作，用收入法估算的国民收入数据集中在几个有资料的时点上，缺乏资料的大多数时点数据始终是空白。许涤新先生对数据资料问题的看法是："我国史籍一个重大缺点是不注意数量统计，而经济现象如无数量概念则很易走入迷途。为此，不能不利用各种方法进行估计。估计自不免误差，但终胜囫囵。"① 由此可见，许涤新先生是赞同"利用各种方法进行估计"的。但在20世纪80年代，中国计量经济学方法尚不普及，计量经济学人才匮乏，对计量经济学的功能之认识尚不全面。当时，在《中国资本主义发展史》一书中运用计量经济学的条件还不够成熟，但许涤新先生提出的要求是，凡能够定量的，尽可能做一些定量分析，以发现问题，或验证定性结论②。经过"文革"时期的停顿，从20世纪80～90年代开始，国内经济史学界开始研究近代中国的经济运行了。但是，经济数据的匮乏仍是深入研究的"瓶颈"。比如，刘佛丁、王玉茹、于建玮所做的近代中国经济周期研究，本来应该用GDP来做，但由于没有GDP的时间序列数据，只能用价格等相关数据代替GDP做经济周期分析③。这样，就可能产生一个问题：在近代中国供给约束型经济态势下，价格和产量异步的可能性非常大，价格高涨，GDP也许是走低的，即所谓"高低型"，历史上的供给约束型经济时代极易发生这种现象。由此可见，估算近代中国的长时间序列GDP数据已经是研究工作提出的迫切要求了。

在这样的背景下，我们借鉴美国计量经济史学派的研究方法，在C-D生产函数的框架下，估算了1927～1930年的GDP④。

---

① 许涤新、吴承明主编《中国资本主义发展史》，第一卷，人民出版社，2003，第2页。
② 许涤新、吴承明主编《中国资本主义发展史》，第一卷，人民出版社，2003，第27～28页。
③ 刘佛丁、王玉茹、于建玮：《近代中国的经济发展》，山东人民出版社，1997，第103～142页。
④ 刘巍：《1927～1936年中国柯布－道格拉斯生产函数初探》，《求是学刊》1998年第3期。

与叶孔嘉博士估算的数据衔接起来,就有了近代中国 1927~1936 年的 10 年连续数据。近代中国 100 年,仅有 10 年的 GDP 连续数据,仍是令学界遗憾的事。由于获得 C-D 生产函数中的资本存量长时序数据的困难较大,必须换个角度估算。我们采用价格、货币量等数据建立了总供求数量模型。利用该模型,我们估算了 1913~1926 年的 GDP,并从储蓄、投资、进口等角度做了验证。加上前面的 10 个数据,就形成了 24 年时间序列数据。① 2009 年,我们申报的课题《近代中国 50 年 GDP 的估算与经济增长因素研究》获得了国家社科基金的资助,目前该课题已经结项,小册子《1887~1936 年中国 GDP 的估算与经济增长因素研究》于 2012 年上半年由经济科学出版社出版,文中给出了初步估算的近代中国 50 年 GDP 时间序列数据,接受学界前辈和同仁雅正。

做计量推断并非易事,熟读历史资料、熟练掌握数量分析技术自不待言,即使做到了这"两熟",但若稍有疏忽则可能酿成大错。十多年来,我们的主要体会有以下几个方面。

(1) 选择理论模型时要注重前提假设的分析。我们在选用既有理论模型时,要特别注意该模型的前提假设是否与近代中国的宏观经济运行条件一致或接近。如果理论模型的前提假设与近代中国宏观经济运行条件差异较大,那么,必有南辕北辙之嫌。譬如,C-D 生产函数告诉我们,只要投入劳动、资本和提高生产效率,能卖得出去的产量就一定会增长。虽然一般的理论著作都没有更多地讨论 C-D 生产函数的前提假设,但是,从函数的逻辑本

---

① 刘巍:《对中国 1913~1926 年 GDP 的估算》,《中国社会经济史研究》2008 年第 3 期。

身观察,其前提假设一定是"供给约束型经济",即经济增长的发动机在于总供给一方,总需求相对来说没有问题,可以消化潜在的总供给,或者说总需求总是被动地适应总供给。这是短缺经济的常态,短缺的类型可分为低收入陷阱制约型、制度制约型、技术制约型、资源制约型、人口制约型等。近代中国宏观经济运行条件符合这一特征,[①] 可以使用 $C\text{-}D$ 生产函数来分析与 GDP 有关的问题。如果使用"需求约束型经济"为前提的凯恩斯主义理论模型分析近代中国的经济增长问题,解释变量使用拉动或压制总需求的财政政策和货币政策因素,则得出的结论必然有误。再如,使用 $C\text{-}D$ 生产函数研究美国 20 世纪 20 年代之后的产出也是有问题的,美国在这一时期进入了需求约束型经济态势之后,资本存量经常是开工率不足,大萧条时期更甚。[②] 统计数据上的 K 已经不是"有效资本"了,资本存量的闲置率难以做出准确的时间序列数据,用这样的资本存量数据所做的数量模型是不可靠的。因此,分析需求约束型经济态势下的产出问题应该用前提假设与之相应的理论模型。

(2) 外推数据时要注重对残差的分析。从美国计量经济史学派的学术素养来看,能合理、巧妙地利用有历史数据的变量设置理论函数和使用计量分析技巧拟合数量模型是用数量分析方法估算 GDP 的学者应该具备的本领,但是,具备了这个本领的研究者利用成功拟合的高质量数量模型外推(在计量经济学中称之为

[①] 刘巍:《储蓄不足与供给约束型经济态势》,《财经研究》2010 年第 2 期。
[②] 刘巍:《大萧条时期的美国、中国、英国与日本——对不同供求态势国家的研究》,经济科学出版社,2010,第 173~177 页。

"预测"，由于我们做的经济史模型，故称"外推"更符合汉语的习惯）缺失年份的被解释变量数据并非简单运算一样的容易事。在做数据外推时，需要注意的事很多，其中，最重要的是对残差的分析。残差是模型中的被解释变量不能被解释变量解释的部分，需要研究者根据史实寻找可能的影响因素，如灾害、战争等，对这些影响因素赋值（如有无灾害及灾害的程度、有无战争及战争的规模）并估算这些影响因素对被解释变量数量的影响程度，以此对模型计算出的外推数据做出适当的修正。当然，若模型解释变量较少时也可以从解释变量系数估计值的标准差入手，逻辑是相同的。

（3）用其他领域的数据做验证。使用某一理论框架从某一角度对GDP做出估算之后，有必要从其他角度用数量分析方法做出验证，这样更有说服力。譬如，从总供求与物价水平的关系角度估算了一定时段的GDP之后，倘若再从储蓄、进口、投资等角度对前述GDP数据做数量分析，如数量模型效果非常显著，则可以说明估算数据的可靠程度较高。如果模型效果不显著，则应好好分析一下问题出在哪儿。如果可用的数据不多，从其他角度难以做出验证，则可考虑用经济发展水平相近国家的同类数据尝试是否存在这样的数量关系。当然，这是没有办法的办法。

综上所述，用计量方法估算出来近代中国的GDP应该接受以下几项批评。

第一，理论函数的前提假设与中国的宏观经济运行环境是否贴近；第二，理论函数的因果关系设置是否合理；第三，数量模型效果是否显著；第四，外推数据是否依据与残差有关的变量做了必要的修正；第五，是否从其他角度对外推数据做了验证。

如果估算数据经得起这几项批评，应该说其质量是远高于按没有准确依据的百分比推出的数据的。当然，我们衷心希望有足够的原始数据用于以生产法、收入法或支出法直接核算近代中国的 GDP，而不是用数量分析方法来估算 GDP，但是，遗憾的是近代中国的原始经济数据是严重匮乏的，大部分年份的 GDP 必须要靠估算。估算工作的对象是数字，最佳的处理工具无疑是数学，而不能是揣测。在概率论和数理统计没有被数学家彻底推翻之前，以此为基础的计量经济技术就应该是眼下比较科学的方法。

5.1.3 重要故事发掘整理

经济史故事是经济史研究的重要资料，应该受到学界的高度关注。但是，由于时间有限、人力物力有限，我们只能逐步发掘和整理对经济史研究有重要价值的故事，而不可能涵盖重要的、不太重要的和无关紧要的全部故事。那么，哪些故事有重要价值呢？笔者认为，重要故事至少应该适用于以下几个方面的研究工作。

1. 构建前提假设

众所周知，对任何经济史问题的结论都是建立在某些特定的前提假设之上的，不论这些前提假设在文献中是明示的还是暗含的，这是讨论任何问题的起点。前提假设，即要研究的问题"受益于"或"受制于"何种条件，这些条件大致包括市场的、制度的、习俗的和宗教的诸方面。将这些条件中与将要研究的问题直接或间接相关的部分概括或抽象为简单明了的几个前提，形成分析的起点，显然是需要大量的故事的。例如，经济学一入门就有两个著名的前提假设：稀缺性和理性人，即可用资源都是稀缺的（不同时代的稀缺程度不同）、市场参与者都试图使自己的效用或收益最大化。在这两个大前提之下，诸如消费者理论和生产者理论等逻辑框架才能成立。这两个前提若有一个不存在，经济学就基本上失去意义了。大多数前提是难以用实证方法得出的，基本上依赖对大量史实的观察。同理，推翻某一前提（或认为这一前提已经发生变化）也需要大量的反例故事。又如，某一历史时期若存在着大面积的凭票供应、排长队或其他配给方式，则可将市场态势判断为"供给约束型经济"或"短缺经济"，即经济增长的发动机在总供给一端，增加总产出的有效方式显然是鼓励内资和外资的不断投入。简单地说，从大量的商品短缺故事中抽象出前提假设为供给约束型经济。若某一历史时期大小广告和推销员满天飞，分期付款方式盛行，那就应该判断为"需求约束型经济"，研究思路应该指向当时的宏观经济调控政策是否有效地调节了总需求，如美国大萧条时期。简单地说，从大量的厂家急于销售的故事中抽象出前提假设为需求约束型经济。

2. 解释经济趋势的拐点

在一个历史时期的某个时点上，若某一经济变量突然改变了趋势，原本上行的掉头向下了或原本下行的止跌向上了，则必是发生了重大干扰事件或某种累积效应达到了临界值。显然，这需要发掘一系列重要的故事予以解释。需要注意的是，发掘故事并解释拐点要有逻辑依据，三百年来，经济学家们已经探索并发现了不同前提下诸多变量间的因果关系，可以提供很好的指引，若将其束之高阁而苦思冥想，则实乃不智。

3. 提示某种因果关系的存在或不存在

研究者对经济史不像对经济现实那样有感性认识，经济史研究也不像经济现实研究那样数据丰富，对某些陌生或缺乏统计数据的历史现象的研究，需要大量的故事提示可能存在着某种不为我们所知的逻辑关系，或者，看似理所当然的逻辑关系并不存在。从故事中推测的因果关系是一种"可能"，可作为一种"假说"性解释，切勿过于肯定或自信，因为这仅仅是几个案例提供的信息，属于"举例法"，未必能反映事物本质联系的"均值"，需要日后进一步做逻辑分析和数量分析。

这种研究虽属"推测"性质，但这种推测是重要的，属于"发现问题"和"尝试解决问题"的阶段，是任何研究都必经的有效起点，完全可以作为独立研究课题存在。对一个较大问题的研究来说，不可能是一篇论文或一个人就能完成的，一篇论文能做好一个环节的研究就有很好的学理价值了，不可不切实际地求全。

5.2　经济史"研究链"中游环节——解释经济现象和探讨逻辑关系

在上游环节研发的数据、故事和"假说"等合格原料的基础上，经济学功底和分析技术好的同仁可以做进一步的深入研究了。显然，我们所说的"进一步深入研究"是指，使用与国际接

| 计量经济史研究方法

轨的经济学解释范式,对经济史某个领域或某些重大事件的逻辑关系做逻辑分析与实证分析。话说到这里,可能会遭到经济史学界许多同仁莫名的反感——为什么一定要用经济学的解释范式?为什么不可以按照自己的路数来做研究?现代(西方)经济学适用于中国经济史研究吗?本节尝试讨论这些问题。

若要对历史上某一国家经济运行的某个层面问题做出合理的解释和评价,研究者必须对经济运行的基本逻辑有足够的认识,对基本分析工具使用娴熟,即熟知在既定的前提下各经济变量之间的逻辑关系,以及熟练掌握估算数量关系的方法。这样,才有可能厘清历史上发生的重大事件或重要制度变迁主要会影响哪些经济变量,逐级传递下去之后,最终会对总产出或国民收入分配以及国民福利等变量产生正向的或负向的影响;进而,估计其影响程度(百分比)有多大。这个分析过程是有较强的科学性的,如果对经济学逻辑和分析手段的一知半解、浑然无知或怀有莫名的抗拒,是不可能得出正确结论的。

我们列举一个实例,谈谈一知半解造成的危害。笔者评审过一篇某名校的近代史专业博士学位论文(考虑情面,不提校名、作者名和论文题目),其中的某一章节涉及近代中国的货币需求问题,作者大胆地修正了凯恩斯的货币需求理论函数。凯恩斯的原函数为:

$$M_d = f(Y, i) \qquad (5-1)$$

式(5-1)中,M_d 表示货币需求量,Y 表示收入,与 M_d 正相关;i 表示有价证券收益率,与 M_d 负相关。这个二元函数表述的是一个因果关系（二因决定一果）：收入越高，货币需求量（持有的货币量）越大；有价证券收益率越高，货币需求量越小（尽可能将收入用于购买股票、债券等有收益的金融资产）。那么，剩下的那部分收入以何种形式持有呢？短期内，会以有收益的金融资产形式持有；长期内，还可以用实物资产（如耕地、住宅、黄金白银等）的形式持有。通俗地说，货币需求量是在收入、金融资产的收益和风险一定时，人们打算以货币形式持有收入的数量，即对当期收入的摆布。由于货币无收益（凯恩斯用的货币层次是 M_1），所以，持有的货币量有最小化趋势，其余的收入尽量以有收益的或预期升值的资产形式持有。

在前面提到的博士学位论文中，作者在函数中加入了一个"儿子的数量"自变量，即：

$$M_d = f(Y, i, S) \qquad (5-2)$$

式（5-2）中，S 表示家庭中儿子的数量（原文未必是用的符号 S，本文的 S 不影响该博士学位论文的原意），与货币需求量正相关，即，在收入和有价证券收益率一定时，儿子越多，货币需求量越大。作者的解释是，儿子将来都要娶老婆，父母得为儿子们攒钱，所以货币需求量与儿子数量呈正相关。我们知道，在近代中国的家庭中，如果儿子较多，父母必须为其积攒财富，可以理解。先不说此事如愿以偿的普遍性，就算可以积累财富，持有不断增长的财富之理性选择也应该是买土地、住宅（包括自建）等不动产，或买股票、买债券等有收益的金融资产，也可以买黄金、珠宝和古玩等预期可以保值、升值的财产，为什么一定要持有无收益的货币呢?要知道,凯恩斯的货币需求动机只是"交易、谨慎和投机",在收入一定时尽量少持有货币,以避免利息损失;持有财富的动机与之显著不同——保值且升值,尽量多持有,欲望无限。从经济理性角度解释,当家庭中孩子的数量一定时,其中儿子的数量多少,并不显著影响当期收入的摆布形式。显然,作者没有领会货币需求量的经济学意义,误将积累财富的行为等同于货币需求了。作者不但没有意识到这个谬误,而且从行文中看还颇为得意。足以见,一知半解往往贻笑大方。

纵览新中国成立以来的近代中国经济史研究文献,仅凭研究者的想象胡乱解释经济过程、对某个事件的历史地位无限拔高或愤怒声讨的结论就更不胜枚举了。例如,有相当多的文献通常都是在缺乏起码的统计分析之时,就匆忙得出了诸如"大大促进了近代中国国民经济的发展""严重阻碍了中国的经济发展"或"给国民经济造成了巨大灾难"之类的结论。显然,这样的研究是没有多少学理价值的。我们认为,要想解释一种现象(无论是当下的还是历史的)并做出正确的评价,必须懂得该现象所在领域的基本学理,凭借猜测或想当然的结论是极不可靠的。一个极端的案例是,在没有自然科学基础的条件下,古人对雷电雨等现象的解释只能是雷公、电母和龙王之类的胡诌,充其量有点文化价值。从一般角度看,研究美术史要懂绘画艺术,研究水利史要懂水利工程技术,研究战争史要懂军事学,研究法制史要懂法学,否则,做完了大事年表之后就难以深入研究了。同理,经济学是对市场经济以来各个经济层面运行规律的总结,懂得经济学，是正确解释和评价历史经济运行的必要条件之一。如果对经济学理论框架浑然不知，甚至怀有不知从何而来的敌视情绪，那肯定是难得其要领的。

综上所述，对经济学的一知半解和浑然不知都是深入研究经济史的严重障碍。但是，在此必须讨论学界长期流行的一个问题——现代（西方）经济学适用于中国吗？不仅在经济史学界，就是在经济学界，也有人时常重复这个问题。进一步听取这些同仁的举例之后，我们认为，其实这个问题的提出者指的是"现代经济学的某些（或大部分）结论适用于中国吗"，既不是指全部结论，也不是指经济学的理论程式本身。众所周知，现代经济学最以理服人的思路就是"从前提推出结论"，即"若条件为 A 时，结论为 a；条件为 B 时，结论为 b"，前提消失了，结论就不存在了。经济学的某些结论不适于某些国家的某些时期，显然是由于这个结论的前提假设与该国该时期的基本市场条件不同。经济学任何一个逻辑框架的前提假设都是简约的，不可能涵盖所有国家、所有时期的市场条件，即不可能是放之四海而皆准的。涵盖美国的，未必适用于德国；涵盖英国的，未必适用于日本；涵盖大萧条时代的，未必适用于 19 世纪或 21 世纪。经济史研究过程中一个永不疲惫的主题就是，发现理论框架的前提假设与特定时空市场条件之间的差异、增减逻辑框架中的变量，直至推导出新的结论。方法相对稳定，结论不断修正更新，这样的研究程式本身就是经济学，足以见，"西方经济学是否适用于中国的现实和历史研究"就不该是个问题。绝不能指望着存在一种永远"适用于中国的经济学"，而且这个经济学就像电脑傻瓜书一样，即查即用，逐一对应，严丝合缝，只需动手不需动脑。

诚然，现代经济学理论框架多源自西方国家的经济运行过程，其前提假设是对西方国家某一时代市场条件的抽象，在此起点上推导出的结论不适用于中国，甚至同是西方国家也未必普适。比如，在英国经济学家热衷于自由贸易理论的时代，德国经济学家从本国条件出发却推出了保护幼稚产业理论，当时的美国人也无法推出自由贸易对美国经济有利的模型。经济学说史表明，经济学在研究同一现象时，不同时代的经济学家由于各自的出发点不同，会分别考虑许多种前提假设，即许多个"如果"，进而推出了多种结论，形成了诸多流派。同理，研究中国经济史也应首先考察当时的市场条件，抽象出反映中国市场特点的"如果"——前提假设，然后修正相应的理论框架，得出中国经济史的"那么"——逻辑结论，"经济史是经济学的源而不是流"之寓意大概在于此。然而，以中国近代经济史为例，虽然诸多前辈和同仁都在努力工作，但几乎在所有层面上都缺乏能与经济学家对话的完整研究，诸如，"产业资本是如何形成的""投资的主要影响因素是什么""劳动力供求模式是怎样的""宏观经济是怎样运行的""经济增长的主要影响因素是什么"等，大量问题尚待探索或刚刚触及，中国经济史学界任重道远。

5.3 经济史"研究链"下游环节——补充、修正或发现经济学理论

当对尚待探索问题所做的逻辑分析和实证分析进行到一定程度时，中国经济史学界向经济史研究的最高境界——补充、修正

和发现新的经济学逻辑发起冲击的条件就渐渐成熟了。当然，这不是一件容易事，需要花大气力，而且，辛勤耕耘未必会有丰厚的收获，但无论如何，值得有志者一试。本节先提出两个比较重大的问题，然后再尝试讨论冲击经济史研究最高境界所必需的功底。

理论问题1：自由放任的利弊——新古典经济学的近代中国经济检验。

从古典经济学到新古典经济学，经济学家们都十分崇尚自由放任，主张政府不要干预经济，当好市场的"守夜人"，不要"越位"。市场是高效的，"看不见的手"能及时调节和纠正任何偏离趋势。不可否认，新古典经济学的逻辑推理是非常精致的，从前提到结论的传导路径是十分通畅的。但是，即使在西方国家，自由放任的经济学逻辑事实上并未经历过实践检验——进入市场经济时代后，经典的自由放任并不存在。就是在亚当·斯密的故乡，政府也从未完全放弃对经济的干预，这个"守夜人"总是肩负着时轻时重的干预市场责任。如此说来，古典经济学和新古典经济学不仅是未经实证的一套精美逻辑，而且，用发达国家的历史经验也基本上无法进行实证，因为他们进入市场经济以来几乎没有过"自由放任"（包括当年的日本），虽然在大萧条爆发之前的历史阶段中他们的经济学家一直在努力呼吁着"自由放任"。

观察近代中国，自甲午战败《马关条约》签订之后，洋务派的垄断被外国人"自由设厂制造"之类的条款彻底打破，弱势的中国政府别说是干预经济，恐怕连当个"守夜人"都不合格，从清末的小皇帝到北洋政府，直至全面抗战爆发前的南京国民政府，可圈可点的经济干预政策寥寥无几，进入视野的大概只有法币改革和废两改元等几件大事。如果1895~1936年算得上"自由放任"的话（这需要深入研究），用这40年左右中国的经验对新古典经济学做出实证，可能是一项有宏大学理价值的研究工作。诚然，这需要对近代中国经济运行的数据和故事有相当充分的研究，即"基础设施"建设必须先行，否则就是无米之炊。

理论问题2：自由贸易理论中的比较优势与绝对优势——近代中国经验的检验。

自由贸易是古典经济学和新古典经济学"自由放任"主张的一部分，亚当·斯密先提出了"绝对优势"学说，大卫·李嘉图继而提出"比较优势"学说，都是在宣扬国际范围内的分工协作可以提高效率和产量，对贸易双方都大有益处，从理论上推断应该是双赢的。但是，在涉及真金白银的实际贸易问题上，西方国家一直是实用主义的。对自身经济有利时，就呼吁自由贸易，如19世纪下半叶的英国；对自己不利时，就实行保护主义，如同时代的德国和美国。从对自由贸易态度的演变层面讨论，基本上可以判断自由贸易应该是有利有弊的，在不同的前提假设下，就可以推出不同的结论。在1895~1936年的中国，国际贸易基本上是没有限制的，无论进口还是出口。那么，自由贸易对中国当时的经济发展是有利无害、有害无利、利害参半或利害孰重？中国的进出口是符合绝对优势逻辑、比较优势逻辑还是有独特的逻辑？对这些问题的研究显然有很好的实证意义，或许还可以发现自由贸易理论可能存在的问题。众所周知，近代中国的国际贸易数据是比较丰富的，但其他宏观经济数据的缺乏是研究贸易对宏观经济影响的巨大障碍。

随着研究的深入，我们还可以发现尚待研究的宏大理论问题，本文暂以上述两个问题为例。接下来的问题是，我们具备怎样的经济学功底方可进入这个极富挑战意义的研究领域？我们斗胆讨论一下这个问题。

首先，研究者至少应该熟练掌握《微观经济学》《宏观经济学》《发展经济学》和《经济学说史》等几个重要领域的理论。我们所说的"熟练"，不是应试意义上的"熟练"——牢牢记住了推理过程和结论，而是对"前提—推理—结论"这一范式形成一种近乎自动化的反应机制。例如，看到凯恩斯的货币需求理论函数（前面曾提到过）中有自变量"市场利率"（或称有价证券收益率），马上就应该知道该理论一定暗含着存在"完善的金融市场"这一前提假设，同时，函数的自变量中没有"价格"，则应该知道该理论一定暗含着"短期分析"这一前提假设。显然，用这个理论做分析工具去研究近代中国或当今朝鲜、古巴一类经济体的货币需求显然是不合适的。又如，柯布－道格拉斯生产函数告诉读者，只要投入资本、劳动力、提高效率，产量就能相应增长。研究者应该知道，这一理论模型必暗含"供给约束型经济"这一前提假设，也就是说，需求没有问题，厂商只要增强产出能力，商品产量就能增长。因为生产过程是连续的，最近生产的商品如果在市场上卖不出去，厂商就会减产，新增资本就会闲置、劳动力就会被裁减，产量是不会增长的，所以，供给约束是

| 计量经济史研究方法

这一模型顺畅运行的必要条件之一。于是，研究处于需求约束型经济态势下的经济体用这个模型做分析工具显然是不合适的，如19世纪下半叶以来的英国，"一战"结束后的美国等（刘巍、陈昭，2010），而研究处于供给约束型经济态势下的近代中国（刘巍，2010）和近代日本（张乃丽，2012）经济增长则比较合适。再如，在《经济学说史》中，后人突破前人的理论一般都是从前提假设入手的，一般来说，经济学大家的逻辑推理功力都是很强的，轻易不会犯错误，即使犯过错误，在他们在世时也都修正了。一般来说，由于前辈经济学家对市场的观察可能不全面，理论的前提假设有误，或者由于市场条件发生了重大变化，前辈经济学家设定的前提假设不存在了，于是，后辈经济学家重新抽象前提假设，理论中影响因素必然发生增减，结论一定发生变化。那么，在研读经济学说史的时候，我们能不能发现这些突破的具体路径？

其次，在熟练掌握基本的经济学理论基础上，要研读经济学大家的原著，而不是止步于仅阅读了当代人编著的教科书。经济学大家的著作汗牛充栋，皓首穷经也未必能达到预期目标，我们认为，经济史研究者若打算冲击高级境界，起码要"啃"过"经济学之父"亚当·斯密的《国富论》、"新古典经济学集大成者"马歇尔的《经济学》和"现代经济学之父"凯恩斯的《通论》。然后，根据自己的偏好，再去研读哪些原著则丰俭由人了。譬如，研究"供给约束型经济"，就应该读萨伊的著作；研究战后世界经济史，弗里德曼的著作和罗宾逊夫人的著作就不能不读。凡此种种，不一而足。

最后，研究者最好具备实证分析的功力。在做出了很好的逻辑分析之后，需要对根据重要故事和零散数据推理而来的逻辑结论做出实证，若缺乏这项工作，逻辑分析的结论只能暂且作为"假说"存在，经验是不是支持这一假说尚待证实或证伪。需要强调的是，经济学意义上的实证不是"举例说明"方式，笔者是历史学出身，谙熟一个观点用几条史料证明那种传统研究方法，也发表过只"展示数据表"而不会做任何数量分析的论文，深知这些方法的不可靠。众所周知，甲能找到支持自己观点的史料，乙也能找到推翻甲观点的史料，二者都不能证明结论究竟成立或不成立。再者，在大多数情况下，各个变量之间的数量关系用肉眼是看不出来的，展示数据表并不能证明什么。

自计量经济学问世之后，传统的举例法（不完全归纳）就显得比较苍白了。计量经济学的实证是穷尽一个时段上所有时点的数据，在"均值"意义上分析变量之间的关系，截至目前，至少是疏漏最小的实证方法。譬如，如果逻辑结论是某事物促进了某一时期的就业，仅仅将该时期内若干时点的故事或就业人数举例，是不能充分证实这一因果关系的。若做出该时期的失业模型，将该事物设为模型中的一个解释变量，当模型显著水平较高时，不仅这种因果关系可以得到证实，而且可以得到影响程度大小的估算值，还可以和其他影响因素比较重要程度。

诚然，计量经济学有较高的门槛，不是轻易能够进入的，但是，懂一些具体的做法也并非不可能，就像不大懂汽车工作原理也可以开车一样。笔者和陈昭（2009，2011）撰写的《计量经济学软件：EViews操作简明教程》（暨南大学出版社，2009）和《计量经济学软件EViews 6.0建模方法与操作技巧》（机械工业出版社，2011）两本小册子总结了我们的学习心得，一度被一些同行作为计量方法的"傻瓜书"，在我们这群纯文科出身的"傻瓜"中受到一定程度的欢迎。

实在弄不懂计量方法的同仁也不必纠结于此，当研究工作进行到做出"假说"之时，寻找一个计量技术很好的合作者完全可以解决这个问题，关键在于自己是否做出了合理的前提假设和通顺的逻辑结论。

我们认为，在向理论冲击这一研究层面上，经济史学家和经济学家可以同台竞技了，这里大概是经济学"源"和"流"的汇合处。当然，经济史学家可以有两个选择：第一，致力于本文提到的前两个层面，做"基础设施"和"个别领域"的研究，为经济学家冲击经济学理论提供合格的原料和半成品；第二，在原料和半成品的基础上冲击经济学理论框架，做贡献更大的工作。经济史学家可以根据自己的兴趣和实力做出恰如其分的选择，不必强求索然无味或力所不及之事。

5.4　总结

中国经济史的终极目标应该和其他学科一样——修正已发现的经济学规律和探索尚未发现的经济学规律。朝着这一目标逼近的必要条件是，学界应该形成如同产业链一样的"研究链"，即经济学逻辑的原料开发环节、半成品制造环节和成品制造环节。

5.4.1　原料开发环节应该发掘整理经济数据和重要的故事

对经济史研究来说，原料的发掘和整理是上游研究环节，其产品是中下游研究环节的"粮草"。首先，原料应该包括经济史数据，研究者不可仅凭自己的想象随意处理数据，要正确理解经济学中各变量的基本概念和统计量构造的基本方法，整理出合格的经济史数据。同时，在缺乏具体历史资料的情况下，使用计量经济学工具推断时间序列中缺失的部分数据，也不失为一种整理数据的好方法。其次，重要的经济史故事是不可或缺的原料。重要的经济史故事至少应该适用于构建前提假设、解释经济趋势的拐点和提示某种因果关系等方面的研究工作，同时，从重要的经济史故事中可以得出某种"猜想"。

5.4.2　半成品制造环节应该对经济史的某一领域或层面做深入研究

在上游环节研发的数据、故事和"假说"等合格原料的基础上，可以用经济学解释范式，对经济史某个领域或某些重大事件的逻辑关系探讨与实证分析，这是经济史研究的中间环节。这一研究环节要求研究者必须对经济运行的基本逻辑有足够的认识，对基本分析工具使用娴熟。如果对经济学逻辑和分析手段一知半解、浑然不知或怀有莫名的抗拒，是不可能得出正确结论的。

5.4.3　成品制造环节应该向最高境界——补充、修正和发现新的经济学逻辑发起冲击

这一环节要求经济史研究者至少应该熟练掌握《微观经济

学》《宏观经济学》《发展经济学》和《经济学说史》等几个重要领域的理论。在熟练掌握基本的经济学理论基础上，要研读经济学大家的原著。研究者最好还具备实证分析的功力，也可以请合作者来做。在这一研究环节上，经济史学家和经济学家可以实现对话，实现经济学"源"和"流"的汇合。当然，经济史学家可以有两个选择：第一，只做原料和半成品的研究；第二，冲击经济学理论。经济史学家可以根据自己的兴趣和实力做出恰如其分的选择。

下编：研究案例

6

文献评介与学术商榷

6.1 1996 年以来中国近代计量经济史研究评述

作者按：本节是笔者近几年发表的一篇论文的主体部分，略做删节。将此列入本书的研究案例，意在推介综述类论文的分析和写作模式，以供初学者参考。笔者不赞成国内近年来文献评述类文献盛行的只罗列不评论之风气，尝试做些学术批评，但是，对文献的点评受限于笔者自身的学术功底，读者可见仁见智，不足为据。

原文的内容提要：中国近代计量经济史文献始见于 1996 年，16 年来，研究多在宏观经济层面进行，如宏观经济运行、国际贸易、货币经济、投资、财政税收等方面。研究成果既涉及了经济史学界多年研究的领域，也开辟了新的研究领域。总体来说，中国近代计量经济史研究文献在解释经济运行逻辑方面所做的研究是比较深入的。文献除了对某些具体经济现象的内在逻辑做出经济学意义上的解释之外，更为可贵的是，能够对某些理论做出验证、补充和修正，这是计量经济史文献具有较高质量的重要体现。本文在点评文献优长之处的同时，也对其薄弱环节发表了不成熟的看法。原文的关键词：中国近代、计量经济史、研究范式。

需要说明的是，在原文中，对文献的引注方式都是文内注，文后列出参考文献。作为一本小册子，这样排版不甚合适，于是，将文内注改成了脚注。本编的后几章都做了这样的处理。

若不计介绍和评论国外计量经济史的文献，国内学界真正研究计量经济史论著大都集中在中国近代经济史领域。回顾中国近代计量经济史文献，鲜见先前对计量学派研究范式做述评之学者的身影，就连计量经济史研究方法素养很高的霍俊江也没有继续笔耕示范。刘文革做过一个时间跨度为10年左右的中国大陆学者计量经济史文献综述，[①] 对该时段计量经济史研究文献做了盘点，并对计量经济史研究机构和学术园地等方面的问题发表了很好的意见，但对文献的评析略显不足。笔者不揣冒昧，拟重点解读计量经济史文献的学术价值，并吹毛求疵抒发一孔之见。囿于有限的学术视野，本节仅涉及近代中国计量经济史研究的文献，笔者对其他领域知之甚少，不宜说三道四。

为识别计量经济史研究文献，我们在上编中对计量经济史研

[①] 刘文革：《中国计量经济史研究的回顾与展望》，《广东外语外贸大学学报》2009年第6期。

究范式的显著特征做了大略归纳，计量经济史研究的标准范式是"前提假设—逻辑推理—实证检验"。前两个环节要求研究者具备历史学和经济学的功底，后一环节要求研究者具备统计学和计量经济学的良好修养。可见，研究计量经济史不仅仅是会不会"做模型"的问题，而是要迈过经济学、历史学和计量经济学这几门功课共同设置的"门槛"。按计量经济史标准范式分类，本文评述的文献均属在"前提假设—逻辑推理—实证检验"的任一环节上或整个过程中做研究的，并非文中出现了大量数据就是计量经济史文献。在近代中国计量经济史领域内，大多数研究者是在宏观经济层面做研究，为清晰起见，我们拟将主要研究结论分成几个角度，逐一研读领会。①

6.1.1 时序数据估算与宏观经济运行研究评述

近代中国的国民收入（本文涉及的国民收入是广义概念，包括 GDP、GNP 等统计口径）是在研究中重要的数据之一，如果国民收入时间序列数据缺失，即连近代中国经济趋势是上升还是下降都缺乏有依据的判断，那么，对整个宏观经济运行、各分支系统、政府经济政策和各个变量的作用都难以做出恰如其分的评价，因为回答"怎样生产、为谁生产和生产多少"的问题均离不开国民收入这一重要的数量指标。从 20 世纪 40 年代开始，学界

---

① 在下文中，笔者不得不罗列自己先前发表的拙作，于是，"自我批评与自我表扬相结合"着实令笔者犯难。笔者虽尽力力图做到客观和坦诚，但"灯下黑"状态仍将难免，读者大雅，还望指正。

| 计量经济史研究方法

便开始了对国民收入的估算工作，刘佛丁和王玉茹[①]对估算工作做了总结。从1840年以来的国民收入估计值来看，断断续续只有10年左右的数据，多集中对于20世纪20~30年代国民收入的估算，且有差距较大的重复估计。从估算方法来看，基本上采用会计核算方法。如果数据充分，无论从支出法、收入法，还是生产法角度，会计核算都是最好的方法，但问题在于，近代中国的数据相当匮乏，估算工作中缺失的资料往往靠揣测和按主观给定的某一比例补足缺失的数据，所以，对相同年份收入的估计数据往往会因人而异，不具有可重复性。从1998年开始，以计量方法估算的近代中国国民收入和更早时期的国民收入资料陆续见诸书刊。笔者和刘丽伟[②]利用柯布-道格拉斯生产函数逻辑框架，使用文献中的GDP数据和其他间接数据估算了劳动力、资本存量等数据，建立了数量模型，用插值法估算出了1927~1930年的GDP，与叶孔嘉的资料衔接起来之后，形成了中国近代经济史10年的连续GDP数据。由于论文涉及的时间序列较短，所以没有条件对数据的平稳性做出相应的检验，这是计量技术上的一个遗憾。为了进一步拓展GDP的时序长度，以便更深入地研究中国近代经济问题，笔者[③]又对近代中国的GDP做了进一步估计，从总供求角度估算了1913~1926年的GDP数据。然后，又从进口、

---

① 刘佛丁、王玉茹：《关于中国近代国民收入研究的状况和展望》，《天津商学院学报》1998年第3期。
② 刘巍、刘丽伟：《1927~1936年中国柯布-道格拉斯生产函数初探》，《求实学刊》1998年第3期。
③ 刘巍：《对中国1913~1926年GDP的估算》，《中国社会经济史研究》2008年第3期。

银行存款和投资角度对这一时段GDP做了验证。结果说明，论文估算的数据应该是比较可靠的。这样，中国近代GDP的时间序列就从10年延长到了24年。在这篇论文中，笔者估算的1914～1918年中国GDP是连续负增长的，这和长期以来史学界的传统观点——第一次世界大战是中国民族资本的"黄金时代"之说有了较大冲突。虽未引起笔战，但在一些学术研讨会上屡有同仁提出质疑，于是，笔者[①]撰文一并作答。通过对资料和史料的分析，笔者认为，"一战"期间中国经济负增长的主要影响因素来自两个方面：第一，"一战"期间中国经济属供给约束型，几乎没有闲置的生产能力，突如其来的需求首先拉动价格，价格信号传导到厂商后，厂商必须购买资本品扩张生产能力，方可增加供给。而中国近代工业的资本品大都来自海外，进口则是资本品投资几乎唯一的通道，"一战"期间，列强经济转向战时状态，出口减少，中国资本品进口大幅萎缩，致使投资增长严重受阻。因此，只能在既有的生产规模上加班加点生产，产量增长不多，价格上涨较多。既有的厂商利润大增，市面繁荣，"黄金时代"虽有赚钱效应，但经济增长不尽如人意。资料说明，"一战"期间，中国工业增速并不比前期快，而且，有些行业还是增速下降的。第二，近代中国的农业始终占据着国民经济的压倒优势，农业经济的状态如何，是影响中国GDP的重要因素。资料分析表明，大战期间中国农业总产值是下降的。占总产出大头的农业总产值下

[①] 刘巍：《第一次世界大战期间中国GDP下降之影响因素研究》，《民国研究》2009年春季号。

| 计量经济史研究方法

降，占小头的工业产值也没有证据证明显著增长，于是，GDP 必然是下降的。两年后，笔者和陈昭①对 1887~1912 年时段内的 GDP 缺失资料做了估算。近代中国距今越远的年份，其数据越是缺乏，受此限制，笔者放弃了 C-D 生产函数方法和总供求方法，以进口函数为逻辑基础做数量模型，估计了 26 年的总产出数据。同样由于数据限制，对数据验证的角度——用同时期的日本和意大利国民收入与进口的数量关系验证也嫌有些狭窄，有待于进一步从其他角度验证（比如财税方面的数据）。

至此，近代中国 50 年时间序列的 GDP 数据初步形成，虽不完善，但也能提供一个趋势，至少给学界提供了一个批判的靶子。杜恂诚和李晋②曾对笔者估算过程中的逻辑和技术提出质疑，限于本文篇幅，笔者拟另写专文做出交代和适当的解释。

张东刚③估计了若干年份的居民消费和政府消费数据，和使用会计核算方法估计国民收入所遇到的问题一样，一旦数据缺失，就无法估算某些年份的数据。因此，这两列数据都是离散的，未能形成时间序列。崔文生④在张东刚估算工作的基础上，建立了居民消费模型，用插值法推断了缺失年份的资料，形成了

---

① 刘巍、陈昭：《对近代中国 50 年 GDP 的估算（1887~1936）》，《经济研究》网站 2010 年 10 月（http://www.erj.cn/cn/lwInfo.aspx? m =20100921113738390893&n = 20101015153 659860998）。
② 杜恂诚、李晋：《中国经济史 "GDP" 研究之误区》，《学术月刊》2011 年第 10 期。
③ 张东刚：《总需求的变动趋势与近代中国经济发展》，高等教育出版社，1997；张东刚：《政府消费支出变动与近代中国经济增长》，《社会科学辑刊》2000 年第 5 期。
④ 崔文生：《近代中国 50 年消费资料估计（1887~1936）》，《广东外语外贸大学学报》2012 年第 2 期。

1887～1936年50年时间序列的居民消费数据。陈昭和笔者[①]以罗斯基的估算数据为基础,以价格模型估算了1887～1909年的狭义货币供给量(M_1)资料,与罗斯基的数据衔接之后形成了1887～1936年50年的M_1时间序列数据。

我们认为,50年的GDP资料也好,50年的消费数据和M_1数据也罢,均存在一定的修正空间,但依据某种逻辑估算这些"待修正"的资料无疑是比较艰苦的研究过程,另辟蹊径颇费思量。在近代经济史学界,做这些"待修正"的基础设施建设工作的人不是太多,而是太少了。[②]

彭凯翔[③]以粮价为重心,深入研究了中国的米价指数、物价指数、银钱比价和金银比价,整理和衔接了1650～1976年的资料,跨古代、近代、现代和当代300余年,工作量之巨、工作质之精,令人叹服。作者还深入研究了中国历史粮价的趋势、粮价的时间结构和粮价的周期波动,颇具功力。

在近代中国宏观经济运行研究方面,文献相对较多,我们选几篇有代表性的文献,研读之后尝试评述。

笔者[④]对1927～1936年中国宏观经济运行中的主要变量做了

[①] 陈昭、刘巍:《对1887～1909年中国狭义货币供应量M1的估计》,《中国经济史研究》2011年第3期。
[②] 笔者注意到了刘瑞中、李伯重、李稻葵、管汉晖、刘逖、刘光临等学者对近代之前中国经济总量(全国的或区域性的)的研究,正在努力研读领会,受学术视野的限制,目前尚无心得。
[③] 彭凯翔:《清代以来的粮价:历史学的解释与再解释》,世纪出版集团、上海人民出版社,2006。
[④] 刘巍:《对近代中国宏观经济运行的实证分析(1927～1936)——兼论中国经济史研究中的分析方法》,《中国经济史研究》2004年第3期。

数理的和数量的考察。实证分析显示出：在这个时段上，国民收入正向影响货币需求，货币供给正向影响市场价格，市场价格正向影响投资，投资正向影响国民收入。同时，拙文还对经济史研究中的分析方法做了简单的探讨和归纳。如今看来，该文存在两个较大的问题：其一是对进出口的分析不足，这一问题尚属次要；其二是逻辑框架的问题，这是比较致命的问题。论文所用的理论框架属凯恩斯经济学范畴的 *IS-LM* 模型的变形，但凯恩斯经济学的上位前提是需求约束型经济，近代中国的总供求态势恐怕与之相距甚远。笔者①后来意识到了这个问题，对总供求态势深入研究之后，认为近代中国经济的基本前提是供给约束型经济，近代中国的总需求拉升价格的力度远大于总供给下压价格的力度，产出增长能力较弱；贸易条件与贸易收支差额正相关，即赚钱靠价格优势而无薄利多销的生产潜力；出口和进口的汇率弹性绝对值之和远小于 1，马勒条件不成立，总供给曲线的斜度应该是陡峭的。这一结论的启示是，在使用经济学理论框架分析近代中国经济时，应首先考虑所用的理论之前提假设是否与近代中国的经济态势一致，从而避免南辕北辙。在文中，笔者承认了先前论文所犯的逻辑前提错误。笔者②对近代中国宏观经济运行重新研究的结论是，在供给约束型经济态势下，1913~1936 年中国经济增长的主要影响因素是进口和货币量，增长模型呈柯布 – 道

---

① 刘巍：《储蓄不足与供给约束型经济态势——近代中国经济运行的基本前提研究》，《财经研究》2010 年第 2 期。
② 刘巍：《近代中国经济增长影响因素初探（1913~1936）》，《中国计量经济史研究动态》2010 年第 3 期，见 http://www2.gdufs.edu.cn/wtoresearch/xueshuchengguo/dongtai7.pdf。

格拉斯生产函数的变形状态。实证检验的结果表明，1913~1936年，中国的 M_1 每变动 1%，GDP 就同向变动 0.59% 左右；进口净值每变动 1%，GDP 就同向变动 0.05% 左右。对于 GDP 而言，货币量的敏感程度和重要程度都大于进口，而近代中国货币量在 1935 年之前又是受白银国际流动左右的。于是，近代中国的经济增长严重依赖外部因素，经济波动频繁。

王玉茹[1]对近代中国百年经济周期做了研究，论文参考了康德拉基耶夫的周期分析方法，从批发价格总指数、工业品批发价格指数、农产品批发价格指数、对外贸易总指数、进口和出口物量指数、进口和出口净值以及部分行业的生产和投资等多个层面对近代中国的经济周期做了分析。论文得出的结论是，近代中国百年经济可划分为 4 个周期：1850~1887 年，中国经济呈下降趋势；1887~1914 年，经济增长缓慢；1914~1936 年，中国经济增长最快；1936~1949 年，国民经济衰退最为严重。纵观全文，由于时间序列最长的数据也没有超过 1937 年，所以，第 4 周期尚属推测而非真正的周期分析结论。即使这个推测与历史相当接近（笔者也有同样的感受），但作为周期分析的结论也应该有资料依据。另外，所谓经济周期波动，无疑是指总产出的周期波动。在总产出时间序列资料缺失时，用与总产出有关的较丰满资料组替代是唯一可行的办法，但若在做周期分析之前先对选用的各种数据与总产出的关系做出缜密的逻辑判断，并利用已有数据尽可能做些数量分析，以证明和证实其因果关系的存在，则说服力会更

---

[1] 王玉茹：《中国近代的经济增长和中长周期波动》，《经济学（季刊）》2005 年第 1 期。

强。陈昭和笔者[①]利用 50 年 GDP 数据，用 HP 滤波方法对近代中国 1887～1936 年 GDP 做了周期分解，将 50 年的经济增长过程划分为 5 个周期：第一个周期是 1887～1913 年，是近代中国经济初步发展的时期，宏观经济呈现大体平稳增长的趋势；第二个周期是 1913～1918 年，为经济的下行期或者衰退期；第三个周期是 1918～1933 年，是近代中国经济发展最快的时期；第四个周期是 1933～1934 年，是经济的短暂调整期；第五个周期是 1934～1936 年，是经济再度发展期。作者将中国同英美两国的经济周期做了比较，除了第一次世界大战期间有所不同外，其余周期区间的发展趋势、规律和特点具有明显的趋同性。格兰杰因果检验的结论指出，英美总产出的波动是中国经济波动的格兰杰原因，表明了中国经济的从属地位。作者分析的结论是，近代中国经济的主要从属路径有二：第一，进出口贸易塑造的中国经济结构；第二，白银流动造成的货币供给量伸缩。秦川和曾斌[②]也对近代中国的经济波动做过分析，论文采用 ARMA 模型对新古典学派的实际经济周期理论做了验证，但所用数据是 1901～1932 年的进口额，所以，论文所做的分析与其说是经济波动，倒不如说是进口波动，因为论文对进口与国民收入之间关系的分析似嫌欠缺。同时，1932 年进口额的统计资料中已经不包括东北地区了，这一年资料的统计学意义与之前显著不同，作者似乎并未注意到

[①] 陈昭、刘巍：《经济一体化亚种：近代中国经济周期的从属性》，《财经研究》2009 年第 5 期。
[②] 秦川、曾斌：《基于海关进口额的中国近代经济波动分析》，《统计观察》2005 年第 3 期。

这个问题。

郝雁[①]对近代中国进出口贸易对经济货币化的作用机制及作用效果做了逻辑分析和实证检验，分析结果表明：近代中国进出口贸易的增长正向地推进了货币化的进程，出口和进口都是货币化比率的格兰杰原因。但由于近代中国仍处于经济货币化的起步阶段，因此货币化比率对出口贸易和进口贸易的弹性是比较弱的。张乃丽[②]估算了 1887～1936 年中国经济商品化程度时间序列数据，结论显示，在 50 年的时间里，中国经济商品化程度从 49% 左右提高到了 78% 左右。作者从国际贸易角度对中国经济商品化的影响因素做了实证分析，数量分析结果显示出，出口促进中国经济商品化的作用要大于进口，同时，贸易条件的变化对中国经济商品化也有很大的正向影响。正如作者在论文中所说，实证模型的可决系数较低（$R^2 = 0.67$），说明模型中可能漏掉了较为重要的解释变量。但由于近代中国长时间序列资料的缺乏，目前难以证实这个重要变量，作者寄希望于今后学界估算出更多的时间序列资料时再做进一步研究。

在对近代中国和市场经济以来的主要国家经济运行做了一些思考和对总供求关系的数量指标做了初步分析之后，笔者[③]对经济史上一国宏观经济运行环境中最为本源的特征做了尝试性研

---

① 郝雁：《近代中国进出口贸易与经济货币化分析》，《学术研究》2011 年第 12 期。
② 张乃丽：《中国的进出口与经济商品化趋势研究（1887～1936）》，《中国计量经济史研究动态》2012 年第 2 期。见 http://www2.gdufs.edu.cn/wtoresearch/xueshuchengguo/dongtai14.pdf。
③ 刘巍：《计量经济史研究中的"上位前提假设"刍议——经济学理论框架应用条件研究》，《广东外语外贸大学学报》2012 年第 2 期。

究。相对于制度的、阶段性的和结构性的前提而言，笔者将总供求态势这一经济特征称为"上位前提"，按历史发展阶段和学界公知公用的概念划分为"供给约束型""需求约束型"和"后供给约束型"（或"领先科技约束型"）三个基本态势。论文提出了对一国一定时期总供求态势判断的基本方法，而正确判断总供求态势的主要意图在于正确地使用经济学理论框架。众所周知，如果前提不存在，无论逻辑推理多么精巧，结论自然是不会正确的。例如，20世纪初美国经济学家道格拉斯和数学家柯布贡献的 C-D 生产函数，其暗含的"上位前提"就该是供给约束型经济态势，即总需求没有问题，只要增加资本和劳动力，就有必然会实现（售出）的产量。用 C-D 生产函数讨论供给约束型的近代中国经济产出，甚至前近代的产出，[①] 应该不存在前提与逻辑衔接的问题。但在需求约束型经济态势下，一旦总需求低迷，企业家就要停掉一部分设备和裁员，这样一来，就算统计资料中的就业量是真实的，但资本数据的可靠性就要打折扣了，即统计数据中的一部分资本不是"有效资本"了。曾有学者认为这可以讨论"潜在的产出"，即开足马力生产时的产量，笔者认为也有诸多不妥，至少要用全部适龄劳动人口代替统计资料的就业量，否则，用 C-D 生产函数及其变形的理论框架做出来的产出仍不是"潜在的产出"。又如，用凯恩斯经济学的理论框架去研究供给约束型经济中的问题，极容易南辕北辙。

---

① 前近代的问题笔者没有研究过，因这里不需要太精确，故而暂且这样认为。

6.1.2　国际贸易研究与货币经济研究评述

近代中国的进出口问题一直是近代经济史研究的重点，计量经济史研究范式的文献在这个领域也下了较大的功夫，本文仅对几篇有代表性的文献发表一点研读心得。

郝雁[①]对 1870~1936 年的出口影响因素做了实证分析，分析结果是，汇率和外国国民收入与中国出口额之间分别存在单向的格兰杰因果关系，中国出口的外国国民收入弹性（1.35）大于汇率弹性（0.34）。作者据此认为，外国国民收入因素对中国出口的影响大于汇率因素。郝雁的论文非常规范，模型设置和暗含的前提都无可挑剔，数量分析过程中单整、协整和格兰杰因果检验效果都好，回归模型拟合优度极高，各项检验指标都很显著，对数量分析结论的解释也基本到位。但笔者认为，不能依据解释变量系数得出两个解释变量中哪个更重要的结论。在数量分析过程中，双对数模型解释变量的系数作为弹性值，仅说明出口对汇率不太敏感和对外国国民收入非常敏感。如果需要了解各个解释变量的相对重要性，就应该使用 Beta 系数分析方法。由于偏回归系数与变量的原有单位都有直接的联系，单位不同，彼此不能直接比较。为此，可以将偏回归系数转换为 Beta 系数。Beta 系数是按照解释变量的标准偏差与因变量的标准偏差之比例对估计的斜率系数进行调整，其数值与测定变量时的单位无关，因此可以直接比较，用以确定计量模型中解释变量的相对重要性。

---

① 郝雁：《近代中国出口贸易变动趋势及其影响因素的实证分析（1870~1936）》，《中国社会经济史研究》2007 年第 2 期。

| 计量经济史研究方法

董智勇[1]对近代中国进出口结构与产业结构的关系做了数量分析,论文的结论是:1917~1936年的贸易结构与产业结构高度相关,可以用贸易结构解释产业结构;数量分析结论表明,近代中国的产业结构随贸易结构调整并趋于优化;但是,贸易结构的调整是缓慢的,因而决定了近代中国工业化进程的缓慢。论文从贸易结构入手,并构造了贸易结构和产业结构的统计量,为深入研究提供了很好的思路。但是,论文的分析工具略嫌粗糙,仅做一元回归的数量分析,不足以支持论文的结论,而且会有来自计量经济学角度的诸多质疑。一般来说,在没有对函数关系做多方面考虑之前,用一元函数解释经济现象中的因果关系是有较大风险的。

近年来,对贸易条件的研究有很好的学术价值。台湾中兴大学王良行[2]在大陆发表论文,对1867~1931年上海的贸易条件做了研究。论文首先修正了现有的数据,提出了一个修正的上海贸易条件指数时间序列数据。然后,作者对数据做了数量分析。作者的研究结论是,上海的总贸易条件在样本期间既无恶化也无明显改善,对经济学理论界"乐观派"和"悲观派"的观点都不支持,基本上可以印证"折中派"的观点,即贸易条件随周期循环变动,无所谓长期趋势改善或恶化的问题。进一步地,若做短期观察,贸易条件则有恶化走势,支持"悲观派"的观点;从分类产品角度分析,研究结论又支持"乐观派"。王良行的研究在国

---

[1] 董智勇:《中国近代对外贸易结构对产业结构的影响》,《生产力研究》2008年第5期。
[2] 王良行:《上海贸易条件研究(1867~1931)》,《近代史研究》1996年第3期。

际贸易学理论层面提出了一个很有意思的结论，耐人寻味，暗喻着发展中国家贸易条件的复杂性。遗憾的是，作者以"受到数据及时间的限制"为由，没有对此做出解释。李一文和王仁才[1]对1902~1936年中国对美国贸易的贸易条件做了研究，作者的研究结论是，以1920年为界，前期贸易条件轻微恶化，后期有一定程度的改善，和中国总贸易条件的恶化趋势明显不同。作者的这一发现是重要的，但对这一现象的解释似嫌牵强："中英贸易是强权掠夺性质的、中日贸易是军国主义背景的，只有中美贸易是自由贸易性质的。"先不说作者没有证明美英日三国对华贸易的不同性质，就算这是公知公认的、无须证明，但似乎也不能解释以1920年为界贸易条件的不同趋势。袁欣[2]通过数量分析认为，近代中国的贸易条件指数整体呈下降趋势，国内价格水平对其影响不显著，汇率和国际价格水平的影响虽然显著，但影响程度不大，总体下降趋势具有内在的动态递延性。作者进一步分析后认为，这种递延性态势产生的原因就在于茶叶和生丝等农产品贸易的衰弱。我们认为，作者通过数量分析提出了一个很好的"递延性态势因由假说"，但论证方法不知不觉地回到了举例法，因而没能证实这一假说。如果作者能利用茶丝等大宗农产品进出口物量、物价等资料构造一个或几个合理的统计量作为这一递延性态势的工具变量，加入先前所做的模型，进而很好地证实逻辑上的

---

[1] 李一文、王仁才：《近代中国对美国贸易的贸易条件分析》，《南开经济研究》2000年第5期。
[2] 袁欣：《近代中国的贸易条件：一般趋势及其与农产品贸易的关系》，《中国农史》2008年第3期。

假说，论文的价值无疑会更高。

近代中国国际贸易研究的计量经济史范式文献虽然数量上不甚丰富，但有一定的深度，甚至到达了检验经济学理论的层面。

管汉晖[①]用近代中国的数据对新古典贸易理论中的比较优势学说的有效性做了检验，检验结果认为比较优势学说在近代中国是有效的。论文认为，近代中国的宏观经济运行条件基本符合新古典学派关于比较优势学说的三个前提：第一，鸦片战争之前的封闭价格体现了国内的市场竞争结果；第二，国内生产者是国际市场价格的接受者，不足以对国际价格产生影响；第三，中国对于出口贸易没有任何补贴。作者对数据做了处理和分析后认为，近代中国的绝大部分进出口商品都可以用比较优势来解释，鸦片战争前后中国由封闭经济体制转变为自由贸易体制，中国的这一时期的证据可以证明比较优势学说的有效性。论文对前提假设的分析颇具功力，我们完全认同作者对鸦片战争前后中国宏观经济运行环境的分析，中国的经济大环境在很大程度上契合新古典理论框架的假设，我们甚至认为当时的中国政府连当"守夜人"都不合格。但是，我们认为论文的实证部分下的功夫不足。由于在论文中也没有看到数据表，无法深入考察论文所用数据的处理过程，所以我们不对数据发表意见，只说实证的方法和结果。依我们的了解，作者有很好的数理和数量分析能力，将新古典的比较优势学说"程式化"为某种函数关系，然后再以计量技术对其做

[①] 管汉晖：《比较优势理论的有效性：基于中国历史资料的检验》，《经济研究》2007年第10期。

出规范的实证分析,对作者来说并非难事。而论文的实证工具用的是统计学中的相关分析,即做了一组封闭条件下的均衡价格与开放条件下贸易流量的相关系数,却不见对其相关机理的分析和相关程度的解释。同时,统计学中判断相关程度的一般标准为:

当 $|R|<0.3$ 时,为无相关;当 $0.3\leqslant|R|<0.5$ 时,为低度相关;当 $0.5\leqslant|R|<0.8$ 时,为显著相关;当 $|R|<0.8$ 时,为高度相关。

在论文的相关系数组中,共有 17 种商品封闭条件下的均衡价格与开放条件下贸易流量的相关系数资料,其中高度相关子组中只有棉纱 1 种;低度相关子组中有 9 种商品,绿茶因与理论要求的符号不符而剩下了 8 种,8 种商品的相关系数偏向无相关(绝对值略高于 0.3)的有 5 种;无相关子组中有 7 种商品。从这组相关系数的均值来看,统计分析结果难以说明对比较优势学说实现了充分的证实。

笔者和陈建军[1]从贸易条件学说和马勒条件、倾销与反倾销之间的矛盾入手,在经济学理论层面对贸易条件做了初步的推敲。我们认为,穆勒时代之所以重视贸易条件,是因为大多数国家产能有限——供给约束,若要想在国际贸易中获利就必须抬高自己出口品的价格或压低进口品的价格,这样才会赚钱——贸易收支得到改善。在需求约束型经济中,马勒条件成立,汇率战、倾销与反倾销是常见现象。汇率战就是主动全面降价——恶化自

---

[1] 刘巍、陈建军:《论贸易条件与马勒条件、反倾销之间的矛盾》,《国际经贸探索》2009 年第 7 期。

己的贸易条件，而倾销更是赤裸裸地在某一类商品领域恶化自己的贸易条件，贸易条件改善的一方（被倾销国）则不依不饶——反倾销。从表面上看，贸易条件、马勒条件、反倾销发生了矛盾。但是，这完全是总供求态势变化了的缘故。在需求约束型经济中，产出潜力巨大，可以薄利多销——恶化了贸易条件却能改善贸易收支，于是，除了某些泥古不化的经济学人士，再没人关注贸易条件了。我们判断，近代中国处于供给约束型经济中，贸易条件与贸易收支正相关，关注贸易条件是正常的；而美国在1919年之后，英国在19世纪中叶左右就进入了需求约束型经济[①]，贸易条件与贸易收支负相关了，贸易的最直接目的是赚钱（即贸易收支改善），贸易条件概念则逐步退出了决策者的视野（这大概能对李一文和王仁才的观察结果——中美贸易条件在1920年出现拐点提供一个解释的角度）。总之，论文对贸易条件与马勒条件及倾销反倾销实践活动之间的矛盾做了逻辑和实证两个方面的考察，主要学术意义在于，贸易条件作为一国贸易绩效和贸易政策效果的考量指标，只适用于供给约束型经济，而在需求约束型经济中，贸易条件在宏观层面上失去了解释能力，不宜再以此衡量经济活动和经济政策的绩效。

十多年来，以计量经济史范式研究货币供求和货币变量与其他经济变量关系的论文也时常见诸期刊，而且，由于研究角度和方法的更新，所以开拓了以前无法研究的领域。限于篇幅，本文对几篇角度独特的文献谈谈不成熟的看法。

[①] 刘巍、陈昭：《大萧条中的美国、中国、英国与日本》，经济科学出版社，2010。

利用1927~1936年GDP和其他数据，笔者[1]对货币需求进行了尝试性的实证考察。论文对近代中国货币需求理论函数得以运行的前提假设进行了尝试性的理论抽象；建立了货币需求理论函数；用Beta系数方法分析了各解释变量的相对重要性，用双对数方程考察了货币需求量对各解释变量的弹性。论文在10年的时段内首次讨论近代中国的货币需求，并在其中首次涉及了近代中国经济货币化的问题，有一定的理论意义。但是，由于当时受GDP和利率数据的限制，样本容量太小，将结论推广开来恐有问题。笔者[2]在数量关系的引导下，对1927~1936年中国货币供求与经济增长的相互关系做了理论分析。论文认为，货币供给适度大于货币需求，即保持"信用扩张型的温和通货膨胀"，是该时段中国经济持续增长的必要条件。为此，要求当局具备调节货币供给的功能。1935年的币制改革是中国经济史上的里程碑事件，但似嫌太晚，错过了最好的时机。但现在看来，论文对货币供求通过价格信号直至经济增长之传导机制的解释存在逻辑问题，论文暗含的上位前提是"需求约束型经济"，即供给没有问题，只要需求强劲就可以保持经济增长。按后来笔者"近代中国是供给约束型经济"的研究结论，货币供求影响经济增长的主传导机制应该是"货币—市场信号—供给"。

---

[1] 刘巍：《近代中国货币需求理论函数与计量模型初探（1927~1936）》，《中国经济史研究》1999年第3期。
[2] 刘巍：《中国的货币供求与经济增长（1927~1936年）》，《中国社会经济史研究》2004年第1期。

| 计量经济史研究方法

　　同样利用这 10 年 GDP 的连续资料，陈昭[①]研究了 1927～1935 年中国货币供给问题。论文在内生货币供给理论的引导下，基于供给约束型经济态势、金属本位货币制和金银自由流动的假设，以货币供给内生的逻辑建立了货币供给理论函数，并用计量方法进行了检验。作者自己认为，这个研究受样本容量限制，得出的货币内生结论尚需讨论。利用较长时间序列的 GDP 数据，笔者和郝雁[②]进一步研究了近代中国的货币供给机制。论文对近代中国 1910～1935 年的货币供给决定机制做了逻辑分析和实证分析，结论是，1935 年之前中国的货币供给既无经典的外生性，也无经典的内生性，而属"不可控外生变量"。这种货币决定机制的基本含义是：对于一国来说，货币量变动的决定因素来自境外，而且政府无力控制，金融部门、实际部门无可奈何，市场信号、货币需求、产量等经济变量均是货币量的函数。这一结论既暗喻了法币改革的重要意义，也为货币理论增加了新意。货币理论界对货币供给的性质判断有"内生性"和"外生性"之分，但这是从央行可以间接调控货币量和直接调控货币量，即从如何制定货币政策角度出发的争论，而对这种靠天吃饭的"不可控外生性"货币供给尚未做过系统研究。

　　在货币制度层面上，管汉晖[③]对 1870～1900 年中国的银铜复

[①] 陈昭：《中国内生货币供给理论函数与计量检验（1927～1935）》，《中国经济史研究》2007 年第 1 期。
[②] 刘巍、郝雁：《一种有害的货币供给机制：不可控外生性》，《江苏社会科学》2009 年第 5 期。
[③] 管汉晖：《浮动本位兑换、双重汇率与中国经济（1870～1990）》，《经济研究》2008 年第 8 期。

本位货币制度和在此基础上衍生的双重汇率制度做了深入研究。论文认为：第一，由于中国的银铜复本位制与列强的金银复本位制不同——银铜比价是浮动的，由此造成了对外是金银汇率、对内是银铜汇率这一双重汇率制度。在双重汇率制下，本币贬值一半时贸易由顺差变为逆差，本币贬值加重了实际外债和赔款负担，铜币升值造成的物价上涨加剧了中下层社会公众的贫困化。第二，造成这种局面的主要原因是，18世纪后半期的银币贬值（金贵银贱）也导致了中国国内铜贵银贱①，铜钱计价的物价水平上升，进口价低于内地物价，出口价高于内地物价。第三，中国的银铜复本位制没有真正的铸造比价，两种币材金属供给弹性相差较大，因此难以顺畅运行。

论文试图从货币制度入手解释贸易逆差问题，是有意思的思路，不妨深入做些探讨。我们觉得，近代中国呈现典型的供给约束型经济特征，总供给曲线陡峭、价格弹性弱，可能是比较重要的影响因素。1870~1900年，国际银价下跌，间接标价法的汇率下降。②若以银币计价，出口商品的价格不变、进口的银币价格

---

① 管汉晖论文的第六部分中说"白银相对于黄金的贬值使得进口铜锌价格上升，由此造成白银相对于铜钱升值和以铜钱衡量的物价水平上升"，我们觉得，"白银相对于铜钱升值"一语疑似笔误，按市场逻辑应该是铜钱相对于白银升值。

② 管汉晖文中多处使用"汇率贬值"一词，我们认为这样的表述不妥。汇率是一个比率，而描述某种比率变动方向的汉语应该用"上升"或"下降"，而非"贬值"或"升值"。譬如，没有人说"经济增长率"贬值、"毛入学率"升值，通常说这两个率"上升"或"下降"，等等。对具有某种价值尺度功能的物品价值含量变动的描述用"升值"或"贬值"，如"人民币升值""学历贬值"等。而对一般物品，则用价格涨跌来描述，"控制房价过快上涨""石油期货价格下跌"等。诚然，现在很多人（包括一些著名学者）在很多场合都用"汇率升值"或"汇率贬值"的说法，但仍不能改变其表述有逻辑错误这一判断。

上涨；若以金币计价，则出口价格下降，进口价格不变。无论用哪种金属货币衡量，中国的贸易条件都恶化了。在供给约束型经济中，贸易收支与贸易条件正相关，即贵卖贱买（贸易条件改善）就能改善贸易收支、贱卖贵买（贸易条件恶化）就恶化贸易收支。出口商品和进口商品的汇率弹性都很弱，出口商品便宜了，薄利也不可能多销多少；进口商品贵了，也不会少买多少（甚至还可能由于近代化投资的增长而增加资本品进口）。回到论文中，事实上作者是在暗含的假定——"供给能力没有问题"之下推出的结论：是银铜复本位制阻碍了中国出口的增长和对进口的价格限制，从而造成了贸易逆差。即使不考虑前提假设的分歧，我们觉得这一结论也缺乏数量依据，至少要拿出几个时点上的数据算一算（若数据完整，计算整个时段上的数据当然更好），经过银铜复本位的折算确实造成了论文推论得出的负面效应，结论方可得到经验的支持。

燕红忠[①]用哥德史密斯的金融统计指标分析了近代中国1887年、1920年和1936年三个时点上的金融发展状况，并与同期欧美国家的同类指标做了比较。论文的结论为，直到1936年，中国金融发展的层次和水平大体上落后于主要资本主义国家半个多世纪，从这一角度观察，中国经济仍然处于近代化的起步阶段，或者说经济起飞的准备阶段。我们认为，论文的研究角度非常新颖，大概是国内学界第一次从金融结构角度审视近代中国经济，但是，论文的研究结论缺乏令人耳目一新的进展。从哥德史密斯

---

① 燕红忠：《近代中国金融发展水平研究》，《经济研究》2009年第5期。

的研究框架来看,反映金融结构的各项统计量都是简单构造的,并无特别之处,哥氏意在用这些统计量观察到某种规律。若在此角度做研究,其必要条件是掌握丰富完整的数据,但恰恰是近代中国这一领域的数据不甚完整。纵观全文,作者在资料整理和挖掘方面做的工作似嫌不足,如对金融资产数量的估算似有一定的遗漏。① 另外,论文选择了三个时点作为分析的着力点,而时点之间 20 多年的数据则以平均值和平均增长率的方法赋值替代,这是中国经济史研究中常用的无奈之法,同时也是最不可靠之法。若此法可行,则必须有一个重要的前提成立:整个考察期宏观经济各领域均处于平稳发展状态中。若考虑到欧美列强国内政治经济局面稳定,这一前提尚无大量反例能推翻的话,在近代中国这一前提却难说是成立的。这样一来,论文所用指标的信度就会降低,而据此得出的结论只能是一种参考性意见。

杜恂诚②以上海为着力点,研究了近代中国金融业在经济中的地位和金融业在促使储蓄向投资转化过程中的作用。论文认为,1935 年之前,中国金融业在经济中的作用是积极的和正面的,政府直接统治金融业之后,消极的和负面的作用便日益凸显。论文用回归分析方法考察了金融资本对上海经济发展的影响,结果表明,金融资本的积极作用是显著的。论文构建的逻辑模型为:上海的经济规模是固定资产、金融资本和人口的函数。固定资本和金融资本可以视为大资本概念,人口和劳动力概念相

---

① 例如,1936 年时点数据对日本占领下的东北地区金融资产的统计或估计是否全面等,不一而足。
② 杜恂诚:《金融业在近代中国的地位》,《上海财经大学学报》2012 年第 1 期。

联系，于是，这一模型颇具 C-D 生产函数的意味，逻辑上是通达的。但在对变量赋予统计量时，则略有瑕疵。选择上海用电量作为经济规模的工具变量，这是个很好的办法，没有问题，但罗斯基估计的固定资产投资额是个流量概念，而金融资本额是个累积的存量概念，数量模型中投资变量不显著的原因大概就在于此。若能用某种方法将投资转换为固定资本存量数据，做双对数模型，也许会效果显著。另外，人口数据和劳动力数据毕竟是有一定差异的，若能将人口数据调整为劳动力数据，加入模型，配三元方程，则解释能力更强。一般来说，在用数量方法解释经济中的因果关系时，一元函数是不可靠的。经济中一个原因决定一个结果的事是罕见的，一个结果大都是几个主要原因决定的，即众力推一的结果。模型虽有些许遗憾，但论文只是用一元模型说明金融资本对上海经济规模的影响，而不涉及与其他因素的比较研究，谅无大碍。顺便再说一句，论文中引用的现代经济学中"储蓄等于投资"是两部门经济中的均衡条件，而在近代中国的四部门经济中，储蓄不必等于投资，储蓄也不可能等于投资。这大概是杜恂诚先生不经意间的笔误，与论文有关的问题应该是"储蓄如何向投资转化"，论文考察的也正是这个问题。

管汉晖[①]对20世纪30年代世界经济大萧条中的中国经济与主要西方国家经济做了比较研究，结论是中国经济在大萧条中的表现好于其他国家。论文认为有两个因素在当时的中国经济中起了重要作用：一个是银本位制，另一个是竞争性的银行制度。赵

---

① 管汉晖：《20世纪30年代大萧条中的中国宏观经济》，《经济研究》2007年第2期。

赵留彦和隋福民[①]对美国政府的白银政策与大萧条期间中国经济关系的研究结论与管汉晖既有相同之处，也有显著不同之处。论文认为，1933年之前白银内流使得中国经济不但没有同西方国家一样陷入危机，反而轻度繁荣，是银本位制的功效。但在重新估算了这一时期的货币存量（M_0层次）、分析了银行利率、对货币量与批发价格之间的关系做了数量分析之后，认为"自由银行模式"对白银外流造成的中国通货紧缩是无能为力的，中国经济在1933年之后即西方国家复苏之后反而陷入萧条。论文的结论肯定了国民政府法币改革的积极意义，同时，论文的理论意义在于对货币数量论的检验。但是，当时的中国经济态势是供给约束型的，货币外生性成立，但推而广之是否可行呢？恰巧笔者的一篇论文也分析了这个问题。笔者[②]通过对大萧条前后美国、英国和中国经济的考察认为，近代中国的经验表明，在供给约束型经济中，宽松的货币政策足以治理输入性的萧条。而在需求约束型经济中利用货币政策反萧条也是有效的，即货币政策这根绳子不但可以"拉车"，也可以"推车"。大萧条时期的英国经验表明，货币政策在需求约束型的萧条经济中发挥启动作用是可能的，但要必备两个方面的条件：从金融角度观察，银行系统基本安全、货币量有充分的供给弹性和证券市场正常运行；从总需求角度来看，投资需求和国外需求至少不被政策打压。对美国的分析可以

[①] 赵留彦、隋福民：《白银政策与大萧条时期的中国经济》，《中国经济史研究》2011年第4期。
[②] 刘巍：《不同经济态势下货币政策的有效性——大萧条时期的历史经验》，《经济学动态》2011年第2期。

看出，胡佛总统时期由于上述条件不存在，货币政策和财政政策同样无效。罗斯福总统在修复了银行业、证券业等经济机制载体的同时实施的国家干预——财政政策是政治上的必要选择，而不是经济调控手段的唯一选择。

此外，李耀华[①]对上海近代庄票的数量分析、崔文生[②]对近代中国 50 年货币流通速度影响因素的分析对货币流通研究有重要意义。魏忠[③]对上海标金期货市场与伦敦白银市场之关系的研究、魏悦和魏忠[④]对上海黄金市场效率的研究都有开辟新研究领域的意义，限于篇幅，不一一点评。

6.1.3　投资财税研究与其他专题研究评述

投资是近代中国经济发展中的重要问题，持计量经济史研究范式的学者对此也有一些研究，但和贸易、金融领域的文献相比，数量相对较少。

梁华[⑤]于 2003 年和 2004 年发表两篇论文，用数量分析方法论证了外国在华投资对中国总投资（中外投资合计）或国人投资有负效应或"挤出效应"。论文拟合了几个数量模型，大都是以外国投资解释总投资或国人投资，即外国投资是原因，总投资或国

[①]　李耀华：《上海近代庄票的性质、数量与功能》，《财经研究》2005 年第 2 期。
[②]　崔文生：《近代中国货币流通速度考察（1887～1936）》，《广东外语外贸大学学报》2011 年第 2 期。
[③]　魏忠：《近代上海标金期货市场的实证分析——基于上海标金期货市场与伦敦白银市场之关系的视角》，《财经研究》2008 年第 10 期。
[④]　魏悦、魏忠：《近代上海黄金市场效率的实证分析》，《国际经贸探索》2011 年第 4 期。
[⑤]　梁华：《外国在华企业投资资本形成效应实证分析（1840～1936）》，《江西社会科学》2003 年第 1 期；梁华：《1840～1936 年外国在华直接投资挤出效应研究》，《中国经济史研究》2004 年第 4 期。

人投资是结果。这样的因果关系在逻辑上是否成立，我们表示怀疑。在逻辑论证不充分的情况下，实证分析的可靠性会大大降低。例如，在 2003 年的论文中，作者计算了外国投资和总投资的相关系数为 0.998555，几乎完全相关，二者具有极强的同升同降的态势，但模型 2 做出了"外国在华企业投资每增加 1 万元，固定资产投资总额就相应减少 8 万多元"这种强烈负相关的结论。由于论文发表时没有附数量分析所用的数据表，我们无法得知这一结论是怎么做出来的。模型 5 做出的结论更不可思议，"外国在华企业投资每流入一百万海关两，大概就有 7 倍多的利润汇出"。近代中国无论哪个行业利润率都不可能达到 700%。模型解释变量的系数应该是样本区间的均值，如果模型的样本区间是 1840~1936 年（根据论文题目猜测），在近 100 年期间怎么会平均保持这样规模的利润率水平？作者在 2004 年的论文中说，1872~1932 年，外国在华直接投资利润率大都为 5%~20%，外资来华的目的不是获取高利润，这就造成了以子之矛戳子之盾的局面。我们认为，计量经济史研究范式中的"计量"环节虽然是其"标志性"特征，但这不过是对逻辑结论的证实手段，具有学术价值的核心部分在于逻辑推理得出的结论，研究者应该在此多下功夫。

董智勇[①]用经典时间序列方法对近代天津外国直接投资的周期波动做了研究，分析的结论是，1860~1936 年存在着四个周

[①] 董智勇：《天津近代外国投资的周期波动分析》，《商场现代化》2009 年 5 月（上旬刊）。

期。作者认为，技术、战争、政局和国内外市场态势是周期性波动的主要影响因素，几乎囊括了社会经济的主要方面，似无太强的说服力。如果论文对影响因素的分析在逻辑推理方面下些功夫，建立一个外国投资影响因素的理论函数，利用天津近代经济数据比较丰富的优势，做出相应的实证，则论文会更具学术价值。

陶一桃[①]用数量分析方法对中国 1903～1936 年近代化投资的影响因素做了初步考察，结果表明，在中国资本品制造业极弱且基本依靠进口的条件下，中国近代化投资的主要影响因素为消费需求、汇率和投资惯性。消费需求、汇率和投资惯性三个变量弹性值依次为 0.46、-0.36 和 0.77，投资惯性变量仅涉及了滞后一期的投资，这说明近代中国投资项目不大，平均两年之内基本上都可以投产了，不再需要后续投资。用 Beta 系数方法比较分析消费需求和汇率两个影响因素相对重要性的结论是，消费需求的重要性大于汇率。南京政府的关税政策抑制了一部分消费品的进口[②]，但对近代化投资的影响不显著，表明南京政府的关税政策对产业投资是有利的。

财政和税收是近代中国经济史的一个重要领域，其资料虽比许多领域都丰富，但是，近年来以计量经济史范式研究近代中国

[①] 陶一桃：《中国的近代化性质投资影响因素分析（1903～1936 年）》，《中国计量经济史研究动态》2012 年第 2 期，见 http://www2.gdufs.edu.cn/wtoresearch/xueshuchengguo/dongtai14.pdf。

[②] 郑友揆：《中国的对外贸易与工业发展》，上海社会科学院出版社，1984。

财政和税收的文献非常罕见。我们只找到了赵新安的一篇论文。[①]论文用拉弗曲线对1927~1936年中国的宏观税负水平做了研究，数量分析的结论是，十年间中国宏观税负为2%~3.6%，远低于发展经济学家钱纳里统计的国际水平——人均年收入低于100美元国家10.6%的水平。当时的问题在于税负不公平，造成了整体税负沉重的局面。另外，征管制度不规范导致税收成本高，各级部门税收附加严重，造成下层民众负担沉重。论文的结论与多年来财政史的观点——名目繁多、征收苛扰、竭泽而渔发生了较大冲突，至今未见有持传统观点的学者响应。但是，论文受到当时国民收入数据的约束，样本区间仅为10年，因此，论文的结论不宜推广开来。

除去我们大致分类的几方面研究之外，还有一些按本文的分类原则不好归类的文献，在此对代表性较强的几篇论文发表一些研读心得。

李楠[②]对中国东北铁路发展与移民问题做了研究，论文以最新的移民重力模型为理论框架，利用19世纪中叶至20世纪初期东北地区移民与铁路发展的历史资料，通过构建双重差分模型对铁路发展与移民之间的因果关系进行检验。研究发现，铁路发展对移民具有正向影响，特别是1903年以后，随着中东铁路与南满铁路的对接及其他深入东北腹地铁路网络的形成，该作用更加明

---

① 赵新安：《1927~1936年中国宏观经济税负的实证分析》，《南开经济研究》1999年第6期。
② 李楠：《铁路发展与移民研究：来自1891~1935年中国东北的自然实验证据》，《中国人口科学》2010年第4期。

显,铁路累计里程平均每增加1公里,经河北陆路进入东北的移民要比同期未受铁路影响从山东经海路进入东北的移民在数量上增加13%左右。此外,在比较影响移民的各因素过程中,一个较有趣的发现是,虽然不同地区之间的边际工资率差异是导致移民的根本因素,但交通的改善同其他因素相比对移民有着更重要的作用。其原因在于,尽管预期收益等可以成为移民的主要动机,但是毕竟是预期,而交通设施的改善、交通成本的降低则是更为直接影响移民的因素。所有这些发现均表明,19世纪中叶至20世纪初世界范围大规模长距离地移民不仅是由于新旧世界人口压力和工资率差异的结果,交通技术的革新与发展也是实现这一巨大人口流动的主要因素。

代谦和别朝霞[①]运用数理分析手段,以逻辑推理方式讨论了以蒸汽机为标志的GPTs(普通用途技术体系)为何没有推动晚清的经济增长这一宏大的问题。论文认为有两个原因造成了这种结果:其一,中国传统经济的系统机制是完全不同于以蒸汽机为标志的工业革命的经济环境的,中国需要时间来为这种外来的GPTs做准备。中国在传统经济下的成功是经济转型的重大阻力,这就意味着中国经济转型之路是非常曲折的。其二,晚清时期的近代化由洋务派官员主导,洋务派在冲破顽固派的阻碍推进中国近代化的同时,迅速成为新的利益集团,阻碍新技术在近代中国的进一步扩散和应用。洋务派"夺民之利、与民争利"的政策也是近代中国没有能够利用

---

① 代谦、别朝霞:《蒸汽机为什么没有推动晚清的经济增长——基于外生技术冲击与利益集团阻碍的探讨》,《财经研究》2010年6月。

工业革命实现经济长期增长的一个重要原因。我们认为，论文在明确的和暗含的前提假设基础上，用数理分析工具推出了假说性的结论，分析技术娴熟精致，但论文所用的史实与前提假设的提炼、逻辑推理的烘托之间的关系若更直接、通路更顺畅，则会更有学术价值。同时，建议作者接下来考虑一下实证问题，以完成实证主义范式的最后一个环节，从而获得经验的支持。

张翔、张志明和王洪标①通过对 1895～1926 年中国宏观经济资料的计量研究，考察了辛亥革命这一重大事件对中国经济发展的贡献。论文认为，从甲午战争到辛亥革命、从辛亥革命到南京政府建立的两个时期来看，辛亥革命后 GDP 实际增长曲线与预估 GDP 增长曲线有很大的改变，辛亥革命后 GDP 增长趋势远大于辛亥革命前。在这个数量分析结论的基础上，论文对辛亥革命之后民国政府的一系列大政方针做了详细的描述，意在解释增长趋势改变的原因。和我们对前面若干文献的看法相似，作者若能将此系列制度变迁做成虚拟变量，建立模型，做出数量判断，则论文的价值更大。

武强②以 1921～1937 年对外贸易和物价指数为着力点，研究了上海市场的对外联系问题。论文认为，上海在发展为近代中国工商业、贸易和金融中心的过程中，获得了来自国内和国际两方面资源的支持，作者利用上海物价指数、埠际贸易额、国际贸易额、进出口价格及各大城市物价指数等统计资料，用相关分析工

---

① 张翔、张志明、王洪标：《辛亥革命对近代中国经济发展贡献分析——基于 1895～1926 年宏观经济资料统计分析》，《赤峰学院学报》2011 年第 7 期。
② 武强：《民国时期上海市场的对外联系——以 1921～1937 年贸易和物价指数为中心的分析》，《近代史研究》2010 年第 9 期。

具做了数量分析。论文的结论是，对上海发展影响更重要的是国内因素而非国际因素。论文不仅在相关分析工作上做得精致，而且对变量间相关机理的分析也很到位。若作者能将统计规律上升到逻辑规律层面，则论文的价值更大。

6.1.4 总结与展望

1. 总结

1）文献数量和研究者结构

本文论及的中国近代计量经济史文献虽不是全部，但笔者自信涵盖了主要的文献，遗漏者不会很多。若以本文为样本，最早的一篇文献为台湾中兴大学王良行1996年的论文，以此为起点至今不过16年。在这16年中，笔者见到的主要论文共55篇（包括本文未点评的论文），年均不足4篇，和其他研究领域横向比较，局面不是很乐观。为数不多的计量经济史范式论文发表的时间分布很不均匀，近5年发表的论文有35篇，占总量之比近三分之二，纵向比较说明近年来有强劲的发展势头。

从研究者数量来看，按论文前两位署名者计约35人。据笔者所知，这35人中现在明确不做研究（从事其他工作）和不做该领域研究者至少5人。仅发表一篇论文者是否会继续在该领域内从事研究有很大的或然性，我们按50%的概率算，又减员5人。这样一算，大概就是25人。研究者人数虽少，但年龄结构比较乐观："四零后"1人（上海财经大学杜恂诚教授）、"五零后"1人（南开大学王玉茹教授），笔者接近"五零后"（1960年出生），其余研究者都是40岁左右或30多岁，整体上比较年轻。

2）研究层面与研究质量

16年来，中国近代计量经济史研究多在宏观经济层面进行。具体来说，研究成果涉及了宏观经济运行、国际贸易、货币经济、投资、财政税收等几个方面。既涉及了经济史学界多年研究的领域，也开辟了新的研究领域。①在宏观经济运行方面，计量经济史研究者在既有文献的基础上补足了50年的GDP、居民消费和M_1三个时间序列数据，这是中国近代经济史"基础设施"建设工作中的重要环节。同时，计量经济学研究者所做的总供求态势研究、经济增长影响因素研究、经济周期研究、中外经济周期的关系研究、经济货币化研究和经济商品化研究等，虽研究结论有待进一步完善，但在中国近代经济史研究领域中堪称开创性研究工作。②在国际贸易方面，计量经济史研究者在进出口变量右侧做研究——影响进出口的因素的同时，也在进出口变量的左侧——被进出口变量影响的因素做了许多研究。进一步地，在国际贸易理论研究层面上也有进展：对贸易条件的深入研究为其界定了适用条件——供给约束型经济，需求约束型经济中不宜用此考虑国际贸易绩效；对鸦片战争前后的数据检验结果表明，近代中国的进出口基本上符合比较优势学说的逻辑。③在货币经济方面，计量经济史范式的文献研究了近代中国的货币需求函数、货币流通速度的影响因素等货币经济运行中的基础问题；考察了近代中国的货币供给机制，提出了"不可控外生性"理论概念；研究了银铜复本位制下的双重汇率和贸易收支问题、金融结构问题、金融在经济中的地位、世界经济大萧条期间中国经济与白银流动问题，对货币数量论及货币政策有效性问题做了历史性检验。④在投资、财税等方面，也有开拓性研究，但成果较少。

纵观16年来的中国近代计量经济史研究文献，总体来说，在解释经济运行逻辑方面所做的研究是比较深入的。文献除了对某些具体经济现象的内在逻辑做出经济学意义上的解释之外，更为可贵的是，能够对某些理论做出验证、补充和修正，这是计量经济史文献具有较高质量的重要体现。但是，正如笔者前面对文献的评述中所说，这些研究在不同程度上还是存在问题的。具体的问题笔者已在文中发表了拙见，但探究具有共性之弱项的根源（包括笔者的论文在内），仍在于计量经济史研究范式的素养不足。一般来说，计量经济史研究者的学术素养应包括经济学、历史学和计量经济学三个方面。笔者的学习体会是：历史学是不存在"技术门槛"的，它提供研究对象和研究素材；计量经济学的"数学门槛"也并非无法逾越，它提供分析手段；经济学理论博大精深，它对研究者提供逻辑框架。于是，笔者所说的"素养不足"并非像来自传统经济史研究者的批评那样——历史学素养不足，而主要是经济学的素养不足，即对经济学逻辑的掌握不够深入。经济学理论是二三百年来数代经济学家对不同历史时期市场经济规律的重要发现和精致的阐释，且不断补充修正，一部经济学说史道出了后人突破前人理论的切入点——对经济环境变化后前提的抽象和逻辑推理技术、实证技术的创新历程。经济学理论素养决定着计量经济史学者的学术境界，可驱使计量经济史研究者去挖掘历史资料和提高数量分析水平。

2. 展望

乐观地看，近5年中国近代计量经济史学术研究势头很好，且研究者大都年轻、后劲很足。年龄结构表明，如果其他条件不恶化，在今后10～20年里中国近代计量经济史研究领域可能会有更多更好的研究成果问世。加之中国近代计量经济史研究起步晚，学术空白或准空白领域较多，可令研究者一展身手。

不乐观的情况是，从为数不多的研究者的分布情况来看，基本上是各守一方，比较分散。除广东外语外贸大学中国计量经济史研究中心集中了5位研究者之外，其他研究者分散于南开大学、北京大学、上海财经大学、中国社会科学院、山西大学、山东大学、河南大学、武汉大学、复旦大学、天津师范大学、上海金融学院、安徽大学、广西师范大学、江西财经大学等高校和科研院所，大都形单影只，未能形成团队，也难以得到所在单位的资源资助，基本上是自身的偏好在支撑着研究工作。国内各个博士点和硕士点简介上偶尔见到的"新经济史"或"计量经济史"研究方向大多是为了好看而"凑数"，真正招收和培养计量经济史专业学生者寥寥无几，后来者难以为继。同时，现有的研究者相互之间的学术交流和观点交锋机会很少，各扫书斋门前雪，不利于学术发展。

6.2 供给约束下中国的汇率、贸易收支与复本位制（1870～1900年）

> 作者按：本节是笔者的一篇未刊稿之主体部分，略作删节。因本文商榷的对象是发表在《经济研究》杂志上的一篇论文，按惯例，笔者将此稿投给了《经济研究》编辑部，但遭拒稿且无任何说明。

原文的内容提要：在供给约束型经济态势下的近代中国，贸易收支的改善依赖贸易条件的改善，银币贬值恶化了贸易条件，贸易收支必然恶化；银本位制下的近代日本并不存在银铜货币兑换机制，银币贬值也同样导致了贸易收支恶化。在银币和铜币都对金币贬值的条件下，银钱比价折算对价格走势没有质的影响，贸易逆差与银铜复本位制无关。19世纪末中国财政所承受的"镑亏"是银币贬值的后果，与银铜复本位制无关。逻辑和证据都没有表明19世纪最后30年中国的物价变动是铜币升值造成的，底层民众实际收入的下降与银铜复本位制无关。原文的关键词：银币贬值、银钱比价、贸易逆差、贸易条件、复本位制。

在国内期刊近年来刊载的文献中，于经济学逻辑框架内研究中国经济史的论文（或者称作"计量经济史研究论文"）数量虽有一定增长，但数量较少，在整个经济史研究领域仍属凤毛麟角。我们曾应《中国经济史研究》编辑部之邀做过一些肤浅的点评，我们觉得，在既有的计量经济史文献中存在的一个普遍性问题是，文献作者对经济学理论的理解尚待深入，尤其是推敲理论模型的前提假设的功力亟待加强。许多文献存在的问题是，套用前提假设与近代中国宏观经济运行条件相距甚远的经济学理论，从而得出了逻辑谬误的结论。我本人曾在拙文中检讨，[①] 先前犯

---

① 刘巍：《储蓄不足与供给约束型经济态势——近代中国经济运行的基本前提研究》，《财经研究》2010年第2期。

过此类错误——在研究供给约束型经济时使用了需求约束型经济前提的理论框架。① 我们衷心希望中国的计量经济史研究水平越来越高，今后杜绝似我这般的理论幼稚现象。我们认真拜读了管汉晖的论文《浮动本位兑换、双重汇率与中国经济：1870—1900》（下文简称"管文"），② 论文的主要结论是，近代中国银铜复本位制下的双重汇率导致了银币贬值时贸易由顺差变成了逆差，双重汇率损害了国家利益。虽读后受益良多，但也有些许疑问。经过长时间的思考和对近代中国、近代日本宏观经济运行的相关考察，我们在几个问题上的结论与管汉晖先生的大作有一定出入，值此，求教于管汉晖先生和学界同仁。

6.2.1 银币贬值、贸易逆差与供给约束型经济

管文认为，按照经济学原理，1870~1900年中国银币贬值一倍有余，贸易收支应有相应改善，然而事实上却导致了贸易收支恶化，这种与"理论预见完全不同"③ 的经济现象应归咎于银铜复本位制。在这一问题上，我们的看法和管文的结论之间存在着一定分歧，本节从总供求态势层面来考察这一问题。

国际收支理论认为，本币贬值一般能在一定程度上促进出口和抑制进口，但能否改善贸易收支，要看考察的具体时空是否符合马歇尔-勒纳条件，即出口的汇率弹性与进口的汇率弹性绝对

---

① 刘巍：《对近代中国宏观经济运行的实证分析——兼论中国经济史的研究方法》，《中国经济史研究》2004年第3期。
② 管汉晖：《浮动本位兑换、双重汇率与中国经济：1870—1900》，《经济研究》2008年第8期。
③ 管汉晖：《浮动本位兑换、双重汇率与中国经济：1870—1900》，《经济研究》2008年第8期。

值之和大于 1。① 若一国经济运行情况符合马勒条件，本币贬值可以改善国际收支；若不符合马勒条件，本币贬值不仅不能改善国际收支，甚至还可以恶化国际收支。我们曾讨论过 20 世纪 30 年代之前中国的进口模型②，算得进口的汇率弹性 $E_M = 0.27$，郝雁对近代中国出口问题研究的结论是：出口的汇率弹性 $E_X = -0.34$（两个弹性都是按当时的间接标价法汇率数据计算，所以，和当今直接标价法下的汇率弹性符号不同），③ 即：

$$E_X + E_M = |-0.34| + 0.27 = 0.61 < 1 \qquad (6-1)$$

两个弹性绝对值相加远小于 1，基本上可以认定近代中国本币贬值不仅不会改善贸易收支，而且可能会恶化贸易收支。进一步地，我们从马勒条件成立与否来反推其前提假设存在与否。我们知道，马勒条件一个重要的前提假设是，与产量有关的四个价格供给弹性均为无穷大，其中，与本国有关的有两个：一是出口商品价格供给弹性无穷大，二是与进口商品处于竞争地位的产品价格供给弹性无穷大。马勒条件不成立，则原因极有可能是这个重要的前提假设不存在。

从近代中国的经济状况来看，出口商品的生产能力应该是有限的，价格因素刺激的出口会有一定增长，但产量的价格弹性比较小，郝雁的研究结论 $E_X = -0.34$ 大致反映了这个问题。从与

---

① 在罗宾逊夫人之后，有很多学者修正过马勒条件。为简化分析，我们仅用罗宾逊夫人的模型。
② 刘巍：《对中国 1913~1926 年 GDP 的估算》，《中国社会经济史研究》2008 年第 3 期。
③ 郝雁：《近代中国出口贸易变动及其对经济商品化影响的实证分析》，《中国社会经济史研究》2007 年第 2 期。

进口商品竞争的产业来看,情况也许更糟——有些行业当时中国根本就没有,我们所做的 $E_M = 0.27$ 也许基本反映了这个情况。另据崔文生的研究,[①] 近代中国的总供给缺口恰好体现在贸易逆差的价值量上,而进口商品的物质属性就大致体现了这一缺口的物质属性。我们曾对近代中国的总供求态势做过一些考察,结论是近代中国处于供给约束型经济中,即产出增长的"瓶颈"在总供给一端,总需求高涨更多的是拉动价格,而拉动产出的作用相对较小。[②] 供给约束型经济态势的经济学机理见图 6-1。

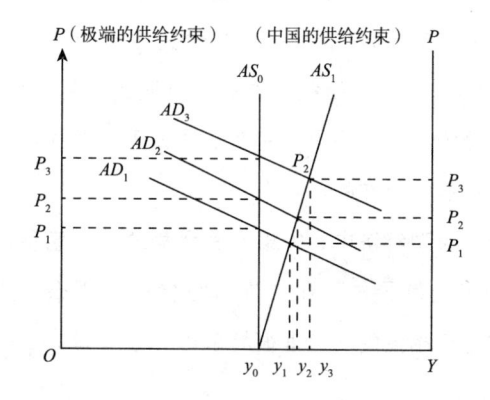

图 6-1 供给约束型经济

图 6-1 中,供给曲线 AS_0 是典型的或极端的供给约束型经济(虽有一些新古典理论假设收入不变,但实际经济中应该少有这

[①] 崔文生:《近代中国总供给缺口研究》,《广东外语外贸大学学报》2013 年第 1 期。
[②] 刘巍:《储蓄不足与供给约束型经济态势——近代中国经济运行的基本前提研究》,《财经研究》2010 年第 2 期。

种极端现象），供给曲线与横轴垂直，当总需求曲线从 AD_1 运动到 AD_3 的位置时，导致价格由 P_1 上升到 P_3，而总产出 y_0 纹丝不动。我们假定近代中国的总供给曲线为 AS_1，即虽不像 AS_0 那样极端，但其斜度也是非常陡峭的。即使总需求曲线从 AD_1 向上移动到 AD_3 的位置时，AS_1 释放更多的产出也是比较艰难的（仅从 y_1 增长到 y_3），因此对价格上涨的抑制作用不大。我们用 Beta 系数方法所做的实证分析的结果表明，对于近代中国的价格变动而言，总需求的贡献是总供给的 2.6 倍之多，总供给曲线应该是比较陡峭的。这种局面不仅在近代没有改观，而且一直延续到 20 世纪末。我们（2011a）的另外一个研究做出的结论是，中国直到 1995～1996 年才从供给约束型经济过渡到了需求约束型经济。可见，在供给约束型经济中，马勒条件关于产量的供给弹性无穷大的重要前提是不存在的。

在供给约束型经济中，如果没有强势政府的某种产业政策干预经济（如"出口导向"和"进口替代"），那么，贸易收支和贸易条件就是正相关的。道理很简单：

贸易收支 = 出口物量 × 出口物价 − 进口物量 × 进口物价　（6−2）

当一个国家经济落后且处于供给约束型经济时，出口物量增长是缓慢的，而经济发展所需要的很多物品（如机器设备和关键原材料）却有进口增长的趋势。同时，权贵和富人阶层的高档消费品和奢侈品进口也是不可能压缩的，于是，进口物量的增长往往快于出口物量。总之，经济落后的开放型国家之经济结构本身就具有贸易逆差的倾向。根据式（6−2），改善贸易收支的任务就落在了价格——提高出口价格、降低进口价格身上；反之，贸易收支恶化。换言之，贸易条件（出口价格/进口价格）改善，收支就可能改善；贸易条件恶化，收支就可能恶化，二者正相关。

回到外汇汇率变动的问题上，则有：本币贬值使出口价格下降，进口价格上升；本币升值使出口价格上涨，进口价格下降。于是，在其他条件不变时，本币贬值→贸易条件恶化→贸易收支恶化，本币升值→贸易条件改善→贸易收支改善。20 世纪 30 年代南开大学的学者做出了中国 1867～1936 年的可用作贸易条件的数据，在《南开指数年刊》上叫作"交易率"，是用进口价格指数除以出口价格指数的统计量，即贸易条件的倒数。用《南开指数年刊》的数据，我们曾对 1887～1936 年的数据做过计算，[①] 结论是交易率与贸易差额的相关系数为 -0.41。最小二乘法回归的结果表明，交易率指数变动一个单位，贸易收支就反向变动 1.4 亿关两左右，证实了近代中国经济中存在"贸易条件改善则贸易收支改善"的逻辑关系。考虑到我们先前的数量分析中所用数据时段的不同，我们再用 1870～1900 年的数据来做相关分析（数据见表 6-1），计算结果是，英汇与交易率的相关系数为 -0.39，交易率和贸易差额的相关系数为 -0.31。1870～1900 年中国经济中存在"贸易条件改善（或恶化）则贸易收支改善（或恶化）"这一逻辑关系。因此，我们认为，1870～1900 年中国国际贸易之所以由顺差转为逆差，主要是因为这一时期银币持续贬值。

---

① 刘巍：《储蓄不足与供给约束型经济态势——近代中国经济运行的基本前提研究》，《财经研究》2010 年第 2 期。

表 6-1 中国对外贸易数据

年份	出口净值	进口净值	贸易差额	交易率指数*
	(1000 关两)			(进口价格/出口价格)
1870	55295	63693	-8398	100.0
1871	66853	70103	-3250	99.1
1872	75288	67317	7971	94.0
1873	69451	66637	2814	92.1
1874	66713	64361	2352	82.8
1875	68913	67803	1110	85.8
1876	80851	70270	10581	70.9
1877	67445	73234	-5789	85.9
1878	67172	70807	-3632	87.7
1879	72281	82227	-9949	84.1
1880	77884	70293	-1409	92.0
1881	71453	91911	-20458	96.5
1882	67337	77715	-10378	102.6
1883	70198	73568	-3370	99.5
1884	67148	72761	-5613	111.4
1885	65006	88200	-23194	121.1
1886	77207	87479	-10272	81.9
1887	85860	102264	-16404	82.1
1888	92401	124783	-32382	82.0
1889	96948	110884	-13936	78.0
1890	87144	127093	-39949	73.1
1891	100948	134004	-33056	76.0
1892	102584	135101	-32517	86.9
1893	116632	151363	-34731	117.4
1894	128105	162103	-33998	122.0

续表

年份	出口净值	进口净值	贸易差额	交易率指数*
	（1000 关两）			（进口价格/出口价格）
1895	143293	171697	-28404	114.8
1896	131081	202590	-71509	107.2
1897	163501	202820	-39328	113.9
1898	159037	209579	-50542	85.1
1899	195785	264748	-68963	102.4
1900	158997	211071	-52073	105.3

注：* 为比较方便，本表将原文数据转换为 1870 年 = 100 的指数。
资料来源：郑友揆：《中国的对外贸易和工业发展（1840 - 1948）——史实的综合分析》，上海社会科学院出版社，1984，第 334~335 页。

不仅近代中国处于供给约束型经济态势中，笔者[1]和张乃丽[2]对日本经济的研究结论是，日本在 1937 年发动全面侵华战争之前也处于供给约束型经济态势中。陈昭的研究结论是，[3] 日本在 20 世纪 50 年代方实现从供给约束到需求约束的转变。在 1870~1897 年间，银本位制下的日本不存在银铜比价的问题，我们观察银币贬值对日本贸易收支的影响，希望证实银铜复本位制与贸易逆差无关。表 6-2 是日本的进出口数据，因为从 1873 年开始国际金银比价明显上升，1897 年日本将银本位制改为金本位制，所以本文采用的数据时段为 1873~1897 年。

---

[1] 刘巍：《大萧条前后日本的进出口结构与总供求态势》，《国际经贸探索》2011 年第 4 期。
[2] 张乃丽：《从国外部门角度对战前日本总供势态的研究——基于 M-L 条件和贸易条件学说的分析》，《国际经贸探索》2012 年第 7 期。
[3] 陈昭：《日本从供给约束型经济向需求约束型经济转变研究》，《广东外语外贸大学学报》2012 年第 2 期。

表6-2 日本进出口数据

单位：千日元

年份	出口	进口	贸易差额
1873	21635	28107	-6472.000
1874	19317	23462	-4145.000
1875	18611	29976	-11365.00
1876	27712	23965	3747.000
1877	23349	27421	-4072.000
1878	25988	32875	-6887.000
1879	28176	32953	-4777.000
1880	28395	36627	-8232.000
1881	31059	31191	-132.0000
1882	37722	29447	8275.000
1883	36268	28445	7823.000
1884	33871	29673	4198.000
1885	37147	29357	7790.000
1886	48876	32168	16708.00
1887	52408	44304	8104.000
1888	65706	65455	251.0000
1889	70061	66104	3957.000
1890	56604	81729	-25125.00
1891	79527	62927	16600.00
1892	91103	71326	19777.00
1893	89713	88257	1456.000
1894	113246	117482	-4236.000
1895	136112	129261	6851.000
1896	117843	171674	-53831.00
1897	166859	221406	-54547.00

资料来源：日本统计协会：《新版日本长期统计总览》第三卷（光盘），平成十八年（2006年）9月，"日本长期统计附录"之"贸易、国际收支"表10-01。

我们对表 6-2 数据计算结果是，1873～1897 年国际金银比价与日本贸易差额的相关系数为 -0.42，即日元（银币）贬值恶化了贸易条件，贸易条件恶化则贸易收支就恶化，于是可以认为，日本经济中也存在"贸易条件改善（或恶化）则贸易收支改善（或恶化）"这一逻辑关系。我们再次强调，日本经济中并无银铜货币兑换机制。

6.2.2 进出口价格与银铜复本位制

以上我们从总供求态势和马勒条件层面讨论了中国银币贬值与贸易逆差的关系，也对日本（供给约束型经济、银本位制且无银铜兑换机制）的贸易逆差做了简单考察，意在证明近代中国的贸易逆差与银铜比价的折算无关。本节我们在银铜复本位制与贸易逆差的关系层面展开讨论，进一步求证二者有无必然联系。

管文认为，对当时的中国而言，银币贬值并不是阻碍进口贸易的主要因素，还要看银钱比价，进口商品折成铜钱后与内地物价比较，才是决定进口贸易是否增长的关键。19 世纪 70 年代中期之后，以制钱衡量的进口物价始终低于中国内地物价，这有利于进口商品销售。出口贸易同样受到银钱比价的影响，虽然以白银计算的出口物价总体下跌，但 1890 年以后，以制钱衡量的出口物价高于中国内地物价，这对于出口起到了阻碍作用。管文将以白银衡量的进出口价格指数折算为制钱衡量的价格指数之后，发现进口价格是下降的，并低于中国内地商品价格指数。出口价格虽然也一度下降，但始终高于中国内地商品价格指数。管文没有给出具体的折算公式和折算后的价格指数数据，本文只能尝试从宏观角度对银铜价格折算问题做逻辑层面的考察，并尽量排除其他因素的干扰。

表6-3数据显示，1870~1900年，国际市场的金银比价与中国国内的银钱比价走势几乎一致，相关系数绝对值高达0.93。黄金和铜锌虽然都对白银升值，但是，升值的幅度有较大差异。由于我们是在货币用途上讨论金银铜锌的相互关系，所以，我们可以用金本位制下的英镑代替黄金，况且，金银比价与英汇的相关系数绝对值高达0.98，几乎完全相关。从表6-3的数据观察，1870~1900年，英汇指数从100下降到46.88，从时段的首尾两个时点值来看，银两对英镑贬值了53.12%；银钱比价指数从100下降到78.37，银两对铜制钱贬值了21.63%。于是，铜制钱对英镑也是贬值的，约贬值40%。为分析方便，我们采用近似值，即银两对英镑贬值50%、对制钱贬值20%，然后虚拟两个进出口的例子，推演一下经铜制钱折算后的情况。

表6-3 若干种价格数据*

年份	金银比价指数	英汇指数（间接标价）	银钱比价指数	中国批发价格指数	出口价格指数	进口价格指数	英国批发价格指数
1870	100.00	100.00	100.00	100.0	100.0	100.0	100.0
1871	100.00	98.13	102.34	97.6	102.41	101.5	102.7
1872	100.39	100.46	101.54	100.0	105.6	98.1	110.6
1873	102.31	96.85	103.94	95.2	108.0	99.1	115.0
1874	103.79	95.76	103.14	79.8	99.7	82.4	111.5
1875	106.87	93.34	96.80	71.4	88.1	75.6	107.1
1876	114.00	89.83	98.40	76.2	102.2	72.4	104.4
1877	110.47	90.56	96.00	73.8	88.5	76.0	107.1

续表

年份	金银比价指数	英汇指数（间接标价）	银钱比价指数	中国批发价格指数	出口价格指数	进口价格指数	英国批发价格指数
1878	115.09	89.92	92.00	82.1	87.2	76.4	100.0
1879	118.11	84.68	94.40	76.2	89.6	75.4	94.7
1880	115.93	87.60	96.00	77.4	89.2	82.0	98.2
1881	117.21	83.63	97.60	76.2	87.9	84.8	96.5
1882	116.89	86.18	97.60	76.2	78.5	80.5	97.3
1883	119.72	84.59	96.80	72.6	79.8	79.4	95.6
1884	119.52	84.27	96.00	73.8	71.4	79.4	86.7
1885	124.66	79.89	96.00	75.0	73.5	81.6	81.4
1886	133.46	75.83	94.40	78.6	76.6	92.7	77.0
1887	135.52	73.28	90.39	82.1	112.4	92.1	75.2
1888	141.30	70.91	90.39	83.3	94.6	93.4	77.0
1889	141.94	71.41	88.79	84.5	115.6	94.9	78.8
1890	126.85	78.29	87.18	89.3	111.7	87.2	78.8
1891	134.36	74.24	87.99	84.5	113.9	82.9	81.4
1892	152.34	65.71	89.59	78.6	111.5	84.8	77.0
1893	169.56	59.42	90.39	84.5	110.2	100.0	75.2
1894	209.12	48.29	85.58	88.1	114.5	101.5	70.8
1895	202.95	49.38	83.98	84.5	116.1	98.1	69.0
1896	196.47	50.30	79.17	85.7	125.2	99.1	67.3
1897	219.65	44.96	76.77	94.0	143.4	82.4	68.1
1898	224.98	43.55	75.97	100.0	135.1	75.6	70.8
1899	220.68	45.46	75.97	110.7	169.2	72.4	69.9
1900	214.07	46.88	78.37	103.6	156.4	76.0	76.1

资料来源：王玉茹：《近代中国价格结构研究》，陕西人民出版社，1997，第46~46页、第57页、第68页、第23页和第78页。米切尔：《帕尔格雷夫世界历史统计·欧洲卷》，经济科学出版社，2002，第904~906页。

* 为比较方便，本表将原文数据转换为1870年=100的指数。

| 计量经济史研究方法

设：1870年，白银1两=0.4英镑；白银1两=制钱1000文

1900年，白银1两=0.2英镑；白银1两=制钱800文

例1：

（1）1870年中国进口4英镑商品，若不计其他费用，进口商需支付白银10两，卖到内地则至少是制钱10000文。

（2）1900年中国进口4英镑商品，同样不计其他费用，进口商需支付白银20两，卖到内地则至少是制钱16000文。

例2：

（1）1870年中国出口商从内地收购10000文的商品，用白银10两即可兑换支付生产者的制钱。于是，出口商向外商的报价应在4英镑以上。

（2）1900年中国出口商从内地收购10000文的商品，用白银12.5两方可兑换支付生产者的制钱。于是，出口商向外商的报价应在2.5英镑以上。

在银币对金币和铜币发生不同幅度的贬值过程中，从中国国内纯粹的银铜折算角度来看，虽然折算之后缩小了银币贬值对进出口商品价格影响的力度，但折算之后进口商品的本币价格还是上升了，出口商品的外币价格还是下降了。1870~1900年间，银币大体上呈贬值趋势（数据见表6-3），这一逻辑在整个时段的均值意义上应该有效。因此，我们认为，中国1870~1900年的贸易收支恶化与银铜复本位制的关系不显著。换言之，在近代中国供给约束型经济中，若其他条件不变，无论是不是经过银铜折算，银币贬值都会使贸易收支恶化。

上面我们虚拟的两个例子都假设"其他条件"不变，意图在

于判断银钱比价机制能否改变由银币贬值导演的相对价格走势。事实上,在1870~1900年这30年间,进出口价格和国内外批发价格都有较大幅度的波动。但是,国内价格变动过程是复杂的,涉及供给和需求两个领域内多方面的因素,在缺乏1870~1900年整个时段GDP和货币量数据的情况下,目前难以对其影响因素做出严谨的判断。我们只是对进出口价格的变动态势从数量关系角度做些许讨论。

如图6-2所示,即使不经银钱比价折算,以1870年价格为基期,在大多数时点上出口价格指数都高于国内批发价格指数。出口价格与国内批发价格的线性关系较为显著,二者的相关系数为0.78。我们做了出口价格主要影响因素的模型如下:①

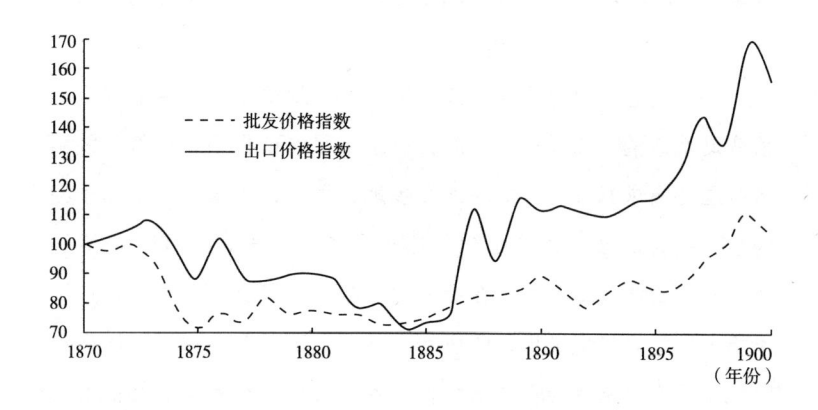

图6-2 1870~1900年中国的出口价格指数和批发价格指数
数据来源:本文表6-3。

---

① 式(6-3)模型和后文的式(6-4)、式(6-5)模型经一阶差分后单位根检验和协整检验都是显著的,限于篇幅,恕不列出平稳检验数据。

$$\ln P_x = -3.1 + 0.45\ln X + 0.59\ln P_d + [ar(1) = 0.41] \quad (6-3)$$
$$(t=-3.82) \quad (t=4.67) \quad (t=2.55) \quad (t=2.24)$$
$$R^2 = 0.88 \quad DW = 1.53 \quad F = 61.46$$

式（6-3）中，P_x 表示出口价格，X 表示来自国外的需求——出口，P_d 表示中国批发价格指数，数据见表6-1和表6-3。数量关系指出，中国的出口价格主要受出口需求和国内价格（反映成本和国内需求）两个变量的影响。国内成本或需求增长，批发价格上升，出口价格也随之上升；国外需求增长，受中国潜在供给能力的约束，出口价格必然上涨。表6-1数据指出，1870~1899年中国出口额增长了254%，剔除价格因素，也翻了一番有余。需要分析的是，式（6-3）中并无汇率变量，这绝非意味着出口价格不受汇率影响，汇率因素已经包含在出口需求中了，即汇率影响出口需求，出口需求影响供给价格。

综上所述，出口价格指数高于国内批发价格指数并非银铜比价变动造成的，而是在中国潜在供给不足的前提下，银价下跌刺激的国外需求攀升导致的。进一步地，管文认为出口价格高于国内价格就会对出口形成阻碍，这也是难以理解的。商品是逐利的，谁出价高就卖给谁，在贸易伙伴国能够接受的条件下，这种价格差异恰好是促进出口的机制。依管文观点的逆命题，出口价格低于国内价格就会促进出口，试想，怎么会有哪里收益低就卖到哪里的出口商？我们认为，在出口商品眼里最理想的价位应该是低于世界市场同类商品价格，高于国内同类商品的售价。

接下来，我们讨论一下进口价格的影响因素。在供给约束型经济中，中国国内价格变动主要是总需求影响的，总供给一端的反应就是调整投资,从而调整供给能力。在近代中国存在严重的资本品供给缺口这一前提下,对资本品、零配件及原材料的进口就会相应变动。在进口价格变动问题层面上,讨论国内批发价格的意义在于,它可以作为替代中国总需求的工具变量,进而发现总需求和进口的关系,而影响进口价格的变量之一应该是进口本身。从数量关系角度考察,我们做了计量模型(6-4):

$$\ln M_t = 1.38\ln P_t + 1.27\ln P_{t-1} + [ar(1) = 0.83] \quad (6-4)$$
$$(t=4.05) \quad (t=3.70) \quad (t=11.60)$$
$$R^2 = 0.90 \quad DW = 1.87 \quad F = 113.95$$

式(6-4)中,M_t 表示中国的当期进口,P_t 和 P_{t-1} 分别表示当期和滞后一期的中国批发价格指数。数量关系表明,中国的进口受总需求和总需求预期因素的影响是非常显著的。

进口价格的另一个重要影响因素就是反映出口国总供求状况的变量——外国批发价格。由于这一时期中国的进口商品主要来自英国,我们的分析限于简化的中国和英国两国模型。从图6-3看,中国进口价格和英国批发价格之间的关系并不呈显著的线性关系,中国进口价格指数从1870年开始低于英国批发价格指数,从1885年开始,中国进口价格指数又始终高于英国批发价格指数。加入中国进口量指数后再观察,我们发现,1885年之前的净进口增长比较平稳,而1885年之后的净进口增长是突飞猛进的。由于英国早已进入了需求约束型经济态势,[①] 工业技术和产能都

---

① 刘巍、陈昭:《大萧条中的美国、中国、英国与日本》,经济科学出版社,2010。

是当时的世界之最,从本文考察的30年英国批发价格指数走势看,不断下降的价格一方面反映了制造业成本下降,另一方面也反映了国内需求并不旺盛。当来自中国进口需求增长势头不足时,即使降低价格,制造商也可获利。当中国进口势头强劲时,价格便随之上涨。从中国角度观察,银价下跌之初,白银流入中国的量不大,加之洋务派引导的中国近代化处于初始阶段,对国外资本品需求强度不足,甚至出现了连续5年的贸易顺差。19世纪80年代中期,白银流入中国的势头加剧,加之中国近代工业不断发展,对国外资本品需求增长势头强劲,进口量曲线陡峭,中国海关的进口统计资料也恰是从这一时期开始单列机器设备项目的。况且,中国进口的许多商品都是中国不能制造的,即处于竞争地位的产业非常弱小或根本没有,于是,进口价格与国内批发价格的关系对于是否抑制进口而言,应该是极不显著的。这和当代发展中国家进口的情形极为相似,由于总供给的物质形态中存在着资本品缺口,因此进口量受汇率影响的程度不大。

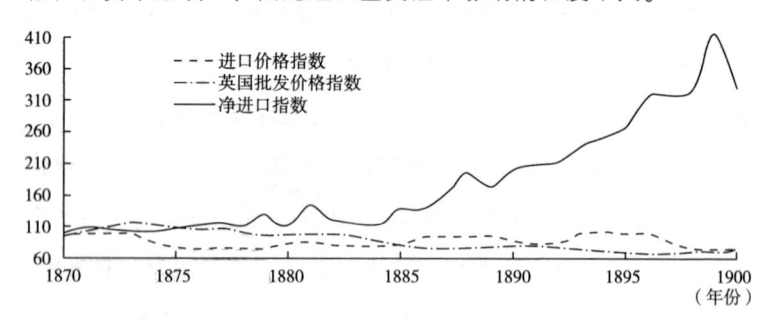

图6-3 1870~1900年中国的进口价格指数、净进口指数和英国批发价格指数

数据来源:本文表6-3。

进一步地，我们做了关于中国进口价格指数主要影响因素的数量模型，见式（6-5）：

$$\ln P_M = 0.55\ln P_B + 0.17\ln M + [ar(1) = 1.20] + [ar(2) = -0.49]$$

(6-5)

$(t=4.47)$　$(t=3.62)$　$(t=6.67)$　$(t=-2.71)$

$R^2 = 0.62$　$DW = 2.17$　$F = 13.08$

式（6-5）中，P_M 表示进口价格，P_B 表示英国批发价格指数，M 表示中国进口额。数量关系表明，中国进口价格指数受国外批发价格指数和进口额两个变量的正向影响。显然，银钱比价对进口价格的影响是不显著的。

6.2.3　银币贬值、银铜复本位制与其他问题

管文研究的主要问题是 1870~1900 年中国银铜复本位制下银币贬值与国际贸易逆差的问题，同时，对其他几个问题也做了分析。在本节中，我们就其中的几个问题来求教。

1. 关于银钱比价的性质定位与表述问题

银钱比价，即一单位银币兑换铜制钱的数量，这是近代中国银铜复本位制时期国内两种本位币的兑换比价，将其视为一种汇率，似有不妥。众所周知，汇率是外汇汇率的简称，不宜以此对国内不同货币的比价命名。在各国金银复本位制时期的历史记载中和后来学者的研究文献中，无论是双本位、平行本位还是跛行本位的哪种具体形式，似均不见对当时的金币和银币的比价有"汇率"一说。因此，不宜将国内的银钱比价视为汇率。管文将银钱比价视为一种汇率，且使用"升值"和"贬值"概念来描述

银币币值相对于制钱币值的变动。① 然而，这样的表述方法不仅对读者理解两种本位币相对价格变动趋势造成了一定干扰，而且也干扰了作者自己的思路。如，"1870～1900年间，世界银价下跌了55%左右，铜钱对银两的相对价格反而上升了34%。由于双重汇率的作用，白银对外汇率贬值，对内汇率升值"。② 从数据观察，英汇汇率与银钱比价的走势基本一致，二者高度相关，具有相当强的同升同降态势。如果似管文所言，将银两与外国金币的比价、银两与铜制钱的比价都视为间接标价法下的"汇率"，其结论只能是白银对外贬值，对内也贬值，无论如何也得不出"对外汇率贬值，对内汇率升值"的结论。

在这种表述方法的影响下，管文在论及银铜两种货币价值相对变动时，也时有混乱，如，"当中国的对外汇率相对于金本位国家贬值时，中国的出口价格降低，进口价格上升，因此进口的铜锌（铜制钱的币材——引文者注）相对于白银的比价也上升，

---

① 我们认为这样的表述多有不妥。汇率是一个比率，而描述某种比率变动方向的汉语词汇应该是"上升"或"下降"，而非"贬值"或"升值"。譬如，没有人说"经济增长率升值""出生率贬值"，而通常说这两个率"上升"或"下降"。同理，汇率数值变动也应用上升或下降来描述，而不是用升值和贬值。通常，对具有某种价值尺度功能的物品价值含量变动的描述才用"升值"或"贬值"，如"人民币升值""日元贬值"等。而对一般物品的价值变动则多用价格涨跌来描述，如"房价上涨""石油期货价格下跌"等。同时，"汇率"一词之前如果不加任何定语，国际金融学文献中通常是指直接标价法下的汇率，即一定单位的外币折合本币的数额，汇率升降与本币币值变动方向相反，即汇率上升意味着本币贬值。而管文中所用的汇率数据无疑是间接标价法的，就算读者将升值与贬值理解为上升和下降，但是，在文中没有给出数据表的情况下，也不好判断其语义是银币升值还是贬值。因此，本文用"银币贬值"表述管文中"汇率贬值"的真实含义，即一单位银币能兑换的外币数量少了。

② 管汉晖：《浮动本位兑换、双重汇率与中国经济：1870—1900》，《经济研究》2008年第8期。

这导致中国的银钱比价上升……因而1870年以后银相对于金的贬值使以银计的铜锌进口价格上升，造成了国内银相对于铜钱的升值"。① 我们知道，金属货币本身有价值，两种货币比价的变动主要是以两种币材价值的相对变动为基础的。在供求关系没有重大变动的情况下，1870～1900年间银两的币材（白银）价格相对于制钱币材（铜锌）价格的下降，无论如何也不会导致银钱比价的上升或银两相对于铜钱的升值，应该是相反——银钱比价下跌或铜制钱相对于银的升值。本文的数据显示出，此间银钱比价下跌了21.63%，银两对外贬值了53.12%。管文中所做的数量模型结果也指出，铜锌价格每变动1%，银钱比价就反向变动0.31%，即白银贬值导致的铜锌价格上涨与银钱比价下跌的统计规律是很显著的。② 如此看来，管文的表述方法导致了逻辑发生混乱，以至于数量分析和文字表达之间出现了较大的矛盾。

2. 银币贬值、复本位制与"镑亏"的关系

管文认为，"双重汇率"除了使贸易由顺差转为逆差之外，还对1870～1900年的中国财政产生了影响，"汇率贬值"导致实际外债和赔款负担增加，即当时广为讨论的"镑亏"问题。我们认为，一个国家只要有国际债权债务，就必然有汇率风险，本币贬值是一种国际经济现象，这在当代也比较常见。我们认为，19世纪末中国财政所承受的"镑亏"就是银币对金币贬值的后果，

---

① 管汉晖:《浮动本位兑换、双重汇率与中国经济：1870—1900》,《经济研究》2008年第8期。

② 管汉晖:《浮动本位兑换、双重汇率与中国经济：1870—1900》,《经济研究》2008年第8期。

似与"双重汇率"中的另一重——银钱比价没有关系。中国国内税款主要以白银形式向政府缴纳,似与铜币关系不大。假如政府以制钱征收税款,反而还能因制钱对银两升值而将"镑亏"的一部分转嫁到民间。

3. 银币贬值、复本位制与下层民众"贫困化"的关系

管文认为,占总人口大多数的中下层民众生活在制钱经济中,银币贬值使得他们以金币衡量的收入减少,铜币升值又造成了物价上涨,由于收入不能同步增长,因此造成了实际生活水平下降。于是,"由于对外汇率贬值而导致的对内银钱比价上升加剧了底层民众的贫困化"。[①]

在对本小节的问题讨论之前,我们要说的是,至今没有见到关于近代中国制钱经济规模的令人信服的研究结论,而见诸文献中的零散说法大都是一些猜测(管文的研究重点不在这里,因此也未对其做相应的考察),我们对"占总人口大多数"的这一判断暂时接受,但疑问尚存。另外,没有充分的证据可以证明19世纪最后30年中国存在着一个大多数民众"贫困化"的过程,这样的判断似不严谨,仅以非熟练工人的实际工资下降为据似不能证明如此宏大的问题。况且,在19世纪后30年的时段里,中国市镇中的非熟练工人在总人口中能占多大比重?当时中国经济中的劳动雇佣关系是否发展到了可以此推断经济形势的程度?在对这些问题没有做出充分研究之前,以此所做的研究结论恐难以

[①] 管汉晖:《浮动本位兑换、双重汇率与中国经济:1870—1900》,《经济研究》2008年第8期。

成立。

回到本小节的主题上，既然大多数民众生活在制钱经济中，那么，以外币（金币）衡量他们的收入有何意义？若像管文所说，他们的制钱衡量的收入基本固定，那么，依照同样的思路分析，以银币衡量的收入还会有所增长，但这对于制钱交易中的民众同样意义不大。管文在这一问题上的核心思路是，铜锌价格的上涨导致了中国物价水平的上涨，从而使下层民众的实际收入下降，所以，这是银铜复本位制造成的恶果。在1870～1900年间，中国物价水平的确经历了一个先降后升的过程，批发价格水平从1870年的100下降到了1883年的72.6，此后一路上升，1899年达到了110.7（数据见表6－3）。但是，没有充分证据表明这是铜币升值导致的，管文也没有对此做深入分析。况且，30年中批发价格的涨幅仅为10%略强一些，这应该算是物价基本稳定了，王玉茹1997年的研究结论是，"近代中国物价的上涨几乎全是由银价下跌所致，而非商品价值量变动的结果"。[①] 王玉茹的这一判断蕴含的逻辑应该是这样的：金银比价上涨→白银流入中国→总需求上升→物价上涨，她所用的"几乎全是"一语暗喻着近代中国处于"供给约束型经济"态势下，即总供给曲线相当陡峭，向下压制价格的能力非常低。遗憾的是，由于目前缺乏19世纪70～80年代的总产出和货币存量时间序列数据，尚不能做出总供给、总需求和价格之间关系的实证模型。但从我们先前的研究结论来看，1913～1936年中国尚处于供给约束型经济态势下，19世

[①] 王玉茹：《近代中国价格结构研究》，陕西人民出版社，1997，第46页。

纪最后 30 年的经济发展质量即使不比民国时期差，谅也不会高于民国时期。因此，我们同意王玉茹对物价变动逻辑的判断。

总之，如果不能证明和证实 19 世纪最后 30 年中国的物价变动是铜币升值造成的，那么，管文的结论之一"双重汇率导致了底层民众贫困化"显然就不能成立。因此，当时底层民众实际收入的下降仅仅是由银币贬值导致的价格上涨造成的，与银铜复本位制无关。

6.2.4 总结

通过对 1870～1900 年中国经济的总供求态势、银铜复本位制和日本的同时期经验的粗浅分析，我们得出了以下与管文结论不同的几点看法。

1. 供给约束型经济态势下的近代中国银币贬值不能改善贸易收支

在供给约束型经济中的近代中国，马勒条件不成立，本币贬值不能改善贸易收支，贸易收支的改善依赖贸易条件的改善。实证分析表明，1870～1900 年中国经济中存在"贸易条件改善则贸易收支改善"这一变量之间的逻辑关系。银币贬值恶化了贸易条件，贸易收支必然恶化。

2. 贸易逆差与银铜复本位制无关

在银币对金币和铜币发生不同幅度的贬值过程中，从中国国内纯粹的银铜折算角度来看，虽然折算之后缩小了银币贬值对进出口商品价格影响的力度，但折算之后进口商品的本币价格还是上涨了，出口商品的外币价格还是下跌了，银铜两种货币折算对其走势没有质的影响。因此，贸易逆差与银铜复本位制无关。

3. "镑亏"与银铜复本位制无关

19世纪末中国财政所承受的"镑亏"只是银币对金币贬值的后果，与银钱比价没有关系。中国国内税款主要以白银形式向政府缴纳，与铜币关系不大。假如政府以制钱征收税款，反而还能因制钱对银两升值而将"镑亏"的一部分转嫁到民间。

4. 下层民众"贫困化"与银铜复本位制无关

没有充分证据证明19世纪最后30年中国物价变动是铜币升值造成的，"双重汇率导致了底层民众贫困化"一说证据不足。

6.3 近代中国GDP估算理念、方法与功用

作者按：本节是回应学界同仁对笔者先前研究结论质疑的一篇论文。如正文所述，2011年杜恂诚先生对笔者估算近代中国GDP数据的方法提出质疑，笔者撰文对杜先生提出的问题做了应答。笔者将此文列入研究案例，意在向初学者推介回应商榷论文的基本范式。

原文内容提要：首先，本文从国民收入核算理论角度出发，解释了巫宝三等学者估算的近代中国GDP涵盖未进入市场的产品是完全合乎逻辑的，不存在认识误区。然后，从经济学逻辑和计量经济学方法角度简要回答了杜恂诚和李晋对笔者先前之工作提出的质疑：第一，对1913~1926年GDP估算的理论函数、计量模型、数据质量做了必要的说明和澄清；第二，对1887~1912年GDP之估算理论函数对近代中

国的适用性、近代中国进口额主要影响因素是国民收入和汇率之结论的可靠性，做了进一步的论证。原文关键词：近代中国、GDP估算、总供给、进口函数。

《学术月刊》2011年第10期刊登了杜恂诚和李晋先生的大作《中国经济史"GDP"研究之误区》（以下简称"杜文"），论文功力深厚纵横古近，对近年来中国经济史研究中GDP估算文献做了深入点评，读后受益匪浅。杜文专设一节对笔者近年来估算的近代中国GDP数据提出了逻辑和方法层面的质疑，笔者因近来杂事缠身而迟读大作已属不恭，若装聋作哑则更为不敬。由于笔者对古代中国GDP估算领域知之甚少，故不便对这一领域多言，本文仅就杜文中对本人所做的近代中国GDP估算工作提出的几点质疑尝试做些粗浅的解释，求教于杜李二位先生和学界同仁。

6.3.1 GDP概念的学理与功用、统计与估计

杜文认为，依据萨缪尔森《经济学》中GDP的定义，GDP指的是一国在一年内所生产的所有最终产品和劳务的市场价值之和，所以，计入GDP的有形产品和无形产品都应该是"进入市场"的。而巫宝三先生所做的估算却把没有进入市场的有形产品也计入，因此，"巫宝三的《中国国民所得，1933》可以说是对GDP定义认识误区开了先河。"[1] 同时，杜文还认为，"刘大中和叶孔嘉以及罗斯基在他们的著作中也都没有注意到这个重要的问题，他们在研究战前农业和手工业时，也只采用了总产出增长的

---

[1] 杜恂诚、李晋：《中国经济史"GDP"研究之误区》，《学术月刊》2011年第10期。

估计数字"。①

对于这一问题,我们和杜文有不同看法。GDP 是什么?是一国境内全年生产的有形产品和无形产品的流量加总。但是,这些产品五花八门,各有自己的衡量单位,无法直接加总,若想用数字来表述这些产品的多少,就必须寻找到一个适用于各种产品的量纲,于是,按市场价值(货币价格)加总是最好的办法。所以,GDP 本来说的是堆积如山的产品(假如无形产品也可以堆放),但其单位是"元""美元""英镑""卢布"等。接下来的问题是,按"市场价值"计量就一定是只计"进入市场"的产品,而未进入市场的产品就不计入 GDP 了吗?换句话说,没进入市场的产品就算当年没生产吗?显然不是这样。我们以支出法为例来解释这一问题:

$$Y = C + I + G + NX$$

上式中,Y 是 GDP,C,I,G 分别是消费者、厂商和政府对产品的购买额,NX 是外国居民对本国产品的净购买。话说到此,涉及的都是"购买",即从字面上看统计数据应该都是"进入市场"产品的市场价值量。但是,在正常情况下任何生产单位都不可能没有库存,非正常情况下可能还有大量积压。那么,这些未"进入市场"产品的价值就不统计了吗?显然不是。在 GDP 核算工作中,把厂商这些没卖出去的产品算作厂商"自我购买",按其市场价值计入投资 I 中。进一步地,如果今年的库存明年"进

---

① 杜恂诚、李晋:《中国经济史"GDP"研究之误区》,《学术月刊》2011 年第 10 期。

入市场"卖掉了,绝不应计入明年的 GDP,因为这些库存产品已经计入今年的 GDP 了。近代中国小生产者众多,小生产者的产品经常是卖一部分、自家留用一部分,后者可视为"自我购买",也应按当年市场价值计入 GDP。譬如,假定某农户一年收获了 3 万斤谷物,卖了 1.5 万斤,0.5 万斤自己用,另有 1 万斤待明年开春青黄不接时卖个好价钱。这 3 万斤谷物(当然包括自己用的 0.5 万斤谷物)均按当年卖出的 1.5 万斤之价格计入当年的 GDP,最后的 1 万斤虽然明年"进入市场"卖掉了,但也不算明年的 GDP,因为今年算过了。

因此,按 GDP 核算的学理来说,巫宝三先生估算的近代中国 GDP 中涵盖了以市场价值计算但未进入市场的产品,是完全合乎 GDP 核算逻辑的,不存在认识误区。同理,刘大中、叶孔嘉及罗斯基对同类问题的研究在数据处理方法上也无谬误。近代中国的经济货币化程度虽低,但不影响对其产值的计量。另外,美国经济学界对 GNP 的估算回溯到了 1789 年,[1] 日本学者估算的 GNP 也回溯到了 1885 年,[2] 他们的数据绝不可能仅仅包含"进入市场"的产品。同时,他们当时的货币化程度也不会像当今这样高,他们当时也并非"现代化国家",也并不存在"统计和经济决策机构"。[3] 从现代经济角度观察,当今各国 GDP 中未进入市场的产量的确远小于近代中国未进入市场的产量,但从 GDP 核算

---

[1] 米切尔:《帕尔格雷夫世界历史统计》,美洲卷,经济科学出版社,2002,第 777 页。
[2] 米切尔:《帕尔格雷夫世界历史统计》,亚洲、非洲和大洋洲卷,经济科学出版社,2002,第 1052 页。
[3] 杜恂诚、李晋:《中国经济史"GDP"研究之误区》,《学术月刊》2011 年第 10 期。

角度来看，当代与近代的区别在于量而不在于质。

我们认为，GDP估算工作中确实存在着一个有问题的部分，即无形产品的估算问题。无形产品，也称服务类产品，这类产品是必须进入市场实现买卖才能计入GDP的，而无"自我购买"一说。例如，某人雇佣保姆或小时工做家务，发生了货币与服务的市场交易，就作为无形产品计入GDP；但他若自己亲自做同样强度的家务劳动，因没有市场交易发生就不计入GDP，即使他把同样的工钱从左衣兜放进右衣兜。同样，自己洗衣服的劳动不计入GDP，送到洗衣店洗就计入GDP。这样的问题在当代GDP核算工作中也是存在的，至今也没有什么好办法可以解决掉。因此，社会分工越细密，第三产业越发达，无形产品被漏算的就越少，越往近代和古代回溯，被漏掉的越多，GDP可能就越接近物质平衡体系中的"社会总产品"概念。

接下来，我们再讨论一下GDP数据在近代经济史研究中的用途问题。在近代经济史的规范研究中，一切问题都直接或间接与GDP有关，因为GDP是巨大的一堆产品，是一国公众赖以生存和享受的最基本的保障。GDP增长了，可能由于存在某些不好的制度问题（如分配制度）而不幸福，需要社会来解决这个问题，绝不是因为产品多了而不幸福；但GDP衰退了，失业者成群、人均收入锐减，就算有再好的制度也一定不幸福，[①] 就必须想办法促进经济增长。从各国竭尽全力治理萧条的历史中可以反推GDP对于社会和个人的重要性，否则，各国政府就该任由萧条发生了。

---

① 本文所谈的"幸福"是物质享受意义上的，也许用词不当。

| 计量经济史研究方法

近代经济史相当重要的研究对象是经济发展的历史过程，简而言之，是研究经济数量增长和质量优化的过程。对经济数量和经济质量的研究都是离不开GDP这一变量和统计量的。比如，近代中国的经济周期问题、收入分配问题、货币需求问题、进口问题、货币化问题、商品化问题、投资率问题、固定资本的存量与增量问题等，离开GDP数据都是无法研究的。同时，对近代经济政策的评价和制度变迁绩效的考量，基本上都是看其是否发展了生产力，即是否促进了经济数量增长和质量优化，也都是离不开GDP数据资料的。因此，对近代经济史研究来说，估算出长时间序列的GDP（即使是初步的和有待进一步修正的）是非常迫切的任务，否则，其他研究就都受到GDP"瓶颈"的制约而难以开展或难以深入开展。譬如，在杜恂诚先生的一项研究中，因没有近代上海GDP数据，只能以用电量数据代替。[①] 这是没有办法的办法，无可非议。然而，近代上海经济虽比内地发达，但各生产单位也未必都是用电做动力的。如果有上海GDP的估算数据，即使粗糙些，估计也会比用电量数据的效果好。所以说，GDP数据不是仅仅"作为主要的普适价值标准来进行跨国、跨社会、跨时代的比较研究"之用的，在经济史研究中其功用相当强大，使用GDP做比较研究仅为该变量的功用之一。当然，不可否认，有些学者做过不恰当的比较分析，但这不关GDP的事，问题在于研究者对GDP数据使用不当。

对于GDP数据的"生产"过程来说，当然使用的"技术"

[①] 杜恂诚：《金融业在近代中国的地位》，《上海财经大学学报》2012年第1期。

最好是宏观经济学国民收入核算思路下的统计学方法，这是毫无疑问的。但是，对于历史上缺失的数据而言，就必须想办法估算。比如，新中国成立以来，长期按苏联创立的物质平衡表统计社会总产品，并无GDP统计数据。后来大概是因研究工作需要，国家统计局用历史资料重新计算了1950年以来的GDP数据。[①] 当然，由于资料比较充分，这项工作在技术上不存在太大困难。而美国估算1789年以来的数据、日本估算1885年以来的数据，则必定受资料限制而需要克服许多困难。若考虑近代中国相关资料搜集工作的难度，巫宝三等学者的工作则无疑是更艰苦的。总之，各国历史上的GDP数据都是估算得出的，存在一些瑕疵在所难免，粗糙之处留待后人逐步完善，总比没有数据要好。杜文号召学界同仁当一回"统计局"，意思是让大家先做出"靠谱的"有关"投资、产业发展、产量、价格、市场、货币、人口等方面的基础数据"，[②] 然后再做相关研究。如果学界能做出大型统计数据集，这当然更好。但是这需要以大量的人力物力投入历史资料的搜集和整理工作中，非个别学者和个别民间研究机构之力所能及。如果政府或社会财团不组织和资助实施这一宏大的工程，那就只能是个美好的愿望了。

6.3.2 关于计量推断GDP尝试中的问题

笔者用计量方法估算了1887～1936年时段中的40余年GDP

[①] 国家统计局国民经济综合统计司：《新中国五十年统计资料汇编》，中国统计出版社，1999年。

[②] 杜恂诚、李晋：《中国经济史"GDP"研究之误区》，《学术月刊》2011年第10期。

数据，意在供学界同仁批评和使用。杜文从理论函数、计量方法和经济史实等层面对估算工作提出了诸多疑问，本节按两篇拙文涉及的时段分别做相关讨论。

（1）对于1913～1926年GDP的估算工作，杜文认为存在四个问题。[①]

"第一，GDP中明显包含价格因素，因此，应变量与GDP之间存在统计学意义上的自相关。"

对于这个问题，我们的回答如下：数量模型中使用的GDP数据均为1933年不变价格的，[②] 显然已经剔除了价格因素。再者，计量经济学中"自相关"术语是指"在一个要素的时间序列中后期与前期要素取值之间的相关性"，而不是指两个要素时间序列之间的关系，我们没懂杜文的意思。至于说到变量时序数据的自相关，则在连续性很强的变量时间序列中大都存在这种现象，即经济运行的某种惯性。比如，投资一般都不是一期能够完成的，上期的投资额与当期的投资额之间存在着某种联系。一旦时间序列数据存在自相关现象，处理的技术也不复杂，可用差分方法消除，拙文即是用一阶差分消除了自相关。

"第二，费雪的著名等式 $MV=PT$ 中，货币流通速度 V 是非常重要的，金融业的发展使 V 变得越来越快，而在上式3中（指拙文所用方程 $P=a_0+a_1M_1-a_2Y$ ——笔者注），V 被遗漏了，这就成为一个很大的缺憾。"

[①] 杜恂诚、李晋：《中国经济史"GDP"研究之误区》，《学术月刊》2011年第10期。鉴于杜文已列出笔者当时估算的模型，此处恕不列出。
[②] 刘巍：《对中国1913～1926年GDP的估算》，《中国社会经济史研究》2008年第3期。

对于这个问题，我们的回答如下：拙文的理论函数是 $P = f(AD, AS)$，即价格是总需求与总供给的函数，在赋予两个自变量统计量时，我们可以用代表社会购买力的狭义货币量 M_1 表示总需求，用 GDP 表示总供给，与费雪的交易方程式关系不大。众所周知，交易方程式为恒等式，如果将数据代入该等式，各变量的系数必然等于 1，而计量模型的重要功能就是估计方程中的待定参数，因此，用恒等式显然是不合适的。但是，我们并非在逻辑上忽视了货币流通速度对总需求的影响。我们曾用滞后若干期的价格代表预期，作为货币流通速度的影响因素加入模型，但该变量不显著，删除这一变量之后，模型效果很好。这说明，在总需求（货币流量）中起重要作用的是货币存量。我们推测，在人均收入水平较低的银本位制下，货币流通速度可能与货币量有某种函数关系：货币量越多，货币流通速度越快；货币量越少，货币流通速度越慢。所以，M_1 本身的变化既是狭义货币存量变动，也反映了狭义货币流量变动，亦即总需求变动。

第三，"在这段期间，中国的对外贸易是逆差，因此，总供给中应该包含进口净额，而这一点也被漏掉了。"

对于这个问题，我们的回答如下：在封闭假设下（没有进出口或净出口为 0），总供给所有产品都可以视为国内生产的。而开放条件下，一国总供给则应为国内供给加国外供给，即 $AS = S_d + S_f = GDP + NM$（净进口）$= GDP - NX$。这样的逻辑没有问题，我们同意杜文的观点。但是，在实证方面，以统计量 $GDP - NX$（即 $C + I + G$）替代 AS，或者将总供给 AS 拆分为两个变量：GDP 和 NX，模型都不能通过检验，而只用 GDP 则效果很好，拙作最终给出的模型当然应该是效果最好的。这样的情形在经济分析中是常见现象，比如，在总供给一定时，总需求和价格有正相关关系，但在实证研究中，究竟是哪种价格与总需求的关系更为显著呢？可能是总体价格指数（*GDP* 平减指数）、*CPI*、生产者价格指数，也可能是批发价格指数。再如，正常条件下投资可以拉动国民收入，那么，从实证角度考察，投资可分为总投资、内资、外资、具体行业的投资等，究竟哪一种投资和国民收入的关系显著，也是有待数量关系指引的。这类问题和一个国家某一历史时期的宏观经济结构有关，不能一概而论。

在"价格与国内供给关系显著与国外净供给关系不显著"这一数量关系的引导下，当时我们也曾有所思考：GDP 是以货币单位表示的产品市场价值，但这个价值对应着的实物形态之国内供给事实上已经包括了大部分进口（甚至绝大部分）产品。假定一国没有国际贸易，即进口、出口均为 0，GDP 为 100 亿元；当该国有国际贸易时，GDP 也是 100 亿元（也可以不是 100 亿元，但叙述和理解都嫌麻烦一些，简单起见，仍设为 100 亿元），但进口额 = 出口额 = 10 亿元，即净出口为 0。那么，无国际贸易和有国际贸易的总供给之实物形态是不同的，前者的总供给（=国内供给）均为国货，而后者的总供给（=国内供给）中却有 10 亿元的进口货。再假定该国有国际贸易时进口 11 亿元，出口 10 亿元（差额用输出金币的方式支付），GDP 仍是 100 亿元。此时，净出口 $NX = -1$ 亿元，或净进口 $NM = 1$ 亿元。这时该国的总供给就分为国内供给加国外供给了，即该国可供使用的产品总额为 $(100+1)$ 亿元 = 101 亿元。但是，即使不算国外供给——净进口，只算国内供给——GDP，实物形态中也包含绝大部分的进口产品。近代中国的情形大致就是这样，用 GDP 替代总供给问题不大。至于为什么用国内供给加国外供给——总供给统计量反而与价格的数量关系不显著，则需要结合当时中国的经济结构特点深入分析，方有可能做出令人满意的解释。因拙文的研究重点不在这里，所以略去了对个中缘由的深入讨论。从数据角度观察，十年来净出口量在 GDP 中的占比一般不超过 2% 或更低，用 GDP 代替总供给应无大碍。况且，拙文的意图是建立有关 GDP 的数量模型，找寻一种逻辑不谬且效果显著的数量关系，进而估算民国以来的 GDP，用 GDP 代替 AS 当然更顺。

第四，"1927~1936 年的 GDP 数列太短，其中有 4 年的 GDP 数据是用计量方法推出来的。"

对于这个问题，我们的回答如下：样本区间小，这是事实，原因在于历史资料欠缺。但目前能做的恐怕也就是这样，否则就只能等待。好在模型拟合的效果很好，说明这十年存在着这样的数量关系，除非有大量的反例推翻这一结论。1913~1926 年的 GDP 数据估算完毕后，我们用进口数量模型、银行存款数量模型和近代方向投资数量模型分别做了验证，都能顺利通过检验，证明估算的 GDP 数据在同期的几个经济层面都有效，应该说佐证是比较丰满的。另外，我们是用柯布-道格拉斯生产函数方法估计的 1927~1930 年的 GDP 数据，模型拟合得很好，用于总供求模型的估计应该不是问题。

由于近代中国历史统计资料欠缺，用加总方法核算的数据中，其实也有很多用一城一地的数据替代全国数据的现象，时间序列中缺失的若干时点数据用某种比例补足的做法也不少见。众所周知,除近代中国的海关数据资料和金融数据资料等不多的几种数据资料质量较高且连续性较强外,其他很多看似根据历史资料核算的数据,事实上人为赋值的因素相当多。而用数量方法推断的数据,是在某种经济学逻辑中用已有的若干个变量的时间序列数据,在苛刻的检验原则约束下计算得来的,人为因素应该是少之又少的,有一定数量分析基础的研究者用同一组数据推断的结果应该出入很小或完全一致。相反,不同研究者根据历史资料核算的同一个变量数据则差距甚大。正如杜文所用的例子所言,"麦迪森调整估算的人口数据与《明实录》及侯家驹、曹树森等研究结果中的人口数据有很大差异,有的年份竟相差两倍之多"。[①] 试想,若明代粮食、肉蛋类等碳水化合物和蛋白类物质产量的数据充足(当然,这些数据恐也难找),结合战争和天灾等因素,用计量方法推断缺失年份的人口数据,则显然不会产生如此大的差异。因此,用计量推断得到的数据未必质量劣于根据历史资料核算的数据。

(2) 对于 1887~1912 年 GDP 的估算工作,杜文认为主要是存在理论函数的适用性问题。

首先,杜文从学理层面提出,拙作对近代中国进口问题数量分析所依赖的进口决定理论函数 "也许在现代经济发展较成熟的国家成立,但对于中国近代而言,肯定是有问题的"。

我们认为,一种理论框架是否适用于某一特定时空经济问题

[①] 杜恂诚、李晋:《中国经济史"GDP"研究之误区》,《学术月刊》2011 年第 10 期。

的分析，主要视其前提假设是否与这一时空宏观经济运行的基本特点一致或贴近，因为前提假设是理论框架的基石，是模型中各解释变量具有解释能力的保障。我们在拙作中对前提假设做了比较到位的分析，并且分析了中国作为非产银国实行银本位制、汇率自由浮动、不符合马勒条件等特殊问题，从而预判汇率的影响能力可能不会很大。①

不仅是杜文对我们这项工作质疑，多年来，也有其他学者站在更广泛的角度告诫我们，把用于现代经济研究的理论和方法用于近代经济研究是不合适的。众所周知，所谓现代经济理论，其微观理论框架在19世纪就相当成熟了，而宏观理论框架也早在1936年就问世了，这正是中国经济史的近代时期，而当时的欧美经济整体上也并不十分"现代"。所以，问题并不在于现代或近代，而在于具体的理论框架前提假设是否和要研究的具体问题所处的中国近代经济环境一致或贴近。如果一致或贴近，可直接使用理论模型，比如我们使用的进口模型。如果相距较远，则需修改相关理论模型的前提假设，增减模型中的变量，当然，这要大量研读相关的史料。譬如，宏观经济学中有诸多拉动内需促进经济增长的模型，其前提假设都是"需求约束型经济"。而近代中国的经济特点是"供给约束型经济"，分析经济增长适用的理论模型应该是刺激供给的新古典模型，如柯布-道格拉斯生产函数。再如，凯恩斯、弗里德曼的货币需求理论都有一个重要的前提假设——经济中存在着完善的证券市场，研究近代中国的货币

---

① 刘巍：《大萧条中的美国、中国、英国与日本》，经济科学出版社，2010，第207页。

需求就不能使用这样的理论框架，因为近代中国并不存在这样的前提，而稍加修正地使用与近代中国贴近的麦金农货币需求函数则效果很好。因此，现代经济学理论不是仅指其结论，而是从前提假设出发，经逻辑推理，最终到结论的整个经济学逻辑。经济学界普遍认为，经济学研究只接受两种批判：逻辑的和经验的。前者即为从前提推出结论的学理，后者即为实证检验的显著性高低。

其次，杜文从逻辑上指出了两个问题。

第一，近代中国的进口额高低不是取决于国民收入的高低，而是取决于国民收入的支出方向。例如，买布的钱既可以买土布也可以买洋布，投资的钱既可以买土地也可以买新式机器。杜文还认为，在某些重要的历史时期，进口资本品的资金不是源自国民收入流量，而是来自财富存量，如洋务运动和清末新政时期。

杜文的问题是否可以这样看：支出结构（方向）是由什么因素决定的？我们觉得，支出结构受国民收入总量的影响是比较符合逻辑的。而且，支出结构应该是相对稳定的，不是随意改变的。同时，国民收入总量对支出结构的影响应该不是连续的，国民收入必须在高于或低于某一临界值时，支出结构方能发生改变。其实，这也就是宏观经济学理论所讲的"边际进口倾向"，边际进口倾向在国民收入不发生重大波动时，变化幅度很小。在市场经济起步阶段或贫穷经济中做长期观察，进口额是随国民收入的增长而增长的，这用数据一算便知，可免唇舌之劳。至于进口资金主要来自当期收入还是前若干期的收入存量，这其实是进口资金来源的结构问题。假定杜文所说的史实没有问题（我们没有考证过），但是，来自财富存量的资金在进口支付中究竟能占多大比例呢？从宏观角度观察，进口的货款首先是用出口所得支付，而且是抵补了相当大部分。杜文引用的资料也证实了这一点，"中国人愿意以其全部出口收入再加上一部分金银来支付进口货款"。[1] 不难看出，"全部出口收入"应该是"再加上一部分金银"支付货款的坚实基础，没有出口收入，仅靠"一部分金银"维持大量进口是不可想象的。出口是中国国民收入的一部分，国民收入的各个部分是有较强的逻辑关系的，出口的动态大略可以反映国民收入的动态。接下来的问题是，支付贸易差额的"一部分金银"主要是来自过去的财富存量吗？如果是，那么，在国际收支平衡表中平衡贸易差额的主要项目就应该是黄金和白银输出。但据郑友揆先生的研究，[2] 中国的长期贸易逆差主要是由外国在华投资以及华侨汇款抵补的，郑友揆先生明确地否认了白银国际流动是抵销中国对外贸易入超的因素，同总的贸易入超相比，黄金流动量是极为微小的，不能作为平衡中国对外贸易的重要因素。综上所述，在其他条件不变时，进口是当期国民收入的函数这一逻辑关系是可以成立的。

第二，杜文不同意汇率是中国进口的影响因素之一。由于进口贸易中存在着"订货制度"，所以，中国的进口需求很难说是由价格调节的。

---

[1] 李必樟编译《上海近代贸易经济发展情况》，上海社会科学院出版社，1993，第806~807页。转引自杜恂诚、李晋《中国经济史"GDP"研究之误区》，《学术月刊》2011年第10期。

[2] 郑友揆：《中国的对外贸易与工业发展》，上海社会科学院出版社，1984，第106~122页。

我们觉得，在任何时代，只要是真金白银的市场交易，买家就必然受支付能力和所付代价的约束，不同历史时期的表现形式可能有所不同，但商家赚钱的心理法则是不会变的。

对汇率能否调节进口需求这一问题我们同意郑友揆先生的看法，近代中国"汇率下跌（间接标价法——引文者注）可以阻碍进口、鼓励出口，但对进口商品的阻碍是没有区别的。一切种类的进口商品均受到同种阻碍"。[①] 从汇率的机理上来说，在"白银输送点"的作用下，白银流入流出非常敏感，中国的汇率全面且及时地反映国际银价，而且，上海有颇具规模的期汇交易市场，订货制度下交易双方也有明确的交货日期约定，进口商根据现汇和期汇牌价做相应的抛补以规避风险是有规律可循的。限于篇幅，不赘述现汇和期汇的逻辑关系，上海社会科学院贺水金对近代中国汇率变动问题有过很好的研究，[②] 上海金融学院魏忠对近代上海的标金期货市场也有不错的分析。[③] 因此，近代中国汇率反映的价格机制对进口的影响应该是存在的，但这一影响因素和其他影响因素相比何者重要程度高，则需用数量分析手段做出定量判断。

再次，杜文从直观的——不是经数量分析方法处理的经验角度提出，在金贵银贱的大背景下，中国没有少进口，而且进口增加比出口增加快。

[①] 郑友揆：《中国的对外贸易与工业发展》，上海社会科学院出版社，1984，第90页。
[②] 贺水金：《论近代中国银本位制下的汇率变动》，《社会科学》2006年第6期。
[③] 魏忠：《近代上海标金期货市场的实证分析——基于上海标金期货市场与伦敦白银市场之关系的视角》，《财经研究》2008年第10期。

我们认为：中国的进口不是汇率的一元函数，而是多元函数，至少是汇率和国民收入两个变量的函数。很多一元函数自变量和因变量之间的数量关系用肉眼可以"直观地"看出，而对多元函数来说，则肉眼基本上是看不到的。我们以拙文的二元函数为例，当汇率对进口不利时，如果国民收入增长的幅度可以覆盖这一不利因素且有富余，进口当然会增长。历史的经验是，每当银价下跌时，恰好是白银流入中国、中国经济景气度上升、国民收入增长的时机。于是，一方面，消费需求增长，投资需求增长，进口不降反增。另一方面，中国当时处于供给约束型经济态势下，产能不足导致产出增长缓慢，出口是中国产出的一部分，当然不能和已进入需求约束型经济的英美列强之产出——中国进口的增速相比。[①] 除了自身的供给因素外，中国出口受国际市场的需求方面的诸多因素影响，出口汇率弹性和进口汇率弹性不可能一致。时至今日，各国的进口增速和出口增速也都是有一定差异的，这不足为怪。

最后，我们对杜文提出的"正态分布"检验等疑问做出解释。计量模型的各项检验指标相互之间一般都有联系，如，给出了变量的 t 检验值，就知道了该变量的显著性概率，不必另行标出了。因此，计量经济模型标注的几个检验值是业内约定俗成的，一般有 t 检验值、可决系数或调整的可决系数、DW 统计量、F 统计量、差分阶数等。如无特殊需要，正态分布检验、异方差

[①] 据我们的一个估算，美国在第一次世界大战之后就进入了"需求约束型经济"，英国更早，不晚于维多利亚时代中期就进入了"需求约束型经济"。详见拙作《大萧条中的美国、中国、英国与日本》，经济科学出版社，2010，第 173~178、190~192 页。

检验等指标一般不用标出，况且，不说更高的版本，就是用EViews 5.0软件做这些检验都是既方便又简单的工作，笔者和陈昭合写的小册子详细介绍了操作过程。① 因此，不给出这些检验指标并不意味着"不符合一般计量规则"。② 再说，在前面提到的杜恂诚先生的论文中，数量模型也没有给出诸如正态分布检验等指标，③ 从发表日期来看，仅在《学术月刊》上发表的大作三个月之后。若以子之矛陷之，何如？

6.3.3 结论

以上我们对杜文的质疑做出了初步交代，简言之，结论有三。

第一，国民收入核算理论中的 GDP，是一国在一年内所生产的所有最终产品和劳务的市场价值之和，即按市场价值核算的全部产品价值总和，而不仅仅是参加市场交易的那部分产品。因此，巫宝三先生估算的近代中国 GDP 中涵盖了以市场价值计算但未进入市场的产品，是完全合乎 GDP 核算逻辑的，不存在认识误区。同理，刘大中和叶孔嘉以及罗斯基对同类问题的研究在数据处理方法上也无谬误。

第二，关于杜文对 1913~1926 年 GDP 估算提出的 4 个问题，笔者的应答是：①实际 GDP 不包含价格因素，两个变量时序数据之间的"自相关"令人不解。②拙文的理论函数是总供求与价格的关系，与交易方程式无关。③在数量分析过程中，与价格变量

---

① 详见拙作《计量经济学软件 EViews 操作简明教程》，暨南大学出版社，2009。
② 杜恂诚、李晋：《中国经济史"GDP"研究之误区》，《学术月刊》2011 年第 10 期。
③ 杜恂诚：《金融业在近代中国的地位》，《上海财经大学学报》2012 年第 1 期。

关系最为显著的变量是总供给中的某一重要部分，这和近代中国经济结构有关。④1927~1936 年的 GDP 时序确实有点短，但估算数据经多角度验证，说明估计效果不错。用计量方法推出的4个 GDP 数据不存在人为因素，质量也未必劣于目前绝大部分按历史资料加总核算的数据。

第三，关于杜文对 1887~1912 年的估算工作提出的理论函数适用性问题，笔者的应答是：①一种理论框架是否适用于某一特定时空经济问题的分析，主要视其前提假设是否与这一时空宏观经济运行的基本特点一致或贴近。我们对理论框架的前提假设做了比较到位的分析，并且讨论了近代中国实行银本位制、汇率自由浮动、不符合马勒条件等特殊问题，认为进口函数适于近代中国。②逻辑分析和数量分析都支持拙文中关于近代中国进口额的影响因素主要是国民收入和汇率的结论，杜文的质疑根据不足。③数量模型检验指标的标注符合业内规矩，不存在不规范的问题。

笔者再次强调近年来在历次学术会议上的发言：我们估算的近代中国 GDP 整体上应该是一个趋势性的数据轮廓，就具体数据值来说，必然有一定的误差。我们做此项工作的初衷是，给学界提供一个不断修正的标的物，而且修正的空间也许还很大。坦率地说，我们在计量经济史（Cliometrics）领域里也属初学乍练者，试水之作不知深浅，错误和疏漏在所难免。感谢杜恂诚、李晋两位先生的关注，也欢迎学界同仁评头论足。

7 中国经济史专题研究

7.1 近代化起步以来中国经济态势初探

作者按：本节是笔者近年参加中国经济史学会年会的一篇论文的主体部分，略做删节，本文后来拆分为两篇论文公开发表。本文对近代以来中国经济态势的演变做了分析，属于对上位前提的研究。文中有与本书上编内容重复之处，为保持原文分析结构的完整性，未对这些内容做删节，目的在于对初学者抛砖引玉。

原文的内容提要：判断一国处于供给约束型经济还是需求约束型经济态势下，是研究其经济运行的基本前提，是一切理论模型前提假设的上位前提，这关乎能否正确应用理论框架的大问题。首先应从总供求与价格的关系、总供给的价格弹性、贸易条件和马勒条件等角度对特定时空的经济态势做出相应的逻辑判断，然后再用计量方法证实这一判断。分析表明，中国自近代化起步至1995年，始终处于供给约束型经济态势之下，经济增长的关键在于总供给；自1996年始，转变为需求约束型，经济增长的发动机是总需求。

原文的关键词：供给约束型、总供求、贸易条件、马歇尔－勒纳条件、基本前提。

在近代以来的各个历史阶段中，中国宏观经济运行的基本态势是供给约束型经济还是需求约束型经济这一问题，学界很少有人关注，在研究宏观经济具体问题时一般也无人讨论这一"上位"前提。因此，在研究者错用理论框架分析经济时，也很少有人提出异议。考察任何一个国家的经济发展史，在其不同的发展阶段上，经济运行都受制于或受益于某种不同的前提条件（包括自然的和人文的条件）。因此，在经济史研究中，首先必须弄清一国在不同的历史阶段中最主要的前提条件。从这个最主要的前提条件出发，才能建立正确的逻辑分析框架，这是得出正确结论的必要条件。考察古典经济学的基本前提，很容易看出，重要假设是事前储蓄小于投资，基本经济态势是供给约束型的，即经济增长或衰退的主要因素是供给。而凯恩斯经济学的重要假设是事前储蓄大于投资，基本经济态势是需求约束型的，有效需求不足，经济增长的发动机是总需求。经济史和经济学史的发展规律都在提示我们，分析不同时空的经济运行要用不同的理论框架，可能还需要研究者根据不同时空的前提假设来修正既有的理论框架。例如，至少以1929~1933年的大萧条为界，世界主要国家已经被需求约束型经济态势笼罩，无论用古典经济学衍生的经济政策去治理大萧条，还是用古典经济学的理论框架去解释大萧条，都是南辕北辙的。美国学者埃德温·查理曾深有体会地说过，任何理论对于经济现实是否具有可用性，取决于这些理论所赖以存在的假设在多大程度上反映了现实情况。如果假设与实际基本相符，则通过对某一"理论"的运用可以帮助我们理解和预测大量复杂的现实经济的变化。但如果所做假设与实际不相一致，那么，依靠这种理论会把我们引入歧途，从而使经济现实更为神秘莫测。①

本节拟就中国经济百余年的总供求问题做初步的讨论，对若干阶段的经济态势做出初步判断，求教于学界的前辈和同仁。

7.1.1 总供求态势研究的基本逻辑

1. 从总供求与价格的关系角度分析

我们首先讨论供给约束型经济态势的经济学机理。从图7-1(a)看，供给曲线 AS_0 是典型的或极端的供给约束型经济（虽然某些古典经济学理论假设收入不变，但实际经济中应该少有这种极端现象），供给曲线与横轴垂直，在物价变动过程中，完全是总需求曲线从 AD_1 运动到 AD_3 的位置，从而导致价格由 P_1 上升到 P_3 的，总供给所起的作用是0。一般来说，供给约束型经济条件下的总供给曲线 AS_1 不会像 AS_0 那样极端，但应该是非常陡峭的，在总需求向上运动时，AS_1 释放更多的产出比较艰难，因此缓解价格上涨的作用不大。

---

① 〔美〕埃德温·查理：《发展中国家宏观经济学》，商务印书馆，1990。

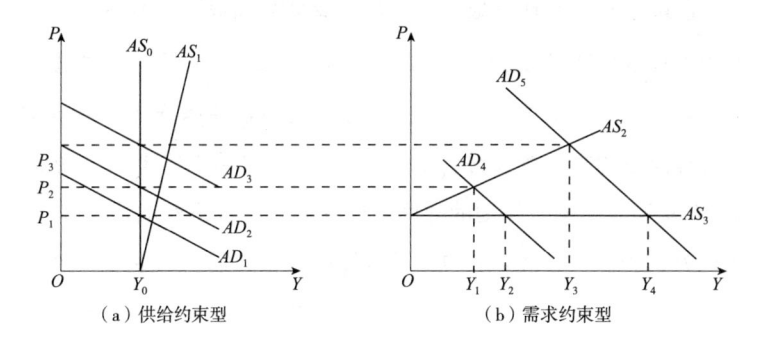

图 7−1　供给约束型与需求约束型经济态势

图 7−1（b）中有两条总供给曲线 AS_2 和 AS_3，AS_2 较之图 7−1（a）中的 AS_1，斜度平缓得多，还可以处于斜度更为平缓的位置上（图没有给出，但可以想象到），经济态势就变成了需求约束型。最极端的情况是，AS_3 与横轴平行。在需求约束型经济态势下，总需求拉动总供给的效应巨大。在图 7−1（b）中，AD_4 上升到 AD_5 时，若总供给曲线为 AS_2，则价格涨幅为 P_3-P_2，产出增幅为 Y_3-Y_1，即价格升幅较小、产出增幅较大；若总供给曲线为 AS_3，则产出增幅为 Y_4-Y_2，价格在 P_1 的水平上不变。因为，价格上涨的能量均被总供给所压制，即总供给下压价格的力量显著大于总需求抬升价格的力量。

若使用上述逻辑的数量模型 $P=a_0+a_1D+a_2S$ 中做分析，则有判断两个解释变量的相对重要性的方法——Beta 系数法。由于偏回归系数与变量的原有单位都有直接的联系，单位不同，彼此不能直接比较。为此，可以将偏回归系数转换为 Beta 系数，其公式如下：

$$\widehat{\beta}_j^* = \widehat{\beta}_j \frac{s_x}{s_y} = \widehat{\beta}_j \sqrt{\frac{\sum(X_{ji}-\overline{X}_j)^2}{\sum(Y_i-\overline{Y})^2}} \quad (j=1,2,\cdots,k;i=1,2,\cdots,n)$$

$$(7-1)$$

| 计量经济史研究方法

　　Beta 系数就是按照解释变量的标准差与因变量的标准差之比例对估计的斜率系数进行调整,其数值与测定变量时的单位无关,即是一个"纯数",因此可以直接比较,用以确定计量模型中解释变量的相对重要性。在图 7-1 中,总需求的 Beta 系数就是 AD 推动价格向上运动的力度,总供给的 Beta 系数就是 AS 向下压迫 P 的力度。显然,在供给曲线陡峭时,总需求的 Beta 系数应该显著大于总供给的 Beta 系数;反之,则反是。

　　换个思路,供给弹性学说也对分析经济态势提供了有用的分析框架。在可考的经济史上,可以断言,从未出现过总供给曲线严格与横轴垂直或平行——价格供给弹性严格为 0 或无穷大的极端现象,供给曲线应该总是介于这两个极端之间,见图 7-2。

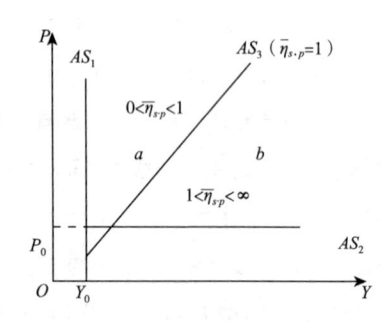

图 7-2　不同约束型态势的区域划分

图 7-2 中,AS_1 和 AS_2 是两条极端的供给曲线。在 AS_1 和 AS_2 之间,有无数条 AS 曲线,其中的 AS_3 是平均价格弹性等于 1 的一条供给曲线,显然,这也应该是一种特殊现象,但有出现的可能。在 a 区域内,平均的总供给价格弹性大于 0 而小于 1,即 $0<\bar{\eta}_{s\cdot p}<1$。由于 AS_3 的价格弹性等于 1,因此是 a、b 两个区域的分

界线。在 b 区域内，各条 AS 曲线的平均价格弹性都是大于 1 而小于 ∞ 的。a 区域内的各条 AS 曲线具有共同的特点，即总需求变动 1% 时，总供给的变动总是小于 1% 的，总需求的其余能量被价格吸收。AS 曲线越是接近 AS_1，需求拉动供给的能力越低。到达极端位置——AS_1 时，总需求的力量全部化为价格，产出变动率为 0。总之，在 a 区域内，经济态势表现为供给约束型，AS 曲线越是陡峭，位置越接近 AS_1，供给约束的强度越大。在 b 区域内，各条 AS 曲线的共同特点是，总需求变动 1% 时，总供给的变动幅度会大于 1%，即总供给强大的潜能有抑制价格上涨的功能。AS 曲线的斜度越是平缓，位置越接近 AS_2，总需求拉动总供给的能力越强，价格上涨的势头越弱。到达极端位置——AS_2 时，总需求的力量全部化为产出，价格变动率为 0。总之，在 b 区域内，经济态势表现为需求约束型，AS 曲线的斜度越是平缓，位置越接近 AS_2，需求约束的强度越大。

上述分析留给我们的疑问是，弹性是两个变量之比，弹性等于 1 时，只说明两个变量变化的百分比相等，并不说明两个变量的绝对量相等。这样一来，AS_3 还可以作为供给约束和需求约束的理论界限吗？我们对此问题做一点讨论。计算弹性的原函数是指数函数：

$$Y = Y_0 P^\eta \qquad (7-2)$$

当 $\eta = 0$ 时，则有 $Y = Y_0$，即供给曲线为 AS_1。当 $\eta = \infty$ 时，则有 $P = P_0$，即供给曲线为 AS_2。现在，我们对式（7-2）两端取对数，得

$$\ln Y = \ln Y_0 + \eta \ln P \qquad (7-3)$$

为了使两个变量在两轴上的标度单位相等，令 $Y = P$，则有

$$\eta = \frac{\ln Y - \ln Y_0}{\ln P} = \frac{\ln Y - \ln Y_0}{\ln Y} = 1 - \frac{\ln Y_0}{\ln Y} \qquad (7-4)$$

当实际经济中的 Y 远离 Y_0 时，即 Y_0 值很小或 Y 值很大时，$\frac{\ln Y_0}{\ln Y} \approx 0$，即 $\eta \approx 1$。我们认为，当一个国家的经济从极端的供给约束（假如存在这条曲线）发展到即将向需求约束过渡的地步时，Y 必远大于 Y_0。接下来的工作是，只要算出总供给曲线的价格需求弹性，我们就可以判断一国经济所处的总供求态势了。

2. 从贸易条件角度分析

贸易条件概念最初的含义只是进、出口之间的比价，所谓贸易条件的恶化或改善最初也只是进、出口价格指数的相对上升或下降，即价格贸易条件。在以后的贸易实践中，贸易条件的改善或恶化，成了评价一国国际贸易绩效的重要考量指标。贸易条件学说其实暗含着"供给约束型经济"这一假设。即使穆勒时代没有这个词，也有萨伊的"供给自动创造需求"思想存在了。恐怕也只有在此前提下，方可以此学说考量贸易绩效。不管穆勒时代（或之前）供给"瓶颈"在哪个层面上，只要是供给约束成立，供给曲线陡峭或与横轴垂直，供给量就与价格关系不大或无关了。于是，当供给量一定时，提高贸易利润率的途径只有提高价格。假定贸易双方都是供给约束型的国家，于是，两个价格之比绝对就是利益之比了。如果进出口价格指数能大略算出来的话，贸易条件与贸易收支的走势应该是相同的或正相关的。难怪，国际贸易学早期理论常用的案例都是靠天吃饭的农业和畜牧业及这

两个产业附属的加工行业——小麦、葡萄酒和呢绒。这些产业都是供给约束型的，由于经济关系简单、便于分析，直到现在，国际贸易学教科书依然沿用这些案例。

进一步地，我们换个角度，对现实中的反倾销现象来做一点探讨。倾销、反倾销是国际贸易发展的产物，倾销是在外国市场上的低价销售行为。对于倾销国来说，出口价格降低，则贸易条件恶化，倾销就变成了一种自愿恶化贸易条件的行为，为了贸易伙伴（进口国）的贸易条件改善而进行生产销售。再说进口国，当遭遇倾销时，他们的第一反应是反倾销，事实上，一方面进口国的贸易条件得到了改善，另一方面却通过复杂的反倾销程序极力地拒绝这种改善。贸易条件理论在此必然推出荒谬的结论：一边是出口国奋不顾身地自愿恶化贸易条件，另一边是进口国宁可撕破脸也不愿接受贸易条件的改善，双方还要通过复杂的博弈以示决心。用穆勒的价格贸易条件考量，当代国际社会交易双方的这种行为是既愚蠢又多余的。问题当然不是这样荒诞不经。理论与实践不符，只能说明理论本身的逻辑出了问题或理论应用的前提发生了质变。穆勒是一位令人尊重的经济学家，犯逻辑错误的可能性不大，较大的可能是社会经济背景变化到了与穆勒模型的前提假设相反的地步。

倾销最早可以追溯到重商主义时期，已有几百年的历史，而反倾销法的出现距今也只有百年，而被国际社会严重关注则是"二战"之后若干年的事情。当年的星星之火缘何到如今才成燎原之势，其原因是多方面的。该行为本身的因素暂不探讨，我们从倾销、反倾销赖以茁壮成长的经济条件着手，做一简单分析。我们知道，实施倾销行为的前提是要有足够多的产品，在几百年前，社会生产力不发达，社会产品有限，这样的供给约束型经济体决定了倾销在其成长过程中的营养不良命运，供给约束型经济体是倾销不成规模的根本原因。在供给约束型经济体中，整体社会生产力不发达，但局部生产力水平较高是正常的，这时出现偶然性的倾销是合情合理的。所以，供给约束型经济可以用来解释为什么倾销在几百年前出现却不能成规模。同时，贸易条件在需求约束型经济前提下是荒诞的这一事实，也可以提示我们，贸易条件在供给约束型经济中也许是考量国际贸易绩效的重要工具。从众多文献看，在当代经济中，贸易条件与贸易收支大都是负相关的，即贸易条件恶化了，贸易收支却改善了。

随着贸易条件与经济发展现实矛盾显现，学界开始修正价格贸易条件，出现了收入贸易条件。收入贸易条件试图将一国以出口为基础的进口商品的能力数量化，而不仅仅体现出口与进口之间的价格关系。其值为价格贸易条件与出口量指数的乘积，即：

$$ITT = NBTT \times Q_x \tag{7-5}$$

式（7-5）中，Q_x 为出口量指数。我们不清楚收入贸易条件为何假定进口量指数不变，这种逻辑在国际贸易现实中是绝对行不通的。如果借用双要素贸易条件的思路，加入进口量指数，逻辑上还可以是通顺的。收入贸易条件与价格贸易条件最本质的区别在于，供给"瓶颈"消除了，出口贸易量是可变的，提高贸易利润的途径不再单一，扩大贸易量，薄利多销也不失为正确的贸易思路了。贸易量一旦可以变动，价格贸易条件与收入贸易条件便同室操戈了，往往是价格贸易条件恶化而收入贸易条件改善。其实，收入贸易条件事实上是在考量贸易收支，但由于测算公式中缺少进口量指数，因此，对贸易收支的测度也是含混的。在此方面分析比较到位的是马勒条件，而不是这种收入贸易条件。

3. 从马歇尔－勒纳条件角度分析

马歇尔首先提出国际收支调节弹性理论，勒纳在马歇尔的弹性理论基础之上得出马歇尔－勒纳条件（又称马勒条件）。之后，罗宾逊夫人做了大量工作，对其进行了修正。它主要被用来考量一国货币的贬值与该国贸易收支改善程度的关系。众所周知，对一国来说，货币一旦贬值，在贸易品本币价格不变时，会造成出口商品外币价格的整体下降或是进口商品本币价格的整体上升，无论用哪种货币计算，价格贸易条件必将恶化。马勒条件实际上考察的是，政府行为导致的价格贸易条件主动"恶化"之后，会不会产生"双"收入贸易条件（出口量和进口量的变化同时考虑）的"改善"。剑桥大学的经济学家们为什么会考虑主动"恶化"价格贸易条件呢？问题在于，国际贸易的评价原则主要是考量总体获利程度，获利是目的，价格是手段而已。马歇尔、勒纳和罗宾逊夫人之所以做这样的分析，是因为多数西方国家的经济态势和穆勒时代相比，发生了实质性的变化，即产量是可以大幅增加的。在低价格的诱惑下，出口量是可以增长的，生产一端没有问题。此时的供给曲线是向右上方倾斜的，从理论上说，厂商可以满足任何数量的有效需求。在马勒条件的众多假设中，四个供给弹性均为无穷大是很重要的，这基本上说明，新古典主义者们的分析框架是在"需求约束型经济"假设之下建立的。因此，降价刺激国外需求,薄利多销,进而在贸易收支差额上获利是新古典主义者们的理性选择。在一系列假设下,马勒条件推导出了价格贸易条件主动"恶化"可以改善总体贸易收支的基本条件:

$$E_x + E_m > 1 \tag{7-6}$$

式(7-6)中,E_x表示对出口品需求的价格弹性,E_m表示对进口品需求的价格弹性,如果一国的经济条件满足式(7-6),本币贬值将改善贸易收支。根据罗宾逊夫人的推理,[①] 我们可以得出以下结论。

(Ⅰ)当$E_x + E_m > 1$时,有$\frac{dB}{dP} < 0$。贸易收支变动与间接标价法的汇率变动呈反向变动关系,即币值越低顺差越大(或逆差越小)。

(Ⅱ)当$E_x + E_m < 1$时,有$\frac{dB}{dP} > 0$。贸易收支变动与间接标价法的汇率变动呈同向变动关系,即币值越低顺差越小(或逆差越大)。

这里我们没有讨论$E_x + E_m = 1$的情况,是因为在现实经济体中,这种情况发生的概率几乎为零,即使发生也是不稳定的,$E_x + E_m = 1$不是现实经济体的常态。

结论(Ⅰ)表明,$E_x + E_m > 1$,意味着需求是富于弹性的,同时,罗宾逊夫人的模型假设供给弹性是无穷大的,则此时的经济体是需求约束型经济。我们套用一下萨伊定律的句式来描述就是,需求可以自动创造供给。在需求约束型经济体中贸易收支变动与本币币值变动呈反向变动关系,即本币贬值可以改善贸易收支,马勒条

[①] 陈岱孙、厉以宁:《国际金融学说史》,中国金融出版社,1991。

件成立。换句话说，马勒条件在需求约束型经济体中是适用的。

结论（Ⅱ）表明，当 $E_x + E_m < 1$ 时，意味着需求是缺乏弹性的，即价格对需求量的刺激能力太弱。国外需求量（出口量）增加产生的利益不能抵补价格下降造成的损失，国内需求量（进口量）下降节省的开支不足以抵补价格上升造成的开销增加。这种情况从表面上看，似乎是需求的问题，其实，这无疑是供给方面有较大的问题。首先，在出口外币价格下降时，国外需求不能有效增加，说明供给方面无力调整出口商品结构或商品品质，存在着较大的供给"瓶颈"，供给弹性无穷大是一句空话。其次，进口品本币价格上升时，国内替代产品的产量上不来或根本没有，更是与供给弹性无穷大无缘。这说明，当 $E_x + E_m < 1$ 时，该国经济是供给约束型的，货币适度升值可以改善其贸易收支。

7.1.2 近代中国的经济态势研究

1. 基于总供求的分析

近代中国并不是主动走进市场经济大门的，而是在帝国主义列强的炮舰和商品交替攻击下被迫开始了经济近代化过程。进入20世纪之后，中国经济有了一定起色，农业经济在国民收入中所占比重退至60%左右，新式的工商服务业有了一定的发展。但是，无论是从人均收入水平还是从工业化程度来说，都远远落后于西方列强。如果说西方列强已经到了需要减肥的阶段（储蓄过大），恐怕当时的中国还处于需要增体重（储蓄不足）的时期。因此，中国与列强的经济有着本质的不同。近代中国被卷入市场经济的时间不长，原始资本积累很不充分。人口众多且人均收入水平较低，农业在国民收入中所占比重大且增长缓慢。因此，储蓄在可支配收入中所占份额应该是很低的。在国际事务中，中国备受欺凌、割地赔款，储蓄严重流失。在西方国家早期，储蓄中包括殖民掠夺，而在近代中国的储蓄中，要减去被掠夺的储蓄。从1840年鸦片战争开始，一直到1914年第一次世界大战之前，中国在中外战争中屡战屡败，动辄割地赔款。所以，近代中国的储蓄流失是比较严重的。叶孔嘉博士（1977）估计了1931~1933年的总需求分类数据，我们据此计算出该时期的储蓄率仅为2%左右。

在经济发展水平相对较高的抗战前，储蓄倾向都如此之低，若倒推至19世纪中叶，就算储蓄倾向不再更低，也不会高于1931~1936年。此后，1937年全面抗战爆发，在十多年的战争期间，储蓄倾向绝不会高于此期间。储蓄严重不足的后果就是投资增长非常缓慢，在总需求上升时难有足够的新增资本参与生产，从而导致总供给增长缓慢。基于这些众所周知的判断，我们假定近代中国尚处于供给约束型经济态势下，我们勾勒的基本逻辑模式如图7-3所示。

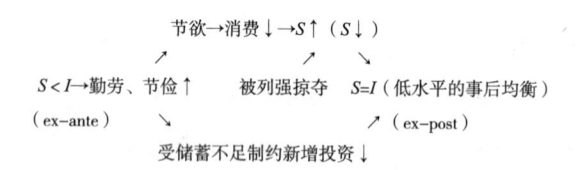

$$节欲\rightarrow 消费\downarrow \rightarrow S\uparrow (S\downarrow)$$

$$S<I\rightarrow 勤劳、节俭\uparrow \qquad 被列强掠夺 \qquad S=I（低水平的事后均衡）$$

$$(ex\text{-}ante) \qquad \qquad (ex\text{-}post)$$

$$受储蓄不足制约新增投资\downarrow$$

图7-3 "供给约束型经济"从事前不均衡到事后均衡

根据上述逻辑，我们用1913~1936年中国的经济数据，对总供给、总需求和价格的关系做实证分析。我们首先建立近代总供求影响中国物价水平的理论模型，并且按照经济理论可以先验确定了变量的符号：

$$P = f(M_1, Y) \tag{7-7}$$

$$\frac{\partial P}{\partial M_1} > 0, \frac{\partial P}{\partial Y} < 0$$

式（7-7）中，P 表示批发物价总指数；Y 表示总供给，用 GDP 数据代表；M_1 为狭义货币供应量，替代总需求。

根据上文设定的理论模型，我们采用的数据样本制成表 7-1。

表 7-1　近代中国总供求数据

年份	M_1（百万元）	Y（亿元）	P（1913年=100）	年份	M_1（百万元）	Y（亿元）	P（1913年=100）
1913	1976.7	178.09	100	1925	3364.7	226.87	146
1914	2016.1	163.39	106	1926	3616.6	238.63	149
1915	2014.0	166.10	118	1927	3764.8	248.58	157
1916	1973.2	160.75	118	1928	4098.9	257.11	156
1917	1935.9	143.97	122	1929	4560.5	266.26	162
1918	2031.0	143.51	123	1930	5101.8	276.21	178
1919	2203.9	180.88	121	1931	5012.0	285.7	190
1920	2468.3	183.02	131	1932	5000.4	294.7	170
1921	2571.2	191.31	132	1933	4776.0	294.6	152
1922	2743.1	213.43	130	1934	4185.0	269.0	145
1923	2913.1	211.45	137	1935	5050.0	290.9	150
1924	3090.0	236.58	133	1936	6607.8	309.4	175

资料来源：1. M_1 的数据见 Thomas G. Rawski, *Economic Growth in Prewar China*, University of California Press, 1989, p.394，其中 1933~1935 年数据见刘巍、郝雁《对罗斯基估算的 1910~1936 年中国货币供应量之检讨》，《广东外语外贸大学学报》2008 年第 3 期。2. P 的数据见王玉茹《近代中国价格结构研究》，陕西人民出版社，1997，第 23 页，1913 年=100。3. Y 的数据见刘巍《对中国 1913~1926 年 GDP 的估算》，《中国社会经济史研究》2008 年第 3 期。

根据计量经济学的基本理论,实证分析之前要判定变量的平稳性,否则容易引起虚假回归。变量平稳性常用的检验方法是 ADF 检验,本文依据 ADF 单位根检验法的基本理论,结合检验形式、差分次数以及 DW 值大小,综合判断变量的单位根情况,如表 7-2 所示。

表 7-2 变量的 ADF 单位根检验结果

变量	差分次数	检验形式 (c, t, k)	DW	ADF	1%	5%	结论
M_1	1	$(C, N, 1)$	2.00	-3.28	-3.73	-2.99	$I(1)^*$
Y	1	$(N, N, 1)$	2.09	-2.18	-2.74	-1.97	$I(1)^*$
P	0	$(C, t, 1)$	1.93	-4.08	-4.16	-3.50	$I(0)^*$

*表示变量差分后的序列在 5% 的显著水平上通过 ADF 平稳性检验。

上述变量的 ADF 单位根检验结果表明理论模型中涉及的变量 M_1 和 Y 是一阶单整序列,P 是平稳序列。由于被解释变量是平稳序列,两个解释变量是同阶单整序列,根据协整理论,如果两个解释变量没有协整关系,则普通最小二乘法回归结果是伪回归(虚假回归)。因此回归之前要判断解释变量之间的协整性,有协整关系才可直接利用普通最小二乘法,否则需要另行处理,本文两个解释变量的 JJ 协整检验结果如表 7-3 所示。

表 7-3 JJ 协整检验结果

特征根	似然比统计量	5%显著水平临界值	1%显著水平临界值	原假设
0.575	21.09	15.41	20.04	$R=0$
0.099	2.28	3.76	6.65	$R \leq 1$

协整检验结果表明，在1%的显著水平上两个解释变量之间具有协整关系，因此按照计量经济基本理论可以直接运用普通最小二乘法回归，假定模型为线性函数形式，回归结果如下：

$$P = 104.262 + 0.028M_1 - 0.252Y \qquad (7-8)$$

$t_1 = 6.69, t_2 = 6.63, t_3 = -2.80, R^2 = 0.96, DW = 2.05, F = 145.6$

模型整体检验结果表明模型回归符合计量经济学的基本假设，并且拟合效果很好。按照Beta系数公式，计算的解释变量对被解释变量的重要性结果如下：$\beta_Y = -0.49$，$\beta_{M_1} = 1.28$。如果将β_Y标准化为1，则β_{M_1}为2.6。Beta系数表明了各个变量对于被解释变量的解释程度和重要性，M_1对P的重要程度是Y的2.6倍多。至此，我们证实了前面的逻辑，总供给在该时段经济发展过程中对价格所起作用较小，即从国内经济角度证实了近代中国属于供给约束型经济态势。接下来，我们再从国外部门的角度对此进行一些考察和讨论。

2. 基于贸易条件的分析

由于资料限制，找到欧美国家19世纪的贸易条件数据很不容易，难以从实证角度说明贸易条件在当年西方国家供给约束型经济态势下的适用性。所幸的是，当年南开大学（1937）的专家们做出了中国1887～1936年的贸易"交易率"，是用进口价格指数比出口贸易指数，即贸易条件的倒数，见表7-4。

"交易率"这个统计量和穆勒的贸易条件之改善、恶化概念正好相反。于是，用南开大学经济研究所的交易率统计量来分析，交易率与贸易收支负相关时，说明贸易条件成立；反之则反是。

表7-4　中国对外贸易数据

年份	交易率指数 $a=e/f$	贸易差额 $b=d-c$	进口净值（1000关两） c	出口净值（1000关两） d	进口物价指数 e	出口物价指数 f
1887	83.0	-16404.00	102264	85860	46.9	45.1
1888	83.2	-32382.00	124783	92401	46.9	51.7
1889	83.1	-13896.00	110844	96948	47.9	47.8
1890	79.0	-39949.00	127093	87144	46.7	46.1
1891	74.0	-33056.00	134004	100948	47.4	47.2
1892	77.0	-32517.00	135101	102584	45.8	48.7
1893	88.0	-34740.00	151363	116623	46.3	49.6
1894	118.9	-33998.00	162103	128105	38.5	45.9
1895	123.6	-28404.00	171697	143293	35.3	40.6
1896	116.3	-71509.00	202590	131081	33.8	47.1
1897	108.6	-39328.00	202829	163501	35.5	40.8
1898	115.4	-50542.00	209579	159037	35.7	40.2
1899	86.2	-68963.00	264748	195785	35.2	41.3
1900	103.7	-52073.00	211070	158997	38.3	41.1
1901	106.7	-98646.00	268303	169657	39.6	40.5
1902	95.5	-101182.0	315364	214182	37.6	36.2
1903	99.2	-112387.0	326739	214352	37.1	36.8
1904	94.1	-104574.0	344061	239487	37.1	32.9
1905	89.8	-219213.0	447101	227888	37.1	33.9
1906	83.2	-173813.0	410270	236457	43.3	35.3
1907	84.3	-152020.0	416401	264381	43.0	51.8
1908	101.4	-117845.0	394505	276660	43.6	52.4
1909	105.1	-79165.00	418158	338993	44.3	53.3
1910	111.7	-82132.00	462965	380833	40.7	51.5
1911	111.7	-94166.00	471504	377338	38.7	52.3
1912	112.9	-102559.0	473079	370520	39.6	51.4
1913	100.0	-166857.0	570163	403306	44.7	50.8

续表

年份	交易率指数 $a=e/f$	贸易差额 $b=d-c$	进口净值（1000关两）c	出口净值（1000关两）d	进口物价指数 e	出口物价指数 f
1914	103.3	-213014.0	569241	356227	62.8	52.8
1915	104.8	-35615.00	454476	418861	66.1	53.5
1916	104.6	-34610.00	516407	481797	67.1	57.7
1917	123.4	-86587.00	549519	462932	71.8	66.1
1918	128.4	-69010.00	554893	485883	71.9	62.3
1919	134.1	-16189.00	646998	630809	67.2	78.0
1920	155.6	-247618.0	762250	514632	74.8	72.1
1921	142.3	-304866.0	906122	601256	75.3	70.6
1922	117.7	-290158.0	945050	654892	78.0	81.7
1923	109.1	-170486.0	923403	752917	88.3	89.0
1924	105.4	-246427.0	1018211	771784	87.2	92.7
1925	103.5	-171512.0	947865	776353	81.2	90.4
1926	98.6	-259926.0	1124221	864295	75.4	90.6
1927	108.6	-94012.00	1012932	918920	82.3	97.6
1928	100.4	-204614.0	1195969	991355	95.4	94.1
1929	93.1	-250092.0	1265779	1015687	95.1	90.5
1930	102.5	-414912.0	1309756	894844	102.5	91.8
1931	116.0	-524013.0	1433489	909476	102.2	91.5
1932	128.6	-557605.0	1049246	491641	100.0	88.6
1933	142.7	-470949.0	863650	392701	100.0	100.0
1934	136.1	-317362.0	660889	343527	108.9	105.4
1935	122.9	-220412.0	589994	369582	113.0	107.8
1936	109.4	-151350.0	604329	452979	122.4	117.0

资料来源：交易率指数见南开大学经济研究所《南开指数年刊》（1937），第37~38页。其余数据根据中国海关贸易统计计算而得，1932年6月之后的数据不包括东北的贸易统计数据，转引自郑友揆《中国的对外贸易和工业发展（1940~1948）》，上海社会科学院出版社，1984，第344~337页。

我们用表 7-4 的数据所做的相关分析，得出的结论是，交易率与贸易差额的相关系数为 -0.41。负相关的趋势成立，但相关系数不高。我们认为，这是由在近代中国 50 年间，贸易伙伴国陆陆续续地过渡到了需求约束型经济所致。在穆勒的贸易条件学说中，贸易双方都处于供给约束型经济态势下，闲置的产能都不大，价格呼唤产出的可能性都很小。而在两世纪之交，英国、美国都已发展到了需求约束型经济时代，对中国的进出口会有微妙的影响。这个问题比较复杂，我们拟另写专文讨论。

在计算了相关系数之后，我们再用回归方程考察一下两个变量之间的数量关系。变量的平稳性检验情况如表 7-5 所示。

表 7-5 变量的 ADF 单位根检验结果

变量	差分次数	检验形式 (c, t, k)	DW	ADF	1%	5%	结论
TB	1	(N, N, 1)	1.94	-4.17	-2.62	-1.95	$I(1)^*$
TT	1	(N, N, 1)	1.98	-4.56	-2.61	-1.95	$I(1)^*$

* 表示变量差分后的序列在 1% 的显著水平上通过 ADF 平稳性检验。

上述变量的 ADF 单位根检验结果表明理论模型中涉及的变量 TB 和 TT 是一阶单整序列。两个变量的协整检验结果如表 7-6 所示。

表 7-6 协整检验结果

特征根	迹统计量 (P 值)	5% 临界值	λ - max 统计量 (P 值)	5% 临界值	原假设
0.37	31.59 (0.01)*	25.87	21.32 (0.03)*	19.39	0 个协整向量
0.20	10.27 (0.12)	12.52	10.27 (0.12)	12.52	至少有 1 个协整向量

* 表明在 5% 的显著水平下拒绝原假设，P 值为伴随概率。

协整检验结果表明在 5% 的显著水平上两个变量之间具有协整关系，因此按照计量经济基本理论可以直接运用普通最小二乘法回归，假定模型为线性函数形式，回归结果如下：

$$TB = -1405.91TT \qquad (7-9)$$

$$R^2 = 0.70, s = 447.24, t = -3.14, DW = 1.86, F = 109.32$$

用最小二乘法回归的结果表明，交易率指数变动一个单位，贸易收支就反向变动 1.4 亿海关两左右。说明了"贸易条件改善则贸易收支改善"的逻辑关系。

实证分析的结果表明，从 1887~1936 年平均来看，中国的贸易条件指数改善（交易率指数下降）一个单位，中国的贸易收支就改善（逆差减少）1.4 亿海关两左右。这一事实佐证了近代中国经济态势是供给约束型。

3. 从马歇尔-勒纳条件角度分析

1935 年之前，近代中国的货币一直使用银币，政府一般也不干预货币，中外汇率听凭金银比价自由波动。我们判断中国经济属供给约束型还是需求约束型时，可以从马歇尔-勒纳条件角度切入：如果近代中国的 $E_x + E_m > 1$，则本币贬值导致的本国商品相对降价可以改善贸易收支，近代中国经济大体上应属需求约束型；如果近代中国的 $E_x + E_m < 1$，本币贬值导致的本国商品相对降价使贸易收支恶化，则近代中国经济大体上应属供给约束型。接下来，只需要用近代中国的贸易和汇率数据做一数量分析，便可见分晓。

我们曾撰文[①]讨论过20世纪30年代之前的中国进口模型，算得 $E_m = 0.27$，郝雁博士[②]对近代中国出口问题研究的结论是 $E_x = -0.34$（两个弹性都是按间接标价法数据计算），即：

$$E_x + E_m = |-0.34| + 0.27 = 0.61 < 1 \qquad (7-10)$$

两个弹性绝对值相加远小于1，基本上可以认定中国经济的供给约束型性质。

7.1.3 新中国成立以来的经济态势研究

1. 新中国成立至改革开放前的供给约束型经济态势分析

1949年中华人民共和国成立，全国绝大部分地区战争结束，和平建设开始了。1950～1952年，中国人民在政府的领导下医治大约十二年战争造成的创伤，这三年被称为经济恢复时期。虽然经济恢复的成效是显著的，但是，仅仅是恢复而已，短缺经济的本质没有得到改变，且市场经济成分仍占主要地位。[③] 1953年开始执行第一个五年计划，在"一五"计划的末期——1956年社会主义改造完成，从经济基础到上层建筑均已适应苏联模式的计划经济之整体要求。政府部门按计划定产定价的经济运行开始之后，首先遇到的困难是20世纪60年代初的三年困难时期，经济负增长严重，跌幅最大的1961年竟为 -27.3%。困难时期过后，经过调整和巩固，计划经济的力度更强了。从20世纪50年代开始的

---

① 刘巍：《对中国1913～1926年GDP的估算》，《中国社会经济史研究》2008年第3期。
② 郝雁：《近代中国出口贸易变动及其经济商品化影响的实证分析》，《中国社会经济史研究》2007年第2期。
③ 〔美〕麦克法夸尔、费正清：《剑桥中华人民共和国史》，上卷，杨品泉等译，中国社会科学出版社，1990，第136～140页。

"凭票供应"愈演愈烈,波及了大多数商品。任何一个中国普通城镇居民如果没有了票、证、券,将寸步难行,甚至活不成。总供给受制于意识形态"瓶颈"所导致的严重而普遍短缺,是苏联模式在中国催生的、接近极端现象的供给约束型经济态势。

在改革开放前的中国,若无重大突发事件的干扰,经济总量升降的主要原因是资本要素的投入,劳动力投入几乎失去了分析的意义,因为在理论上人人都是就业的。从1963年的精减城镇2800万人口,到1968年开始的上山下乡,全国适龄劳动者从城市向乡村遣散,统计学意义上的失业是不存在的。既有的资本和土地加上新增的投资,在巨大的政治热情烘托下,吐纳着勉强使全国居民避寒果腹(遇灾恐怕连这个底线都达不到)的产出,这一逻辑基本上可以概括中国宏观经济的运行常态。作为市场信号的价格、利率、汇率和工资水平等,由于市场被计划取代而失去了杠杆意义。

我们将这一逻辑程式化,则可做出如下的函数:

$$Y = f(K, I, F) \qquad (7-11)$$

式(7-11)中,Y为产出,K为资本存量,I为新增投资,F表示政治热情等意识形态因素(Fervour)。在统计量的安排上,我们用基本建设投资、更新改造投资和农业基本建设支出三项投资之和代表I,用滞后一期的GDP代表当期"既有的生产能力",这比固定资本存量的意义更大,包括了人力、政治热情、新体制在初期的活力和后期的惰性等,是函数中后两个变量的综合体现。数据见表7-7。

表7-7 改革开放前的主要经济数据

单位：亿元

年份	主要投资	实际GDP指数	年份	主要投资	实际GDP指数
1952		100.0	1965	240.41	214.1
1953	97.36	115.6	1966	278.50	237.1
1954	107.55	120.5	1967	209.80	223.6
1955	110.95	128.7	1968	183.80	214.4
1956	174.47	148.1	1969	264.84	250.6
1957	162.16	155.6	1970	390.60	299.3
1958	309.32	188.6	1971	450.58	320.4
1959	397.93	205.3	1972	444.28	332.4
1960	462.01	204.6	1973	475.60	358.5
1961	168.41	148.7	1974	500.16	366.8
1962	95.95	140.4	1975	580.50	398.7
1963	135.14	154.7	1976	563.85	392.2
1964	192.06	182.9	1977	584.28	422.1

资料来源：国家统计局国民经济综合统计司：《新中国五十年统计资料汇编》，中国统计出版社，1999，第4、7、11、16页。主要投资＝基本建设投资＋更新改造投资＋农业基本建设支出。

我们先对这两个变量做单位根和协整检验，见表7-8、表7-9。

表7-8 变量的ADF单位根检验结果

变量	差分次数	检验形式(c, t, k)	DW	ADF	1%	5%	结论
$\ln I$	1	($N, N, 1$)	2.09	-3.55	-2.67	-1.96	$I(1)^*$
$\ln YR$	1	($c, N, 2$)	1.99	-4.02	-3.77	-3.00	$I(1)^*$

＊表示变量差分后的序列在1％的显著水平上通过ADF平稳性检验。

表7-9　协整检验结果

特征根	迹统计量（P值）	5%临界值	λ-max 统计量（P值）	5%临界值	原假设
0.53	22.61（0.02）*	20.26	17.28（0.03）*	15.89	0个协整向量
0.21	5.33（0.25）	9.16	5.33（0.25）	9.16	至少有1个协整向量

* 表明在5%的显著水平下拒绝原假设，P值为伴随概率。

然后，我们用经典最小二乘法实证，回归模型如下：

$$\ln Y_t = 0.23\ln I_t + 0.83\ln Y_{t-1} + [ar(1) = 0.57] \quad (7-12)$$

$$t_1 = 3.26, t_2 = 15.45, R^2 = 0.95, DW = 1.63$$

模型（7-12）的各项检验说明，模型拟合的效果很好，数据经验完全支持我们的逻辑分析，自新中国成立至改革开放前，中国经济呈供给约束型态势。

2. 改革开放之后经济态势质变的转折点分析

1978年，十一届三中全会在北京召开，主要精神是，政治上拨乱反正，经济上体制改革。从此，中国在改革开放旗帜下的经济变革开始了。市场逐渐回到经济的中心位置上，价格等市场信号开始发挥应有的作用了。改革开放是在十年"文革"的烂摊子上展开的，要克服的困难是相当大的。意识形态方面的僵化教条姑且不论，就经济本身而言，最大的困难在于底子太薄所造成的储蓄少，从而投资不足，进而商品短缺。当时，城市里"储蓄一元钱，支援社会主义建设"的大横幅标语随处可见。随着改革开放的深化，中国市场上的商品逐渐丰富，供给约束型经济态势逐渐向需求约束型经济态势转化。然而，这个转化不可能是一蹴而

| 计量经济史研究方法

就的,是一个渐进的过程。我们用表 7-10 所列数据,遵循本文 7.1 节的逻辑框架,尝试判断质变发生在 1978~2008 年这一时段的哪个时点附近。

表 7-10　改革开放之后的主要宏观经济数据

年份	实际 GDP（1978 年价格亿元）	GDP 平减指数（1978 年 = 100）	狭义货币（亿元）
1978	3645.200	100.0000	948.5000
1979	3922.235	103.5787	1177.100
1980	4228.432	107.5008	1443.400
1981	4450.789	109.9041	1710.800
1982	4851.761	109.7210	1914.400
1983	5380.315	110.8244	2182.500
1984	6196.840	116.3190	2931.600
1985	7031.591	128.2213	3340.900
1986	7654.920	134.2300	4232.200
1987	8540.704	141.1898	4948.600
1988	9503.037	158.2946	5985.900
1989	9889.427	171.8229	6382.200
1990	10268.53	181.7962	6950.700
1991	11212.64	194.2585	8633.300
1992	12809.23	210.1882	11731.500
1993	14595.38	242.0896	16280.40
1994	16505.46	292.0117	20540.70
1995	18309.84	332.0275	23987.10
1996	20143.38	353.3499	28514.80

续表

年份	实际 GDP （1978 年价格亿元）	GDP 平减指数 （1978 年 = 100）	狭义货币 （亿元）
1997	22013.36	358.7503	34826.30
1998	23737.54	355.5646	38953.70
1999	25549.21	350.9976	45837.30
2000	27699.88	358.1771	53147.20
2001	30000.00	365.5174	59871.60
2002	32726.61	367.6908	70881.80
2003	36007.29	377.2092	84118.60
2004	39637.91	403.3470	95969.70
2005	43771.56	418.8276	107278.7
2006	48871.20	433.6368	126035.1
2007	54703.52	456.1497	152560.1
2008	59626.83	504.2599	166443.1

资料来源：2007 年及以前数据见《中国统计年鉴》2000~2008 年各期，2008 年数据见《中华人民共和国 2008 年国民经济和社会发展统计公报》（国家统计局，2009 年 2 月 26 日）。

与前面的数量分析同理，我们先对数据做单位根检验和协整检验，见表 7－11 和表 7－12。

表 7－11　变量的 ADF 单位根检验结果

变量	差分次数	检验形式（c, t, k）	DW	ADF	1%	5%	结论
$\ln M$	2	(N, N, 0)	2.01	－6.88	－2.65	－1.95	$I(2)^*$
$\ln Y$	2	(c, N, 1)	2.08	－3.78	－3.77	－3.00	$I(2)^*$
$\ln P$	2	(N, N, 1)	1.90	－4.65	－2.65	－1.95	$I(2)^*$

* 表示变量差分后的序列在 1% 的显著水平上通过 ADF 平稳性检验。

表 7-12　协整检验结果

特征根	迹统计量（P 值）	5%临界值	λ-max 统计量（P 值）	5%临界值	原假设
0.615	34.15（0.002）*	24.28	27.68（0.001）*	17.80	0 个协整向量
0.147	6.47（0.38）	12.32	4.60（0.54）	11.22	至少有 1 个协整向量
0.062	1.87（0.20）	4.13	1.87（0.20）	4.13	至少有 2 个协整向量

*表明在 1% 的显著水平下拒绝原假设，P 值为伴随概率。

接下来，我们根据中国经济改革进程中的标志性事件，做了几次尝试。效果最好的时点是 1995～1996 年。回归模型（7-13）是用 1978～1995 年的数据拟合的，各项检验指标表明，模型的效果是很好的。

$$\ln P = -133.81 \ln Y + 160.31 \ln M_1 + [ar(1) = 0.73] \quad (7-13)$$

$$t_1 = -3.66, t_2 = 4.34, R^2 = 0.96, DW = 1.26$$

由 Beta 系数公式计算得，$\ln Y$ 的 β 系数绝对值为 1，$\ln M_1$ 的 β 系数为 2.32。后者是前者的两倍多，说明这一时期影响价格的重要变量是总需求，而总供给影响价格的能力显著弱于总需求。因此，1978～1995 年这一时段的经济态势应该是供给约束型的。

用 1996～2008 年的数据拟合总供求与价格方程时，效果不显著。于是，我们转换了思路，采用总供给的价格弹性方法分析，拟合了模型（7-14）。①

---

① 有趣的是，用供给弹性方法拟合 1978～1995 年的方程也是不显著的。限于篇幅，这个问题留待以后讨论。

$$\ln Y = 1.76\ln P + [ar(1) = 1.35] - [ar(2) = 0.51] \quad (7-14)$$
$$t = 68.36, R^2 = 0.99, DW = 1.65$$

模型（7-14）表明，中国的综合物价水平变动1%，GDP就同向变动1.76%，GDP对物价呈强弹性，可以说明这一时段中国经济态势已经转换为需求约束型了。在需求约束型经济条件下，经济增长的发动机是总需求，即产出是总需求的函数。于是，我们用货币流量代替总需求与GDP再次拟合方程，见式（7-15）：

$$\ln Y_t = -0.506\ln M_t + 0.803\ln P_{t-1} \quad (7-15)$$
$$t_1 = 66.83, t_2 = 56.03, R^2 = 0.999, DW = 1.00$$

在式（7-15）中，直接用货币流通速度这个事后算出来的数据是不合适的，我们采用影响货币流通速度的预期因素——滞后若干期的价格做解释变量，即 $V = f(P_{t-n})$。用这样的逻辑拟合的方程效果很好，从另一角度也证实了1996~2008年经济增长的发动机是总需求，① 即进入了需求约束型经济时代，中国经济由"控制集团购买力"时代过渡到了"扩大内需"时代。

需要说明的是，改革开放以来中国在长时间内实施"出口导向型"经济战略，出口商品价格和汇率的市场化程度是逐步提高的，问题比较复杂，不像中国近代那样"纯市场"。限于篇幅，本文暂不从贸易条件和马勒条件角度再做分析。

7.1.4 简单的结论与尚待研究的问题

根据本节所做的逻辑分析和数量分析，初步得出以下结论。

---

① 用同样的方法拟合1978~1995年的方程，效果极不显著。

（1）中国自近代以来，直至1995年，基本上处于供给约束型经济态势中，虽艰难地走出了传统经济的藩篱，却陷入了低水平循环的困境之中。改革开放之后，中国经济发生了翻天覆地的变化，经过十多年的努力，中国经济在1996年左右发生了质的变化——储蓄大于投资，进入了需求约束型经济态势，经济增长的发动机由总供给转变为总需求了。

（2）在研究近代直至1995年时段的经济问题时，切不可使用以"有效需求不足"为大前提的现代经济学理论框架；而研究1996年之后的中国经济问题时，采用新古典理论框架也可能会得出南辕北辙的结论。

（3）在研究1956~1977年这一计划经济时期的经济问题时，选择理论框架要特别谨慎。任何西方经济学的理论都是暗含资源由市场配置这一基本前提的，如无重大修正，切不可生搬硬套。

（4）在这一领域中，尚待研究的问题很多，一个重要问题是：在中国宏观上处于供给约束型经济态势时，有没有哪个行业是处于需求约束型经济态势中的？在近年来的需求约束型经济态势下，有哪些行业是供给约束型的，供给的"瓶颈"在何处？弄清这一问题，对中国的中观经济分析有重大意义。

7.2 资本品短缺、货币紧缩与中国总产出下降

> 作者按：本节是笔者参加奥地利维也纳大学纪念第一次世界大战爆发一百周年国际学术研讨会提交的论文，分会场的议题是"一战对中国经济的影响"。笔者在会上发言的时间是15分钟，受时间限制，在会议上发言的内容仅仅是本

文内容提要的有限扩展。

原文内容提要：本文在"供给约束型经济"前提下建立了近代中国经济增长函数，实证结果表明，进口和货币量是中国经济增长的主要影响因素。"一战"期间中国资本品进口严重受阻，近代工业实际到位的投资呈下降趋势，造成总供给曲线无法右移，总供给的"瓶颈"效应愈发严重，经济负增长不可避免。同时，由国际银价上涨导致的白银外流，造成近代中国经济增长函数的另一个正相关解释变量——货币供给发生了萎缩，进一步打击了中国经济。"一战"时期是中国经济的衰退期，且衰退程度较深，从长期来看，是近代中国50年间表现最差的一个短周期。

百年之前，第一次世界大战爆发，中国虽远离欧洲战场，亦非完全意义上的交战国，但大战对中国经济也有较大影响。多年来，中国大陆学者多认为欧战对中国经济有利，认为第一次世界大战是"中国民族工业的黄金时代"。持此观点的学者之论证路径大同小异，主要的因果关系程式为"∵列强的经济侵略放松，∴中国民族工业出现黄金时代"。譬如，有的学者认为出现"黄金时代"的主要原因是：第一，战时英法德等国对华商品输出下降，减轻了对民族产品的排挤和打击；第二，交战国对中国商品的需求增长，出口市场扩大；[1][2] 第三，战时欧洲列强在华投资整

---

[1] 李文一：《论第一次世界大战前后（1912~1926年）浙江民族资本主义经济的发展》，《杭州大学学报》1992年第4期。
[2] 马洪林：《第一次世界大战期间上海民族工业的发展》，《历史教学》1980年第5期。

体下降，为民族资本的增长创造了空间。① 也有学者认为，史料显示欧战时期帝国主义对华经济控制能力虽无增长，但也未下降，前述观点不能成立，"黄金时代"主要是辛亥革命推动的，因此，民族工业"黄金时代"的起点应该是民国元年。②③④ 当然，还有学者认为，中国民族工业的发展不在战时，而在战后几年。同时，这一发展是空前的，但不是绝后的。⑤ 这一观点事实上认为"一战"仅仅是中国民族工业发展的起点。

上引文献虽仅为全部文献的一小部分，但基本上概括了近年来有关"一战"与中国经济研究文献的主要结论。我们认为，上述文献的结论在逻辑上和方法上均存在着较大问题，本文值此提出以下两个疑问。第一，"黄金时代"的证据是什么？文献几乎都缺乏长时间序列的 GDP 数据或涵盖全面的工业生产指数，仅以传统史学常用的举例法罗列零散数据，且未做起码的经济逻辑分析，显然不能证明"一战"期间发生了经济增长。第二，外国商品进口下降、本国商品出口增长、外资不再流入就一定会使近代民族工业增长吗？众所周知，"需求拉动供给"这一逻辑关系的前提假设是"需求约束型经济"，即经济体的潜在产能巨大、产

---

① 孙长斌：《一战期间中国经济变化与民主革命新因素的成长》，《江苏社会科学》2013 年第 4 期。

② 蒋立文：《中国近代民族工业走向"黄金时代"的真正动因》，《史学月刊》2010 年第 7 期。

③ 范小方：《一战期间中国民族资本主义的发展》，《中南财经大学学报》1991 年第 4 期。

④ 张天翼：《中国民族工业出现"黄金时代"的根本原因》，《陕西师范大学学报》1989 年第 2 期。

⑤ 黄苇：《中国民族资本主义经济的发展和破产问题》，《学术月刊》1982 年第 2 期。

量取决于订单。近代中国的总供求态势可能是这样吗？本文将沿着这两个问题的思路做初步的讨论，就教于方家。

7.2.1　近代中国总产出趋势考察：欧战期间是最差的周期

首先，我们讨论一下文献对"黄金时代"的描述。孙长斌用1912年和1920年的中国近代工厂数、资本量和工人人数等数据做比较，轻率地得出了"一战及战后现代性经济因素迅速成长"的结论。用战前和战后两个时点揣测"一战"经济状况的文献为数不少，而在黄苇先生20多年前的论文中就给出了民国学者杨铨1923年发表的"一战"期间工厂数下降的数据，不知研究者是没有看到还是认为杨铨的数据有讹谬，基本上都回避了这个资料。陈国清列举了中国人民大学政治经济学系1979年出版的《中国近代经济史》一书中引用的1913年、1917年和1920年三年的工业投资数据，① 得出了"一战期间民族工业迅猛发展"的结论。陈国清所用的数据比孙长斌多了一年，而且大战期间的1917年投资额数据的确比1913年高出两倍有余，似乎说服力较强。但是，费维恺的研究解释了战时"投资额数据"的增长并非实际投资发生："在大战期间，欧洲列强忙于战时军火生产，又因缺乏船只运输，所以减少了对中国的出口，从而为中资工业的扩大提供了机会。虽然购置设备的订单早已发出——生产资料仍主要来自国外——但大多数新工厂的开业不得不等到战争结束和

---

①　陈国清：《简论第一次世界大战对中国社会发展进程的若干影响》，《武汉大学学报》（人文社科版）2004年第1期。

订购的机器运抵中国后才能开工。"[1] 费维恺认为,大战确实给中资工业创造了发展的机会,但大战又扼杀了这一机会——机器设备大都是战后运抵中国的,这也可以解释战后民族工业突然爆发的原因。美国学者罗斯基按资本品真实进口的海关数据估计了近代生产性质的投资额(详见表7-13),数据显示出,欧战期间中国的近代工业投资总体呈下降趋势,关内新增投资下降的趋势更陡,投资大幅增长发生在战后。

表7-13 中国近代生产性质的投资额

单位:1933年币值百万元

年份	总投资额	关内	东北
1914	267	214	53
1915	183	139	44
1916	243	158	85
1917	210	137	73
1918	223	134	89
1919	422	282	160
1920	476	352	124

资料来源:Thomas G. Rawski, *Economic Growth in Prewar China*, University of California Press, Berkeley Los Angeles, Oxford, 1989, p. 245。

其次,我们观察到,研究"一战"时期中国经济的文献涉及的时段都非常短暂,基本上局限于"一战"前后,不足十年。不做较长时段的前后比较分析,就得出"黄金时代"的结论,主观

---

[1] 费正清:《剑桥中华民国史》,上卷,中国社会科学出版社,1994,第45页。

臆想的成分较大。

综上所述，我们认为，文献并未证明"一战"期间民族工业进入了黄金时代，既缺乏逻辑论证，又无足够的数据支持。同时，文献对黄金时代的概念也缺乏准确的界定。本节拟从中国经济的总体趋势角度展开初步分析，主要讨论两个问题：第一，1914~1918年中国经济是否持续增长；第二，对包括战前战后的较长时段内进行比较分析，欧战期间中国经济增长率是否最高。从表7-14的数据来看，"一战"期间，实际GDP基本上呈下降趋势，1917年负增长最为严重，达两位数。

表7-14 1887~1936年中国GDP

年份	实际GDP (1933年亿元)	GDP指数 (1933年=100)	年份	实际GDP (1933年亿元)	GDP指数 (1933年=100)
1887	124.58	42.29	1899	146.48	49.72
1888	126.52	42.95	1900	138.60	47.05
1889	125.20	42.50	1901	145.45	49.37
1890	124.79	42.36	1902	153.39	52.07
1891	125.89	42.73	1903	152.52	51.77
1892	127.42	43.25	1904	154.47	52.43
1893	130.71	44.37	1905	157.94	53.61
1894	134.80	45.76	1906	160.06	54.33
1895	134.87	45.78	1907	160.24	54.39
1896	138.35	46.96	1908	159.38	54.10
1897	139.13	47.23	1909	162.33	55.10
1898	139.71	47.42	1910	167.83	56.97

续表

年份	实际GDP (1933年亿元)	GDP指数 (1933年=100)	年份	实际GDP (1933年亿元)	GDP指数 (1933年=100)
1911	167.74	56.94	1924	236.58	80.31
1912	164.82	55.95	1925	226.87	77.01
1913	178.09	60.45	1926	238.63	81.00
1914	163.39	55.46	1927	248.58	84.38
1915	166.10	56.38	1928	257.11	87.27
1916	160.75	54.56	1929	266.26	90.38
1917	143.97	48.87	1930	276.21	93.76
1918	143.51	48.71	1931	285.70	96.98
1919	180.88	61.40	1932	294.70	100.03
1920	193.02	65.52	1933	294.60	100.00
1921	191.31	64.94	1934	269.00	91.31
1922	213.42	72.44	1935	290.90	98.74
1923	211.45	71.78	1936	309.40	105.02

资料来源：刘巍、陈昭：《近代中国50年GDP的估算与经济增长研究》，经济科学出版社，2012，第107~108页。

我们用GDP指数做图7-4，观察1887~1936年中国总产出的走势，比较"一战"时期在50年中的表现。从图7-4可以直观地得到印象，"一战"期间的中国经济表现最差，GDP指数从战前1913年的60.45下降到1918年的48.71，降幅接近于20%。近代中国的50年可以划分为五个短经济周期[①]。第一个周期是

---

① 周期划分方法详见刘巍、陈昭《近代中国50年GDP的估算与经济增长研究》，经济科学出版社，2012，第128~134页。

1887~1913年，是近代中国经济初步发展的时期，义和团运动时期的1900年GDP有较大程度衰退，负增长率也不到6%，宏观经济呈现大体平稳增长的趋势。第二个周期是1913~1918年，是中国经济的下行期或者衰退期，呈连续下降趋势，且衰退程度较深，1917年近11%的负增长率为近代中国50年之最。第三个周期是1918~1933年，是近代中国经济增长既平稳又较快的时期，大体上呈连续增长趋势。第四个周期是1933~1934年，是经济短暂调整期，国际银价下跌引起的白银外流导致了中国货币紧缩，经济负增长一度达到8.69%，但很快被法币改革政策纠正。第五个周期是1935~1936年，是经济高速增长期，但被日寇入侵打断。综上所述，从长期来看，"一战"时期是1887~1936年50年期间最差的一个短周期。

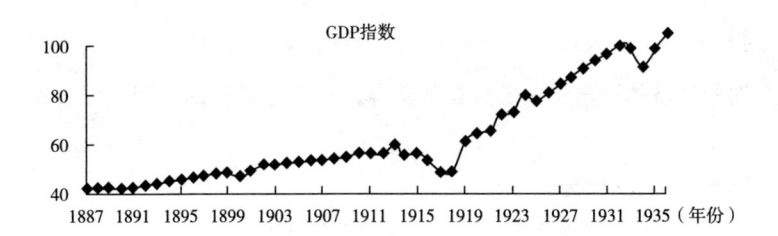

图7-4 近代中国50年GDP指数（1933年=100）
数据来源：表7-14。

总之，无论从短期角度观察，还是从长期角度比较，"一战"期间的中国经济都不是经济增长意义上的"黄金时代"。即使从民族工业角度来看，许涤新、吴承明主编的《中国资本主义发展史》一书在多年前认为："（第）一次世界大战'黄金时代'之说，更多是指利润优厚，并非指增长速度。"① 我们完全同意这一结论。

7.2.2 近代中国经济运行逻辑分析：供给约束和资本品缺口

前面提及，"一战"期间中国市场上总需求确实应该有一定增长，但未必能拉动中国的实际产出，本节结合近代中国宏观经济运行的内在逻辑做进一步讨论。总需求拉动总供给的系统性表述来自凯恩斯经济学——总需求是经济增长的发动机，这是在宏观经济中潜在供给能力发展到较高阶段时，对"需求约束型经济"运行逻辑一定意义上的抽象。我们对一些国家从"供给约束型经济"过渡到"需求约束型经济"的时点（或时段）曾有过讨论，英国较早，至少在19世纪70年代就完成了过渡，美国的过渡发生在1919年。② 1937年全面侵华战争爆发前，日本处在供给约束型经济中，③④从供给约束型经济向需求约束型经济的过渡发生在20世纪50年代。⑤ 新中国的过渡发生在1995~1996年，⑥ 但是，由于民国时期的经济体系与新中国有显著差异，我们也对民国时期的经济态

---

① 许涤新、吴承明主编《中国资本主义发展史》，第二卷，社会科学文献出版社，2007，第662页。
② 刘巍、陈昭：《大萧条中的美国、中国、英国和日本》，经济科学出版社，2010，第190~192、173~177页。
③ 刘巍：《大萧条前后日本的进出口结构与总供求态势》，《国际经贸探索》2011年第4期。
④ 张乃丽、刘巍：《从国外部门角度对战前日本总供求态势的研究——基于M-L条件和贸易条件学说的分析》，《国际经贸探索》2012年第7期。
⑤ 陈昭：《日本从供给约束型经济向需求约束型经济转变研究》，《广东外语外贸大学学报》2012年第2期。
⑥ 刘巍：《从供给约束型经济向需求约束型经济的转变——1952年以来中国经济态势初探》，《广东外语外贸大学学报》2011年第2期。

势做了单独考察。笔者认为，1913~1936年，中国经济处于供给约束型经济中，我们勾勒的基本逻辑模式如图7-5所示。①

$$
\begin{array}{c}
\qquad\qquad 节欲\rightarrow 消费\downarrow\rightarrow S\uparrow\ (S\downarrow) \\
\qquad\nearrow\qquad\searrow\qquad\qquad\qquad\nearrow \\
S<I\rightarrow 勤劳、节俭\uparrow\qquad 被列强掠夺\quad S=I（低水平的事后均衡）\\
(ex\text{-}ante)\qquad\searrow\qquad\qquad\nearrow\ (ex\text{-}post)\\
\qquad\qquad 受储蓄不足制约新增投资\downarrow
\end{array}
$$

图7-5　"供给约束型经济"从事前不均衡到事后均衡

接下来，我们用几何方法对供给约束型经济的机理做一讨论，见图7-6。

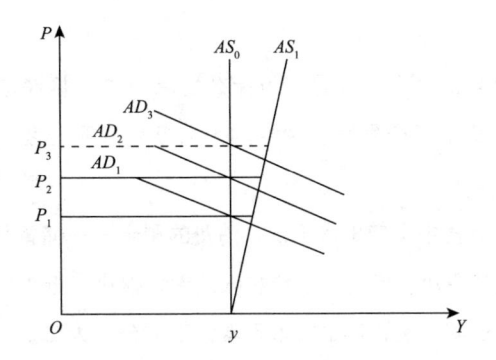

图7-6　极端的和通常的供给约束型经济

从图7-6看，供给曲线AS_0是典型的或极端的供给约束型经济（虽然新古典理论假设收入不变，但实际经济中应该少有这种

---

① 刘巍：《储蓄不足与供给约束型经济态势——近代中国经济运行的基本前提研究》，《财经研究》2010年第2期。

极端现象），供给曲线与横轴垂直，在物价变动过程中，总需求曲线从 AD_1 运动到 AD_3 的位置，导致价格由 P_1 上升到 P_3，总供给下压物价的作用为 0。我们认为，近代中国的总供给曲线如 AS_1，属经济史上通常的短缺经济供给曲线——虽不像 AS_0 那样极端，但也是非常陡峭的。当总需求向上运动时，虽不像 AS_0 那样丝毫没有经济增长，但 AS_1 释放更多的产出也比较艰难，因此缓解价格上涨的作用不大。

依据上述逻辑建立函数，我们用 1913～1936 年中国的经济数据，从总供给、总需求和价格的关系的角度对内需与价格做了实证分析，从贸易条件角度和马歇尔－勒纳条件角度对外需与价格做了实证分析。分析结论是，内需和外需拉动价格的能力很大，拉动供给的能力很小。

由此产生的一个问题是，为什么需求通过价格释放的信号对中国的总供给不能产生增加供给的大力度刺激呢？我们认为，主要原因有二。

第一，近代中国产出水平低，消费的剩余——储蓄额小，由储蓄转化的投资更小，因此，供给扩张的潜力很小。近代中国被卷入市场经济的时间不长，原始资本积累很不充分。人口众多且人均收入水平较低，农业在国民收入中所占比重大且增长缓慢。因此，储蓄在可支配收入中所占份额是很低的，且由于备受欺凌、割地赔款，储蓄严重流失。在西方国家早期，储蓄中包括殖民掠夺，而在近代中国的储蓄中，要减去被掠夺的部分。从 1840 年鸦片战争到 1914 年第一次世界大战之前，中国在中外战争中屡战屡败，动辄割地赔款。叶孔嘉博士于 20 世纪 70 年代估计了几个年份的总需求分类数据,我们据此观察一下近代中国若干年份的消费变化情况,从而可得到储蓄的基本轮廓。根据叶孔嘉博士估计的数据,我们计算了同时期的消费和储蓄在 GDP 中的占比,见表 7-15。

表 7-15 1931~1936 年中国消费倾向和储蓄倾向

单位:10 亿元(1933 年价格)

年份	GDP	总消费	年均消费额	年均储蓄额	平均消费倾向	平均储蓄倾向
1931	28.57	27.95	28.37	0.70	97.8%	2.2%
1932	29.47	28.58				
1933	29.46	28.52				
1934	26.90	27.01				
1935	29.09	28.32				
1936	30.94	29.85				

资料来源:根据 Yeh K. C., China's National Income, 1931~1936 年的数据计算,见《中国经济史会议论文集》,"中央"研究院经济研究所,(台北)1977,第 128 页。

在经济发展水平相对较高的抗战前,储蓄倾向都如此之低,若倒推至"一战"时期,即使储蓄倾向不再更低,也不会高于 1931~1936 年。因此,从经济总体来说,中国可用于投资的"闲钱"很少,总供给的能力增长得就非常缓慢。

第二,从物质属性角度观察,近代中国总供给的"缺口"主要表现为资本品。崔文生认为,[①] 如果事前的总供给缺口得不到有效补充,则事后的产出必定呈现出停滞或下降的趋势,但近

---

① 崔文生:《近代中国 50 年总供给缺口研究(1887~1936)》,《广东外语外贸大学学报》2013 年第 2 期。

代中国的经济实际上是增长的,这说明近代中国事前的总供给缺口是得到了有效补充的;再者,如果事前总供给缺口变大并被事后有效补充,则经济增长速度应该上升,如果事前总供给缺口变小,则经济增长速度应该放缓。崔文生通过 HP 滤波方法对近代中国的总供给缺口 NX 和近代中国的总产出 Y 进行分解,分离出其各自的长期趋势,发现近代中国总产出的增长趋势和总供给缺口的变动趋势基本趋同,稍有滞后。因此,总供给缺口的补充在物质形态上应该主要是进口的资本品,只有进口的资本品才能推动国内投资的增加,进而通过投资增长推动经济增长。

严中平先生研究了近代中国对外贸易的商品结构,选择了十二项主要进出口商品作为研究对象。根据商品的性质,严先生把它们分别统计为生产资料和消费资料,我们据此计算了生产资料占贸易差额的比重,见表7-16。

表7-16 进口生产资料占贸易差额的比重

年份	贸易差额(1000关两)	进口生产资料(1000关两)	进口生产资料占比
1893	34740	12666	36%
1903	112387	49154	44%
1910	82132	81481	99%
1920	247618	216852	88%
1930	414912	352806	85%
1936	151350	268723	177%

资料来源:贸易差额见郑友揆《中国的对外贸易与工业发展》,上海社会科学院出版社,1984,第334~337页;进口生产资料见严中平《中国近代经济史统计资料选辑》,科学出版社,1955,第72~73页。

表 7-16 中各年的比例比较稳定且有缓慢上升的趋势，反映出近代中国生产资料进口占总进口的比例在缓慢上升。进口生产资料占净出口差额的主要部分（1910 年之后尤甚），反映了近代中国的贸易差额主要是由进口国内不能生产的资本品和紧缺原料造成的。费维恺的研究也支持这一结论，他认为，抗战前中国工业的结构模式是消费品生产。① 由此，基本可以判断近代中国总供给缺口补充的物质形态主要为进口的生产资料。

　　根据上述分析，我们对民国时期的经济增长影响因素做一初步的逻辑分析。研究一国经济增长因素的思路主要有两种，其一是从总需求角度入手，基本上遵循凯恩斯主义的需求管理模式。其二是从总供给角度入手，假设经济增长的"瓶颈"在总供给一端，着力研究如何在生产一端投入。20 世纪初问世的著名的柯布-道格拉斯生产函数就是供给约束型经济大前提之下研究经济增长的重要理论框架，模型中只有供给方面的变量，不见需求方面的变量。也就是说，柯布-道格拉斯生产函数清晰地告诉我们，只要投入资本要素和劳动力要素，就会产生一定能卖得出的产品，销售不是问题。如前所述，我们认为民国时期的宏观经济总体上处于供给约束型经济态势下，总需求数量虽不可观，但相对于数量可怜的供给是没有问题的，可以吸纳资源"瓶颈"出现之前的所有资本与劳动组合生产的产品，经济增长的"瓶颈"在于供给潜力不足，宏观经济总体上呈现"短缺"特征。因此，柯布-道格拉斯生产函数可以作为分析民国时期的经济增长逻辑

---

① 费正清：《剑桥中华民国史》，上卷，中国社会科学出版社，1994，第 51 页。

基础。

柯布－道格拉斯生产函数是由美国数学家柯布和经济学家道格拉斯于 20 世纪初共同提出的，其形式为：

$$Y = AL^{\alpha}K^{\beta} \quad (\alpha > 0; \beta > 0) \qquad (7-16)$$

式（7-16）中，Y 为产出，K 为资本，L 为劳动力；参数 α 和 β 分别为 GDP 对资本的弹性和产出对劳动力的弹性；A 可视为效率参数，在 K 与 L 及弹性一定时直接影响 GDP。

我们假定，民国时期的劳动力宏观上呈无限供给状态，由于社会教育水平发展迟缓，所以人力资本无显著增长；工艺和管理等效率因数随近代化资本积累程度和经济货币化程度的提高而提高。于是，资本的积累就成了民国时期经济增长的核心问题。但由于民国时期资本存量的数据太少，难以展开分析，我们借助于发展水平相近国家的经验做一推测。根据同时代日本的经验，由于资本品生产能力低下，资本形成主要取决于进口和商业银行贷款。进口每变动 1%，资本形成额就同向变动 0.36%；商业银行信贷每变化 1%，资本形成额就同向变动 0.98%。[①] 如前所述，对于经济发展程度略低于日本的近代中国来说，进口也是近代化产业资本品的主要来源，自给的程度是微不足道的。由于民国时期的资本市场不健全，企业家能不能筹集到资金、在第一时间购买外国资本品，除了内源融资渠道之外，很重要的资金来源就是银行贷款。我们曾对民国时期的货币供应

---

① 刘巍、陈昭：《大萧条中的美国、中国、英国和日本》，经济科学出版社，2010，第 197~199 页。

量做过考察，1935 年法币改革前，中国的银行贷款，乃至于货币量都是受白银国际流动和国内商业银行的货币创造功能左右的。① 这样，逻辑上的分析就与我们先前所做的经济周期分析的结论一致了。

根据上述讨论，我们认为，在民国时期较长时段内，柯布-道格拉斯生产函数中的资本存量和效率参数可以用近代性质的资本形成额（投资）和货币量替代，② 供给充裕的劳动力变量可以暂不考虑。修正后的生产函数如下：

$$Y = f(I, M_s) \qquad (7-17)$$

式（7-17）中，Y 表示产出，I 表示近代性质投资，M_s 表示货币供给量。从逻辑角度预判，两个自变量的一阶偏导数均应大于 0，即两个自变量与因变量都是正相关关系。根据前面的讨论，近代中国的资本品大都来自进口，近代性质投资主要受进口因素决定：

$$I = f(IM) \qquad (7-18)$$

式（7-18）中，IM 表示进口，其他符号意义同前。显然，从逻辑角度预判，进口变量的一阶偏导数均应大于 0，自变量与因变量是正相关关系。但是，由于进口额的物质属性不都是资本品，实

---

① 刘巍、郝雁：《一种有害的货币供给机制：不可控外生性——对近代中国 1910—1935 年的研究》，《江苏社会科学》2009 年第 5 期。
② 这里要解释两个问题：第一，由于投资和资本存量有显著的函数关系，用投资替代资本存量是可行的，各国实证研究中也多有这样的案例；第二，在货币化程度不断提高的近代中国，在不发生严重通货膨胀的条件下，货币量的增长意味着市场分工扩大、交换规模增长，即生产效率提高，发展经济学已经证明了这个逻辑。

证分析中可能会有其他影响因素进入模型，这里是对主要影响因素的讨论。

联立式（7-17）和式（7-18）可得：

$$Y = f(IM, M_B) \quad (7-19)$$

7.2.3 中国经济增长与一战期间负增长：实证检验

上节的逻辑分析结论必须得到历史经验的支持才能成立，否则，只能是一个假说。本节我们将对中间函数式（7-17）、式（7-18）和最终函数式（7-19）做出相应的实证分析。我们将相关数据汇总于表7-17，GDP数据见表7-14。

表7-17　1913~1936年中国部分宏观经济数据

年份	M_1（百万元）	进口净值（千海关两）	近代性质投资（1933年币值，百万元）	银行存款（百万元）
1912	1951.0	473097	163	738.6
1913	1976.7	570163	207	738.1
1914	2016.1	569241	267	749.1
1915	2014.0	454476	183	733.2
1916	1973.2	516407	243	711.9
1917	1935.9	549519	210	700.9
1918	2031.0	554893	223	795.4
1919	2203.9	646998	422	950.7
1920	2468.3	762250	476	1114.4
1921	2571.2	906122	560	1155.8
1922	2743.1	945050	639	1268.2

续表

年份	M_1 （百万元）	进口净值 （千海关两）	近代性质投资 （1933年币值，百万元）	银行存款 （百万元）
1923	2913.1	923403	486	1398.1
1924	3090.0	1018211	523	1549.0
1925	3364.7	947865	514	1737.1
1926	3616.6	1124221	634	2006.3
1927	3764.8	1012932	590	2005.6
1928	4098.9	1195969	746	2186.2
1929	4560.5	1265779	893	2522.0
1930	5101.8	1309756	848	3059.5
1931	5012.0	1433489	843	3241.7
1932	5000.4	1049246	865	3507.9
1933	4776.0	863650	1034	3897.5
1934	4185.0	660889	1271	4224.7
1935	5050.0	589994	1287	5044.6
1936	6607.8	604329	1398	5957.5

资料来源：货币量数据见刘巍《对罗斯基估算的1910—1936年中国货币供给量之检讨》，《广东外语外贸大学学报》2008年第3期；近代性质投资和银行存款数据见 Thomas G. *Rawski*, *Economic Growth in Prewar China*, University of California Press, Berkeley Los Angeles, Oxford, 1989, pp. 245, 394. 进口净值数据见郑友揆《中国的对外贸易和工业发展》，上海社会科学院出版社，1984，第336~337页。

用表7-17的数据，我们做了三个数量方程：

$$\ln Y = 1.25 + 0.12\ln I + 0.42 M_1 \quad (7-20)$$

$$t_1 = 2.71, t_2 = 2.22, t_3 = 4.76$$

$$R^2 = 0.96, F = 171.9, DW = 1.99, ar(1) = 0.44$$

式 (7-20) 用 1912~1936 年数据证实了函数式 (7-17) 的显著性，说明中国经济增长受资本（投资）和效率（货币量）的显著影响。

$$\ln I = 0.76\ln IM + 0.56\ln De + 0.4\ln I_{t-1} - 0.69\ln IM_{t-1} \quad (7-21)$$
$$t_1 = 2.73, t_2 = 3.56, t_3 = 2.23, t_4 = -2.68$$
$$R^2 = 0.94, F = 101.7, DW = 1.70$$

式 (7-21) 表明，近代性质的投资受进口和银行贷款（用银行贷款数据替代，因为金融机构的货币创造功能使二者的因果关系相当显著）的影响，用 1914~1936 年的数据证实了式 (7-18)。同时，模型表明，上年投资和上年进口对当年的投资也有一定影响。

$$\ln Y = 0.586\ln M_1 + 0.049\ln IM \quad (7-22)$$
$$s_1 = 0.038, s_2 = 0.022, t_1 = 15.53, t_2 = 2.17$$
$$R^2 = 0.948, DW = 1.34, F = 402.70$$

式 (7-22) 是最终方程，各项检验指标都是比较显著的，支持了前面的逻辑分析。实证检验的结果表明，1913~1936 年，中国的 M_1 每变动 1%，GDP 就同向变动 0.59% 左右；进口净值每变动 1%，GDP 就同向变动 0.05% 左右。需要说明的是，由于 1932 年以后进口数据不包括东北地区，所以对模型会有一定影响，否则，模型效果会更为显著。

限于篇幅，我们只列出最终方程数据的平稳性检验结果。单位根结果如表 7-18 所示。

表7-18 变量的ADF单位根检验结果

变量	差分次数	检验形式（c, t, k）	DW	ADF	1%	5%	结论
$\ln Y$	1	(N, N, 1)	1.94	-4.42	-2.67	-1.96	I(1)*
$\ln IM$	1	(N, N, 1)	2.02	-3.59	-1.96	-1.61	I(1)*
$\ln M_1$	1	(N, N, 1)	1.91	-3.93	-3.83	-3.03	I(1)*

* 表示变量差分后的序列在1%的显著水平上通过ADF平稳性检验。

协整检验结果如表7-19所示。

表7-19 协整检验结果

特征根	迹统计量（P值）	5%临界值	λ-max 统计量（P值）	5%临界值	原假设
0.623722	28.42 (0.014)*	24.27	21.50 (0.013)*	19.387	0个协整向量
0.258449	6.92 (0.12)	12.32	6.58 (0.29)	12.518	至少有1个协整向量
0.015460	0.34 (0.62)	4.13	0.34 (0.62)	4.13	至少有2个协整向量

* 表明在5%的显著水平下拒绝原假设，P值为伴随概率。

根据模型（7-22）给出的数量分析结论，我们对"一战"时期的经济运行做以下两个方面的讨论。

第一，进口受阻对经济的负面影响。"一战"期间，无论是外部需求还是内部需求的增长，厂商必先购置资本品，才能向市场供给更多的商品，而资本品和一些关键原材料都需进口才能解决。因此，从向国外厂家谈判订货到出厂、海运、安装、调试需要较长时间，资本品转化为生产能力有较长的时滞。通俗地说，战争需求上来了，民族资本缺机器少原料，商品供给在短时间内是跟不上的。在近代中国，钢铁和机械、交通器材的进口，常被视为中国国内工业发展的重要指标。大战中，进口钢铁锐减而出口剧增，竟造成连续出超，对中国工业发展十分不利。机械、交通器材进口的增加主要在战后时期，这是因为大战中列强无力输出和海运困难之故。以民族资本最主要的近代工业部门棉纺织业为例，在大战之初并不景气，1914年纱锭反而减少了几千锭，1915年以后才逐渐增加①。由于棉纺织业的机器设备依赖进口，从订购、安装到开工需一定时间，因此，棉纺织业设备的增长主要是在战后，延续到1922年。在大战期间的多数年份里，棉纺织业的增长速度是低于战前的。

从表7-20观察，1914~1918年，中国主要生产资料钢铁和机器的进口大致是向下的趋势，这基本上可以解释民族资本的生产能力不可能迅速提升这一事实，因为当时的国内产业结构决定了中国近代工业的资本品主要依赖进口。从前引罗斯基教授估计的近代生产性质的投资额（见表7-13）数据来看，"一战"期间中国近代生产性质的投资额是下降的，关内各省比东北的下降趋势还要显著。战后投资才大幅度增长。"一战"期间进口之所以下降，不是因中国进口商不愿进口，而是由于列强经济服务于战争无暇出口。同时，战时海运受阻也是远洋贸易停顿的重要原因之一。于是，进口下降（特别是表7-20所列各科目的商品）直接抑制了厂商扩大再生产的需求。经济增长函数式（7-19）的一个解释变量呈下行趋势，经济增长必受负面影响。

---

① 许涤新、吴承明主编《中国资本主义发展史》，第二卷，社会科学文献出版社，2007，第663页。

表 7-20　"一战"期间钢铁、机器设备进口及相关数据

年份	钢铁（1000 公吨）			机器、车辆、交通电气器材及工具进口（1000 关两）	
	进口	出口	差额	按当年币值	按 1913 年币值
1913	245	71	-174	16976	16976
1914	230	79	-151	24857	23450
1915	126	104	22	13504	11444
1916	146	156	10	30794	26097
1917	123	164	41	19538	16097
1918	149	190	41	20173	16400
1919	325	168	-160①	44148	36486
1920	367	198	-169	51185	39073

资料来源：《海关报告》，转引自许涤新、吴承明主编《中国资本主义发展史》，第二卷，社会科学文献出版社，2007，第 558 页。

综上所述，在产能无法迅速扩大的情况下，战争的物质需求造成了价格上涨，民族资本的既有生产能力的利润猛增。于是，订单多、价格涨、获利多，造成了一种"黄金时代"的感觉。从表 7-21 的数据来看，大战期间，中国价格总水平不断上涨。由于海运不畅，进口价格上涨的更多。我们找不到大战期间中国工业企业整体盈利状况的数据，仅以纺纱业中的荣氏企业的申新一厂数据为例，从数据中可以看出，除去数据缺失的 1914 年，在大战期间的后四年中，利润增长幅度是相当可观的。

---

① 数据有错误，但原文如此。该书的几个版本均是如此，可能是《海关报告》有误。疑为"差额 -157"。

表7-21 "一战"期间中国价格指数与个别行业（企业）利润状况

年份	批发价格指数 （1913年=100）	工业品价格指数 （1913年=100）	进口品价格指数 （1913年=100）	申新一厂实际 盈利（元）
1913	100	100.0	100.0	—
1914	106	98.2	108.9	—
1915	118	101.8	113.0	20000
1916	118	106.3	122.4	110000
1917	122	112.4	131.0	400000
1918	123	121.2	147.0	800000

资料来源：价格指数见王玉茹《近代中国价格结构研究》，陕西人民出版社，1997，第23、90、78页；利润数据见严中平《中国近代经济史统计资料选辑》，科学出版社，1955，第165页。

第二，"一战"期间货币供给量下降。接下来，我们观察经济增长函数式（7-19）中的另一个解释变量——货币供应量。大战期间，国际市场银价上涨，白银随即大量流出中国，基础货币银根紧缩必然导致派生货币的紧缩，M_1和M_2都呈下降趋势。表7-22数据显示，银币和铜币的存量在战时都在下降，只有银行券在努力弥补着货币量的缺失。但在银本位制下，银行券发行者有义务满足持券者兑换银币的要求，因此不能大量随意发行银行券。最为严重的问题是活期存款的下降，众所周知，活期存款大都是银行贷款转存的，二者的趋势同升同降，银行贷款下降对工业生产的打击是毋庸置疑的。众所周知，即使是资本品进口非常顺畅的1933~1934年，白银外流导致的货币紧缩也相当沉重地打击了中国经济，国民政府不得不实施法币制度以挽救危局。

表7-22 "一战"期间中国的货币存量（年末余额）

单位：百万元

年份	银币	铜币	银行券	活期存款	总存款	M_1	M_2
1914	1056	388.5	118.5	453.1	749.1	2016.1	2240.8
1915	1035	382.2	209.7	387.1	733.2	2014.0	2234.0
1916	1006	375.9	232.6	358.7	711.9	1973.2	2186.8
1917	961	369.6	285.8	319.5	700.9	1935.9	2146.2
1918	998	363.3	282.4	387.3	795.4	2031.0	2269.6

资料来源：Thomas G. Rawski, Economic Growth in Prewar China, University of California Press, Berkeley Los Angeles, Oxford, 1989, pp.394-345.

7.2.4 简单的结论

通过前面的分析和讨论，我们可以得出以下主要结论。

（1）"一战"时期是中国经济的下行期或者衰退期，呈连续下降趋势，且衰退程度较深，1917年近11%的负增长率为1887~1936年之最。从长期来看，是近代中国50年间最差的一个短周期。一些文献仅以传统史学常用的举例法罗列零散数据，缺乏起码的经济逻辑分析和统计分析，显然不能证明"一战"期间是中国民族工业的"黄金时代"。

（2）总需求高涨在当今"需求约束型经济"态势下可以拉动经济增长，但在近代中国的"供给约束型经济"中，总需求拉动价格的效应远大于拉动产量，切不可生搬硬套。况且，"一战"期间中国资本品进口严重受阻，近代工业实际到位的投资呈下降趋势，造成总供给曲线无法右移，总供给的"瓶颈"效应愈发严重，经济负增长不可避免。

（3）"一战"期间，由国际银价上涨导致的白银外流，造成近代中国经济增长函数的另一个正相关解释变量——货币供给发生了萎缩，雪上加霜，进一步打击了中国经济。在本文的经济增长函数中，我们用货币量代表资本形成与运行的效率因素，若进一步扩展到货币整个功能上，任何时期货币量下降对经济都有负面影响。即使是货币中性论者，也是认为长期内货币增长不能导致产出增长，但也难以否认货币量下降对产出的抑制作用。美国1930~1933年、英国1930~1932年和中国1933~1934年都有过货币量下降的案例，无一例外地都发生了负增长。到目前为止，尚未发现市场经济以来的任何国家货币萎缩与经济增长相伴的案例。

7.3 1979年以来中国的货币流通速度与物价波动

作者按：本节是笔者近年来做中国当代计量经济史研究的案例，研究改革开放之后的中国经济运行史。考虑到大多数青年读者在入门时对这段经济史比久远的近代经济史更有兴趣，建议可在这一领域下功夫，尝试做些研究。

原文内容提要：本文考察了1979~2008年中国物价波动的历史，以交易方程式为逻辑基础，放开了货币流通速度不变的假设，以货币流通速度、货币量、GDP环比指数为依据，将货币流通速度和货币量对物价的影响做了统计描述和数量分析。本文的研究结论是，在这30年里，就货币流量对中国物价的影响而言，无论是敏感性还是重要性，货币流通速度都大于货币量。原文关键词：物价、货币流通速度、货币量、改革开放。

1979年以来，中国的物价逐步改变了过去多年基本不变的僵硬状态，由计划定价逐步转向市场定价。随着物价渐渐成为中国经济的核心市场信号，国内学者借鉴国外研究文献的研究方法，开始对物价与货币量的关系问题（近年来又称"流动性"）密切关注。刘霖和靳云汇[1]在1978～2003年数据的基础上应用协整分析和VAR方法研究发现，中国的经济增长率、通货膨胀、M_2增长率以及贷款余额增长率之间存在着长期均衡关系。朱慧明和张钰[2]用1994～2004年间的季度数据得出结论，中国的通货膨胀与货币供应量之间存在协整关系，M_2增长率对通货膨胀的解释能力最强。程建华等[3]使用月度数据做格兰杰因果检验，并对检验结果进行 K-L 信息量分析和视察相关分析，研究结论是，M_1是 CPI 的影响因素并且是较为稳定的先行指标。Mc Candless 和 Weber[4]用110个国家30年的资料做实证研究，结论是通货膨胀率和货币供应量的变化具有较强的正相关关系。盛松成领导的中

---

[1] 刘霖、靳云汇：《货币供应、通货膨胀与中国经济增长——基于协整的实证分析》，《统计研究》2005年第5期。
[2] 朱慧明、张钰：《基于ECM模型的货币供给量与通货膨胀关系研究》，《管理科学》2005年第3期。
[3] 程建华、黄德龙、杨晓光：《我国物价变动的影响因素及其传导机制的实证研究》，《统计研究》2008年第3期。
[4] Mc Candless G. T. & Weber W. E. Some Monetary Facts [R]. Federal Reserve Bank of Minneapolis Quarterly Review, 1995 (Summer).

国人民银行上海总部调查统计研究部课题组[①]认为，流动性可以从广义理解，可以用货币量来度量流动性，流动性增多即为货币扩张。他们的研究结论是 M_1 的增长对物价变动有影响，并且领先 3 个月；M_2 对物价也有影响，但不如 M_1 显著。

不难看出，上述中外学者的研究思路都是假设"流动性"匀速流动的，即货币流通速度不变。发达国家货币流通速度有可能比较平稳（但并非常数），但中国统计数据指出：长期内，货币流通速度是呈下降趋势的；短期内，速度变动率不规则。[②] 在暗含的假设不成立时，上述文献研究结论的可信度会打一定折扣。其实，1956 年弗里德曼在他的货币需求理论函数推导过程中就已经证明了货币流通速度是个函数，虽然函数是稳定的，但无论如何不是常数。国内学者也多有研究，如，易纲[③]的研究认为，1996 年之前中国货币流通速度逐年减慢的主要原因是经济货币化进程；伍超明[④]认为，虚拟经济对货币流通速度的影响是不可忽

[①] 课题组：《流动性过剩对我国一般物价水平的影响》，《上海金融》2008 年第 3 期。
[②] 详见表 7-23~表 7-25 中 V（货币流通速度）指数。本文考察的时段正值中国经济转型时期，市场经济范围的扩大与各种经济改革政策必然影响社会公众的收入和预期，从而影响社会公众的货币支出节奏，致使货币的收入流通速度发生较大变动。30 年来中国经济发生了翻天覆地的变化，这与发达国家的宏观经济运行背景显著不同。例如，农村家庭联产承包责任制使大量的人民公社、生产大队内部非货币交易（记账冲抵）迅速转变为家庭农场与市场之间的货币交易，因而需要大量的货币支持。中国经济货币化进程迅速展开使得货币的收入流通速度不断降低，这是同时期任何国家都不曾发生的（易纲等著名学者在 20 世纪 90 年代就对此有过研究）。因此，与发达国家不同，中国货币的收入流通速度应该成为影响物价的重要变量，而不是一个常量。
[③] 易纲：《中国金融资产结构分析及政策含义》，《经济研究》1996 年第 12 期。
[④] 伍超明：《货币流通速度的再认识》，《经济研究》2004 年第 9 期。

视的。赵留彦、王一鸣①从 2005 年之前大多数年份货币供给的增长速度大于经济增长速度与通货膨胀率之和——货币流通速度持续下降这一统计现象出发，分析了主要原因。总之，将货币流通速度作为变量研究的文献多集中在探究货币流通速度变动的影响因素层面。本文则将货币流通速度作为解释变量之一，考察改革开放以来中国货币流通速度对物价的影响，就教于学界前辈和同仁。

7.3.1 改革开放初期的物价变动分析：起步与尝试

从 1979 年 4 月开始，国务院陆续提高了主要农产品收购价格，11 月，提高了全国主要副食品的销售价格。1982~1984 年，国务院又分三批放开了轻工业、手工业领域的小商品价格。在价格机制的调解下，供给跟着需求走，企业根据市场需要组织生产，没有了生产、定价层层审批、公文旅行的束缚，改变了先前多年"鞋子缺带、锅子缺盖、有灯缺罩、有瓶缺塞"的短缺局面。纵观计划经济以来的历史，我们认为，1979~1984 年，是中国物价改革的初始阶段。在此阶段中，由于改革力度不大，带有尝试性，政治意义大于经济意义。所以，价格态势属于平稳上升。1978~1984 年，GDP 平减指数涨幅为 16.3%②，在公众可以接受的升幅之内。

这一阶段的价格走势虽然仍不是完全意义的市场力量驱动的，但市场力量无疑开始对价格发生作用了且有加速效应，我们从逻辑和历史两个方面来做关于价格走势的分析。

---

① 赵留彦、王一鸣：《中国货币流通速度下降的影响因素：一个新的分析视角》，《中国社会科学》2005 年第 4 期。
② 表 7-23 中 GDP 平减指数反映了这一时期物价的年涨幅。

1. 对市场价格变动的逻辑分析

国内学界将费雪的交易方程式变形作为价格分析的思路是由来已久的。将方程 $MV = PT$ 两端取对数，整理，得：

$$\ln P = \ln M + \ln V - \ln T \qquad (7-23)$$

式（7-23）中，P 表示价格，M 表示货币存量，V 表示货币流通速度，T 表示市场商品交易量。由于市场商品交易量包含大量的中间产品交易，且数据难以获得，所以，一般用最终产品 GDP 的统计数据 Y 来代替，[①] 于是有：

$$\ln P = \ln M + \ln V - \ln Y \qquad (7-24)$$

对式（7-24）求导，即可得出近似的增长率之和：

$$\dot{P} = \dot{M} + \dot{V} - \dot{Y} \qquad (7-25)$$

2. 对各变数的统计量讨论

式（7-25）中涉及4个变量，首先是价格。价格指数有若干种，但最为全面反映整体物价水平变动的就应该是 GDP 平减指数了，至少现在还没有更好的价格指数可用。因此，本文采用 GDP 平减指数作为价格指数。

对货币存量之统计量的使用存在着一定分歧，国内学者有人使用 M_1、有人使用 M_2，我们在此做一些讨论。众所周知，M_2 层次的货币不是全部直接和商品市场上的商品对话的，亦即物价的

[①] 这样一来，货币流通速度就有了"交易货币流通速度"和"收入货币流通速度"之分，本文讨论的货币流通速度属后者。

涨跌不是全部 M_2 参与导致的。在商品数量一定和货币流通速度一定的条件下，是 M_2 中的一个部分 M_1 变化导致了价格的涨跌。

如图 7-7 所示，在 M_2 总量一定时，子货币层次的数量结构又是不断变化的。在子层次准货币 M_q 中，定期存款 D_t 既可能与 M_1 发生转化，也可能与证券账户保证金 M_b（在改革开放初年还没有资产市场，全部准货币都是定期存款）发生双向转化；同时，M_1 和 M_q 也可能双向转化。但无论如何，直接影响价格的货币量层次是 M_1，准货币中的定期存款和证券账户保证金必须转化为 M_1 后，方能进入商品市场。我们是否可以这样认为，对于商品市场而言，M_1 是"飞着"的货币，定期存款 D_t 是"坐着"的货币，证券账户保证金 M_b 是"躺着"的货币。鉴于本文主要讨论商品价格问题，因此，如无特殊说明，文中所用的货币一词均指 M_1。

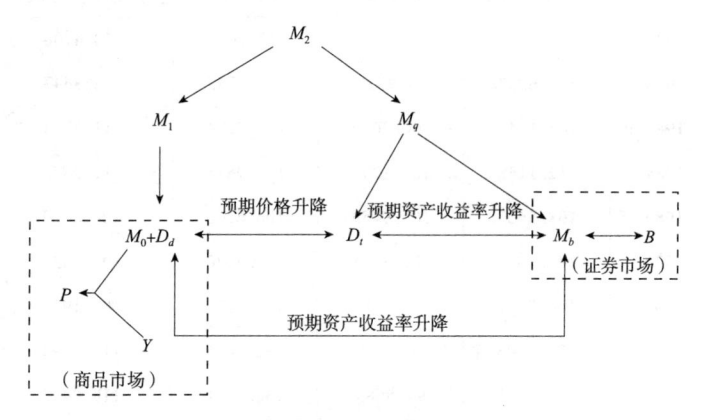

图 7-7 货币量与价格关系的逻辑分析

GDP 数据有国家统计局的官方资料，自不待言。货币流通速度则可运用简单乘除法得出（详见本文表 7-23 ~ 表 7-25）。

表 7-23 1979~1984 年的宏观经济资料

上年 = 100

年份	GDP 平减指数	V 指数	M_1 指数	实际 GDP 指数
1979	103.5787	89.8063	124.1012	107.6000
1980	103.7866	91.2460	122.6234	107.8067
1981	102.2356	90.7919	118.5257	105.2586
1982	99.8334	97.2534	111.9009	109.0090
1983	101.0056	98.2499	114.0044	110.8941
1984	104.9579	89.9969	134.3230	115.1761

资料来源：根据《中国统计年鉴》数据计算。

表 7-24 1985~1996 年的宏观经济资料

上年 = 100

年份	GDP 平减指数	V 指数	M_1 指数	实际 GDP 指数
1985	110.2325	109.7575	113.9616	113.4706
1986	104.6862	89.9650	126.6785	108.8647
1987	105.1849	100.3669	116.9274	111.5714
1988	112.1148	103.1299	120.9615	111.2676
1989	108.5463	105.9455	106.6206	104.0660
1990	105.8044	100.8748	108.9076	103.8334
1991	106.8551	93.9391	124.2076	109.1942
1992	108.2003	90.9635	135.8866	114.2393
1993	115.1775	94.5689	138.7751	113.9442
1994	120.6213	108.1151	126.1683	113.0869
1995	113.7035	108.0110	116.7784	110.9320
1996	106.4219	98.4886	118.8756	110.0139

资料来源：根据《中国统计年鉴》数据计算。

表7-25　1997~2008年的宏观经济资料

上年=100

年份	GDP平减指数	V指数	M_1指数	实际GDP指数
1997	101.5283	90.8457	122.1341	109.2834
1998	99.1120	95.5508	111.8514	107.8324
1999	98.7156	90.2936	117.6712	107.6321
2000	102.0455	95.4185	115.9475	108.4177
2001	102.0494	98.1100	112.6524	108.3037
2002	100.5946	92.6916	118.3897	109.0887
2003	102.5887	95.1112	118.6745	110.0245
2004	106.9292	103.1751	114.0886	110.0830
2005	103.8381	102.5790	111.7839	110.4286
2006	103.5359	98.3952	117.4838	111.6506
2007	105.1916	97.2734	121.0457	111.9341
2008	110.5470	110.4460	109.1000	109.0000

资料来源：根据《中国统计年鉴》2000~2008年各期及《中华人民共和国2008年国民经济和社会发展统计公报》（国家统计局，2009年2月26日）数据计算。

3. 对1979~1984年价格走势与影响因素的讨论

根据式（7-25）提供的逻辑框架，我们逐年考察一下这一阶段物价变动的态势和影响因素。

从表7-23数据观察，1979年的价格涨幅不大，近3.58%。当年GDP增长7.6%，货币量却增长了24.1%，如果货币流通速度不变的话，1979年的价格涨幅应该是两位数了。但是，由于当年的货币流通速度比上年下降了10.2%左右，因此，价格稳定的主要影响因素是货币流通速度。1980年，经济增长率略有提高，比上年增长7.8%，货币量的增长幅度虽比上年略有缩小，但也达到了22.6%，绝对涨幅也是不小的。而1980年的价格涨幅与上年基本持平，仍是货币流通速度下降起到的抑制作用。在此后的几年里，货币量增长率均超过经济增长率，差额最小者两个百分点左右，最大者则近20个百分点，但物价的年涨幅始终没有超过5%，都是由货币流通速度不断下降所致。值得关注的是，这一时期，还有许多商品是凭票供应的，如粮票、布票、棉花票等，这种计划经济遗留下来的制度在一定程度上抑制着货币流通速度，是相当部分的货币进入市场的"通行证"①。

7.3.2 对1985～1996年的物价走势分析：通货膨胀主基调

我们曾撰文指出（2006），中国物价水平在1985年左右经历了一次明显的结构突变，其原因可能是对价格预期突变所致。我们认为，政府的大政方针对市场公众的心理预期有重大的影响。

1984年5月10日国务院发出《关于进一步扩大国营工业企业自主权的暂行规定》，《规定》扩大了国营工业企业在生产经营计划、产品销售、产品价格等10个方面的自主权②。1985年1月1日中共中央、国务院发出《关于进一步活跃农村经济的十项政策》，决定改革农产品统派购制度，从1985年起实行合同订购和市场收购③。1985年1月31日，《人民日报》刊登了赵紫阳的

---

① 这只是停留在逻辑层面的猜测。我们拟对1950～1978年的中国物价、货币流量、配给制等问题做深入的讨论，得出结论后会对此问题的解释更为有力。
② 李志宁：《中华人民共和国经济大事典》，吉林人民出版社，1987，第480页。
③ 李志宁：《中华人民共和国经济大事典》，吉林人民出版社，1987，第529页。

"放开农产品价格，促进农村产业结构的调整"一文[①]，要求先从农村开始实行市场浮动价格，首先是鲜活商品、生猪蔬菜可以有步骤地放开，粮棉等作物也可以逐步放开。1985年6月9日国务院批转国家物价局《关于价格改革出台情况及稳定物价措施的报告》[②]，《报告》说，截至5月20日，各地生猪收购价格均已放开，猪肉的销售价格已有26个省、自治区、直辖市放开，牛、羊、禽、蛋、水产品的价格也已放开。

1985年，根据政府文件猜测的涨价传闻漫天飞，成为街谈巷议的主要话题，恐慌心理导致老百姓争相储存物品，提前购买导致货币流通速度大幅上升。表7-24的数据表明，1985年中国的货币流通速度比上年提高了9.8%左右，虽然当年的经济增长率和货币增长率基本相当，但物价上涨了10%以上。

1986年1月，国家物价局召开全国物价工作会议，研究了物价涨幅过高的问题[③]。会议提出，要保持物价基本稳定，一要抓重点措施，主要是控制基本建设投资规模和消费基金的盲目增长，积极生产适销产品；二要抓重点地区，特别是京津沪和大中城市；三要抓重点品种，要千方百计地保持菜、肉、蛋价格的基本稳定。同年1月2日，新华社报道[④]，国务院决定继续发行国库券60亿元，1981年以来国库券的年发行计划额都是40亿元，从1985年提高为60亿元，这是第二年发行60亿元，资金回笼的

[①] 李志宁：《中华人民共和国经济大事典》，吉林人民出版社，1987，第602页。
[②] 成致平：《价格改革三十年（1977~2006）》，中国市场出版社，2006，第78页。
[③] 李志宁：《中华人民共和国经济大事典》，吉林人民出版社，1987，第608~609页。
[④] 李志宁：《中华人民共和国经济大事典》，吉林人民出版社，1987，第608页。

累积效应加大了。1月31日，时任央行行长的陈慕华在农行全国分行行长会议上说，当年银行的信贷资金将会更紧张。[1] 在年初这一系列从紧政策的纠正下，公众的心理预期发生了重大变化，货币流通速度全年陡降10%，虽然货币量增幅远大于上年、GDP增长率远小于上年，但物价涨幅被货币流通速度控制在了5%以下。

1987年，货币流通速度和上年持平，物价涨幅和货币量增长率与经济增长率的差额相当，年涨幅在5%左右。

早在1981年，为了解决原油产量长期徘徊的问题，国家开始在原油工业实行价格体制改革，造就了生产数据价格"双轨制"的滥觞。1984年，为了解决重工业产品价格偏低的问题，允许企业有一定的产品自销权，自销部分价格上浮20%，1985年1月，国家物价局根据国务院的批示，下发了《关于放开工艺品生产数据超产自销产品价格的通知》，取消了只准生产企业加价20%的规定[2]。这样，工业品生产数据价格"双轨制"逐渐扩张到了所有产品，加上20世纪80年代中期的经济过热，使得计划内外价格差距累积式扩大，通货膨胀的压力明显加大。1987年8月，姚依林在国务院常务会议和中央财经领导小组会议上指出，必须下决心，采取大措施，实行紧缩的财政政策和货币政策，准备连续过几年苦日子。9月，国务院召开全国计划会议，姚依林指出，当前的突出问题是物价不稳定，许多生产数据和消费品价格出现

---

[1] 李志宁:《中华人民共和国经济大事典》，吉林人民出版社，1987，第609页。
[2] 成致平:《价格改革三十年（1977~2006）》，中国市场出版社，2006，第80页。

了大幅度上涨的局面。他要求1988年计划要搞得稳当一点，切实加强物价、信贷和财政的管理。但是，姚依林关于稳定物价的意见没有得到采纳，本来就不稳定的物价出现了进一步上涨的态势①。

1988年年初，中国城市里出现了抢购风，城乡居民存款下降，银行排队取款，商店排队抢购。物价越抢越升、越升越抢。更为火上浇油的是，当年7月，有关部门推出了放开名烟名酒价格的措施，带动了其他商品的进一步涨价。茅台酒从20元涨到了300元，汾酒从8元涨到了40元，中华香烟从1.8元涨到了10元，这样的涨价对人民币价值产生了动摇作用，抢购风愈炽，如火如荼。当年的GDP平减指数上涨了12.1%，CPI上涨了18.8%，货币量和货币流通速度同时对物价上涨做出了"贡献"。国务院不得不向地方派遣了"物价特派视察员"，这是共和国历史上前所未有的官差（1992年6月停止派遣），在稳定物价的工作中，他们对国务院的作用是耳目和参谋，对地方的作用是促进和协助。

1989年，政府实行了较严厉的双紧缩措施，经济增长率陡降，全年约为4%，货币量增幅仅为6.6%，但由于市场心有余悸，仍然提前购买，货币流通速度比上年提高近6%。当年的GDP平减指数虽未超过两位数，但CPI涨幅仍接近18%。这一年通货膨胀的主要贡献者是货币流通速度。

---

① 成致平：《价格改革三十年（1977~2006）》，中国市场出版社，2006，第107~108页。

1990年，中国经济速度继续下滑，增长率不足4%，货币流通速度不再上升，货币量增长在8%左右，价格相对稳定了。1991年，经济增长恢复，货币量增长幅度加大，但由于货币流通速度下降了，物价涨幅也是可以接受的。由于价格双轨制出现了一定的弊端（积极作用也是显著的），如"官倒"等腐败现象，国务院着手解决"并轨"的问题，即彻底放开价格，这就意味着中国经济将迎来一次全面的物价上涨。从1991年开始，先将影响小的生产数据价格并轨，缓缓推进，到1994年，调整了陆上原油价格、放开了煤炭价格，除电力之外，其余重工业品价格先后放开，以市场供求力量为主导价格的机制基本形成。

1991～1993年，价格上涨的主要推动力一直是货币量，货币流通速度呈下降态势，公众经过了1988～1989年的通货膨胀洗礼，心态比较平和了，抢购之风并未再现。但由于连续三年的价格上涨，尤其是1993年的涨幅较大，GDP平减指数涨幅超过了15%，CPI涨幅接近了15%，公众对价格进一步上涨的心理预期再度形成。1994～1995年，虽然货币量增幅逐年回落，但货币流通速度连续两年加快近一成。1994年，价格年涨幅达到了改革以来之最，GDP平减指数上涨20.6%，CPI上涨24%左右。

7.3.3　对1997～2008年的物价走势分析：通货紧缩主基调

1996年，在政府的多方努力之下，经济波动不大，通货膨胀得到了抑制，实现了经济"软着陆"。但是，在国内和国际经济环境发生较大变化的情况下，又产生了新问题。1996年年底成功的经济"软着陆"引起了国内价格水平的趋势和均值又一次发生突变，由内生性结构突变方法检验出，具体时间大约是在1996年5月[①]。亚洲金融危机以后，中国政府虽然采取各种手段拉动经济，但物价水平始终走低。因此，从价格角度观察，这一阶段中国经济的主要问题是通货紧缩，而非通货膨胀。总需求管理成为宏观经济调控的核心问题，"拉动内需"这一短语成了该时期的经济关键词。

表7-25数据表明，1997~2002年，货币流通速度累积下降，随着降价心理预期的"自我应验"，货币流通速度下降之势的惯性愈发强大，货币量增长的作用基本被抵消，经济增长率徘徊在两位数之下，GDP平减指数似乎凝固了，CPI下降之后也一直在低位小幅波动。货币政策、财政政策轮番出手，也未能避免连续5年的经济低速增长态势。

2003~2007年的5年，应该说是中国改革以来经济态势最好的5年，高增长低通胀，货币量增长和货币流通速度基本稳定，没有任何大起大落。

2007年年底，国际风云突变，石油价格猛涨，带动了中国生产成本全面上涨。美国次贷危机牵连了欧洲、牵连了世界。中国出口严重受阻，经济形势危急，一端是价格上涨，另一端是增长率下降，显露出成本推动型通货膨胀的危害。通常，紧缩的货币政策是用来对付需求拉上型通货膨胀的。2007~2008年，中国的物价上涨是不是需求拉上型的？美国次贷危机的程度究竟有多深？对整个世界经济将会影响几何？在对国内、国际问题缺乏深

[①] 刘巍、王若阳：《对新中国以来价格走势的实证分析》，《统计与决策》2006年第7期。

入研究、问题的原因和可能出现的后果尚未搞清时，央行匆忙动用各种紧缩利器大打出手，且愈演愈烈，致使经济迅速下跌。但是，从两次通胀中走过来的中国市场公众已经练就了反向解读当局政策的本领——越是紧缩政策出台，越理解为通胀可能还要加剧。于是，货币流通速度便急剧上升。虽然货币量一头栽下，年增幅为9%，仅高于1989年和1990年，不可谓不低，但2008年货币流通速度加快了10%以上，为改革以来货币流通速度年提速率之最，所以，价格依然上涨了10%以上。改革以来，当价格上涨、通胀压力凸显时，货币当局一般是动用改变利率、变动基础货币、改变货币乘数等政策手段进行弹压，往往忽视了货币流通速度的变化，只考虑了货币存量而不考虑货币流量，导致央行的反通胀任务就无法顺利完成。

"流动性"一词，在2008年重复率很高，该词源自凯恩斯的一个遣词造句错误，无论是凯恩斯的"流动性偏好"还是"流动性陷阱"，其实，其中的"流动性"都是指"最具流动性的资产"，即货币存量。就流动性一词来说，它的语意无疑应该是指"某物的流动性"，只说"流动性"则实在不知所云。保罗·M.霍维慈认为："流动性是指一种资产具有实时可以变为现款、而对持有人不发生损失的性质"[1]，即这是一种性质，可以作为"我们划分不同类型资产的最重要的标准之一"[2]。但是，以讹传讹，

---

[1] 〔美〕保罗·M.霍维慈：《美国货币政策与金融制度》，上册，中国财政经济出版社，1980，第19页。
[2] 〔美〕保罗·M.霍维慈：《美国货币政策与金融制度》，上册，中国财政经济出版社，1980，第19页。

当国内各界名士提及该词时，都是指货币存量。在和讯网站《五道口议事厅》第1期上，有如下的说法：①钟伟：商业银行存贷款约11万亿元，去除银行购买的国债、央行票据、金融债和企业短期债以及银行的存款准备金，流动性过剩的资金只有1.1万亿~1.2万亿元的规模。②巴曙松：通过计算央行到期票据以及新增外汇占款，推算可能释放的流动性在3.6万亿元左右。③周小川：判断流动性过剩可以观察一个指标：商业银行超额准备金①。另外，本文引言中提到的中国人民银行上海总部调查统计研究部课题组对流动性的界定也是货币存量。

以上发言人均为中国著名经济学家和政府要害部门长官，如果网站方面没有错误领会或笔误的话，这些观点无疑是将流动性和货币存量画了等号。这其中的问题是，这个流动性是匀速流动还是变速流动？当货币流通速度真的不变时，用货币存量替代流量、流动性是没有问题的，但如果货币流通速度发生了变化甚至是剧烈变化时，这种替代的偏颇就是比较致命的。譬如，2008年中国的凯恩斯语意之"流动性"真的过剩吗？没有，2008年中国的 M_1 增幅是20世纪90年代以来增幅最小的一年。那为什么物价涨幅很大呢？这是由于"货币存量的流动性"提高——货币流通速度加快的缘故。2007年，中国的凯恩斯语意之"流动性"增幅为21%，流动性似乎过剩了，但由于"货币存量的流动性"下降（货币流通速度减慢近3%），物价涨幅不过5%左右。

从抑制流动性过剩的思路出发，央行动用紧缩手段压制了货

---

① 详见 http://topic.news.hexun.com/bank/blank1_5287.aspx。

币量增幅，也压制了经济增长率，就是没有压制住货币流通速度，进而也不可能压制住物价。但是，随着美国金融危机向纵深方向发展，通缩再次光临中国的可能性正在变为现实。于是，当局现再频频出招急于启动经济，难度畸高。这样的慌乱举措今后应该避免。金融当局在经济高涨时，应慎用突兀的从紧货币政策。历史经验表明，经济高涨之后一头栽下来的货币紧缩往往带来巨大的灾难，世界各国都曾反反复复地重演着程度不同的悲剧，金融当局应该检讨一下从紧货币政策实施的时机和力度等问题了。

7.3.4 对1979年以来物价与货币流量之间关系的实证分析

从费雪的交易方程式来看，物价是货币流量和GDP共同作用的结果，物价与货币流量正相关，与GDP负相关，这是个正确的逻辑。货币流量增长率一旦过大，则实际GDP增长率受某种瓶颈制约而放缓，向上拉升物价则是必然。众所周知，货币流量是货币存量和货币流通速度的乘积，放弃对哪个乘数的分析都是有失偏颇的。如果我们总是盯着货币存量，将其视为"流动性"，暗含着一个货币流通速度不变的自欺性假定，我们的货币政策是要出大问题的。我们不仅要同时关注货币流量的两个乘数，而且要清楚地判断这两个乘数何者对物价的作用更大，这样，就能使我们的货币政策之针对性更强。经计算，价格环比指数与货币流通速度环比指数的相关系数为0.58，而价格环比指数与货币存量环比指数的相关系数为0.37。这组数据说明，从货币流量角度观察，改革以来，物价与货币流通速度同升同降的紧密程度远大于货币存量。

我们再从费雪方程式的逻辑出发,做一实证分析。从式(7-24)得:

$$\ln P = \ln MV - \ln Y \qquad (7-26)$$

式(7-26)表明,价格与货币流量正相关,与 GDP 负相关。但式(7-27)本身属恒等式性质,永远成立,无须实证。通过对 1979~2008 年的资料观察,我们发现,货币量的年增幅总是大于 GDP 的年增幅,价格的升降,基本上是货币流量的贡献。于是,我们拿出式中的正相关关系变量 MV,建立数量模型,观察两个变量中哪个更敏感。于是,有:

$$\ln P = a_0 + a_1 \ln V + a_2 \ln M \qquad (7-27)$$

对 M、V、P 三个变量的环比指数(变量后的符号 I 表示环比指数,见表 7-23、表 7-24、表 7-25)的对数数据做单位根检验结果见表 7-26。

表 7-26　$\ln MI$、$\ln VI$、$\ln PI$ 单位根检验结果

变量	差分次数	(C, T, K)	DW 值	ADF 值	5% 临界值	1% 临界值	结论
$\ln MI$	0	(C, 0, 0)	1.89	-3.81	-2.96	-3.68	$I(0)^*$
$\ln VI$	0	(C, 0, 0)	1.92	-4.26	-2.97	-3.68	$I(0)^*$
$\ln PI$	0	(C, 0, 0)	2.29	-3.80	-3.03	-3.83	$I(0)^*$

说明:(C, T, K)表示 ADF 检验式是否包含常数项、时间趋势项以及滞后期数。

* 表示变量在 1% 的显著水平上通过 ADF 平稳性检验。

上述检验结果表明三个变量都是平稳的,根据计量理论,可以做格兰杰因果关系检验(见表 7-27)。结果表明:在 5% 的显

著水平上，ln*VI* 是 ln*PI* 的格兰杰原因，反之不成立；ln*MI* 是 ln*PI* 的格兰杰原因，反之不成立。

表 7–27 格兰杰因果关系检验

样本：1979~2008			
滞后期数：4			
原假设	观测点	F 统计量	接受概率
ln*VI* 不是 ln*PI* 的格兰杰原因	26	3.92143	0.01961
ln*PI* 不是 ln*VI* 的格兰杰原因		2.51941	0.07963
ln*MI* 不是 ln*PI* 的格兰杰原因	26	3.79516	0.02208
ln*PI* 不是 ln*MI* 的格兰杰原因		1.25640	0.32524

用 1979~2008 年的环比数据，对模型回归得：

$$\ln PI = -1.57 + 0.73\ln VI + 0.6\ln MI \qquad (7-28)$$

$$s_1 = 0.55, s_2 = 0.06, s_3 = 0.06, t_1 = -2.85, t_2 = 11.95, t_3 = 9.38$$

$$R^2 = 0.92, DW = 1.81, F = 96.76$$

$$JB = 0.37(0.83), LM(1) = 0.66(0.42), LM(2) = 0.84(0.66)$$

$$ARCH\ LM(1) = 2.55(0.11), ARCH\ LM(2) = 3.03(0.22), White = 7.32(0.20)$$

上述检验，残差正态性的 JB 统计量表明正态性假设成立；自相关的 LM 检验表明不存在一阶和二阶自相关；ARCH LM 的自回归条件异方差和 White 异方差检验表明不存在异方差。同时，我们做 Chow 预测和 Chow 突变检验，以及 Ramsey 的 RESET 检验，均表明模型结构稳定。三个平稳变量的模型回归结果的残差也应该是平稳的，对回归方程残差的平稳性检验如表 7–28 所示，排除了伪回归可能，模型是可信的。

表 7-28 残差单位根检验结果

变数	差分次数	(C, T, K)	DW 值	ADF 值	5%临界值	1%临界值	结论
E	0	(0, 0, 2)	2.07	-3.08	-1.95	-2.66	I(0)*

注：*表示变量在1%的显著水平上通过ADF平稳性检验。

从模型系数观察，货币流通速度指数升降1%，价格指数升降0.73%；而货币存量指数升降1%，价格指数升降0.6%。货币流通速度的弹性要大于货币存量的弹性，也就是说，价格对货币流通速度的变化更为敏感。

我们尝试对上述三个变量做 VAR 模型，是为了得到脉冲响应，来考察被解释变量受到解释变量一个标准差冲击的反应程度。利用 AIC 最小准则，我们做了滞后 7 期的 VAR 模型，脉冲响应结果如图 7-8 所示。

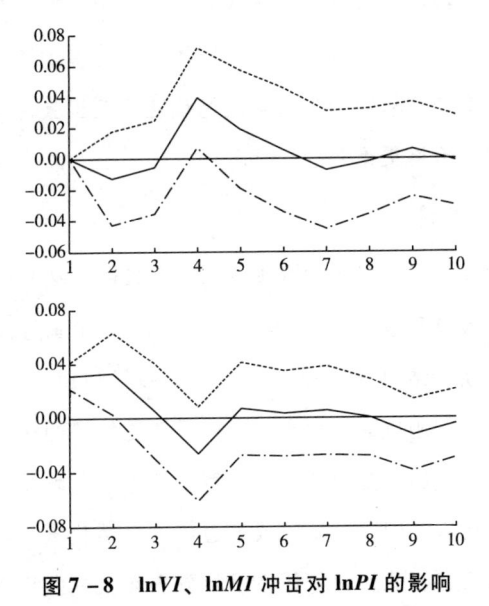

图 7-8 lnVI、lnMI 冲击对 lnPI 的影响

脉冲回应结果表明：当 $\ln MI$ 的一个标准差的变化，对于 $\ln PI$ 的影响第 3 期开始起作用时，到第 4 期影响程度达到最大，以后作用程度逐渐衰减，第 6 期之后的作用基本不存在了。当 $\ln VI$ 的一个标准差的变化，对于 $\ln PI$ 的影响表现在前 2 期作用最大，到第 3 期及以后基本不起作用。并且两者在作用峰值的程度基本一致。这个结论说明，$\ln VI$ 对于 $\ln PI$ 的作用迅速快捷，$\ln MI$ 对于 $\ln PI$ 的作用要存在滞后期，即 $\ln PI$ 受到 $\ln VI$ 的影响要快于受到 $\ln MI$ 的影响，从速度和作用力角度来看，$\ln VI$ 对 $\ln PI$ 的影响程度要强于 $\ln MI$ 对 $\ln PI$ 的影响程度。

我们可以据此判定，1978~2008 年，在货币流量中，作用较大的是货币流通速度，而货币存量的作用相对较小。通俗的解释就是，货币从银行体系投放到非银行体系手中，货币存量就算增加了，这也是重要的，否则，非银行体系无更多的钱可花，但此时价格未必变动；非银行体系将这笔钱花不花出去、花钱的速度快慢才是决定价格更重要的因素。

7.3.5 结论

通过前面的统计描述和数量分析，本文得出以下几个结论。

第一，改革开放初期（1979~1984 年），中国经济的大环境还是计划经济，放开价格是尝试性的，步子迈得小，震荡不大。人民大众工资刚刚提高，尚未形成弗里德曼的"恒久收入"提高的意识，消费支出一如既往，储蓄意识浓厚，新增工资收入多进入了准货币层次。同时，农村改革造成的货币化进程起步消化了部分新增货币，因此，银行体系投放到市场上的货币受流通速度下降的影响，没有转化为剧烈的物价上涨态势。高增长低通胀的"高低型"经济态势呈现，货币流通速度下降的作用功不可没。

第二，1985~2007年，中国经历了两次通胀和一次紧缩，价格波动成为改革之后许多经济和政治问题的导火索，产生了一定的负面社会影响。由于央行货币政策治理的目标大都是针对货币存量，忽视了货币流通速度的变化。因此，药不对症的误诊时有发生。2003~2007年，是改革以来第二个高增长低通胀时期，这一时期的货币流通速度小幅波动，抵消或弥补了货币增幅的过大或过小，使得货币流量尺寸得当。

第三，本文的实证分析表明，改革以来物价波动的主要影响因素是货币流通速度。价格和货币流通速度的相关程度（58%）高于与货币量的相关程度（37%）。脉冲响应函数的结论说明，货币流通速度对于物价的作用迅速快捷，而货币存量对于价格的作用要存在滞后期，即物价受到货币流通速度的影响要快于受到货币存量的影响。总之，从速度和作用力角度来看，货币流通速度对物价的影响程度均强于货币存量对物价的影响程度。货币当局应该加强对货币流通速度的监测和调控，把存量调控转到流量调控上来。诚然，货币流通速度是靠间接指标测定（或事后算出）的，因此，对货币流通速度函数和数量模型的研究刻不容缓。从历史数据观察，自改革以来，中国的货币流通速度长期内存在下降趋势，但短期变动是不规则的，央行不能再依据经验数字来制定货币政策了。

第四，2008年，经济增长速度下降、物价水平大幅上涨，从定性角度来看，是改革以来最不如人意的一年。从历史资料观察，其余年份要么是价格涨幅提高和 GDP 增幅提高同行，要么是价格涨幅下降（或价格下跌）和 GDP 增幅下降并至，只有这一年价格涨幅陡增而 GDP 增幅下降。这和当局对通货膨胀性质的判断有误不无关系，在成本推动型通胀局面下（何况还是输入型成本推动），实行严厉的紧缩政策，"缩"的不可能是成本，"缩"的一定是产量。成本缩不下来，价格自然高企，货币存量紧缩，流通速度自然加快。

8
外国经济史专题研究

8.1 美国经济波动中的进口贸易研究——近百年历史经验分析

作者按：对外国经济史的研究是中国学者的重要研究内容之一，同时，由于欧美日等的数据建设工作做得好，所以更便于做出规范的实证分析。本文是几年前所做，今天看来有些瑕疵，但作为案例，保持原貌未做修改。

原文内容提要：实证研究表明，在需求约束型经济态势下，美国经济增长的动力是总需求，观察美国经济下一步走势的重要指标是代表总需求的货币流量，即 M_1 和影响货币流通速度的价格预期因素。长期内，美国的进口主要受国民收入影响，弹性值平均在 1.85 左右。在 1919～2008 年的 90 年中，虽然有一定的经济周期性波动，但上述规律的总趋势不改。20 世纪 90 年代以来，中国出口美国的商品额对美国总进口额的弹性在 1.68 左右。因此，从美国货币流量角度观察，短期内不能指望中国对美国的出口有较大增长。

计量经济史研究方法

第一次世界大战结束后，美国成为世界头号工业强国。在此后90年左右的时间里，美国对世界其他经济体的影响是通过贸易和金融两个渠道实施的。从对外贸易角度观察，在世界经济需求约束的条件下，进口是美国拉动世界经济增长的重要渠道。自1979年中美建交以来，中美贸易虽时有摩擦，但为中国经济增长做出了巨大贡献。在当今世界经济危机、中国出口严重受阻的局势下，我们研究美国的进口更有现实意义。

研究美国贸易最著名的著作之一是 L. M. 戴斯勒的著作分析了大萧条至21世纪初的美国贸易政策制定和实施过程，是贸易研究领域的圭臬。[①] 希斯考克斯的专著对美国南北战争至20世纪90年代的美国贸易情况做了权威性的考察，[②] 超越了当时研究美国问题学者的研究成果。近年来，国内学界对美国的进口与中国的出口问题有一定研究。韩毅的专著将美国的进出口贸易作为经济结构中的组成部分，在研究美国工业现代化进程的同时，分析了1607~1988年的美国对外贸易。[③] 唐任伍认为，[④] 进入2008年以后，美国经济"停滞"的趋势明显，但尚未"全面衰退"。美国经济停滞对中国经济增长的影响有限，只要中国政府及时防范，采取的措施得力，就能够将美国经济"停滞"带来的影响减少到最低限度。林秀丽和舒元用1994~2004年的月度数据做出的

---

① 戴斯勒：《美国贸易政治》，中国市场出版社，2006。
② 迈克尔·J. 希斯考克斯：《国际贸易与政治冲突——贸易、联盟与要素流动程度》，中国人民大学出版社，2005。
③ 韩毅：《美国工业现代化的历史进程》，经济科学出版社，2007。
④ 唐任伍：《美国经济增长"停滞"及其对中国的影响》，《经济学动态》2008年第4期。

研究结论是，[1] 中国对美出口和美国 GDP 之间存在着正相关的长期均衡关系，但我国对美出口量对美国 GDP 呈弱弹性。郝雁用 1979~2006 年的年度数据做出的研究结论是，[2] 中美贸易差额对美国 GDP 的弹性系数是 1.58，呈强弹性。其他研究与本文的关系不是很紧密，从略。本文在上述文献的基础上，对美国 GDP 与进口贸易的长期关系做初步的考察，求教于学界前辈和同仁。

8.1.1 美国经济增长率周期中的进口波动分析

一国进口别国的商品，取决于许多因素，本文考察的主要对象是经济因素。在经济因素系列中，收入、汇率、价格、关税、偏好等因素在进口函数中都是解释变量。根据世界经济史的经验，本文做如下假设：在长期内，①各国由于货币贬值造成的短期进出口变动会被贸易伙伴国报复性的汇率战所抵消，所以不考虑马勒条件效应；②"关税战"通常是两败俱伤，长期内无效；③各国商品的优势在于异质性，同质商品价格在长期内向趋同收敛。这样一来，一国进口最主要的影响因素无疑是收入，尽管在短期内有其他因素干扰而有暂时的偏离。因此，本文将在美国经济波动与进口变动的关系上浓着笔墨。

从本文附表数据观察，两次世界大战期间，美国的进口随经济的波动而波动，而且，总体来说，进口的波幅大于 GDP 的波幅。由于"一战"后欧洲订货的锐减，美国经济被有效需求不足

---

[1] 林秀丽、舒元：《再议我国对美出口与美国 GDP 增长的相关性——基于协整分析和 granger 因果检验》，《上海经济研究》2005 年第 1 期。

[2] 刘巍、郝雁、陈昭：《国际贸易理论的逻辑与实证——基于中国宏观经济运行角度的研究》，经济科学出版社，2008。

困扰。1920年，美国经济负增长4.6%以上，但承接战时的财大气粗，当年美国进口不减，反而增近18%。同时，这也是欧洲国家战后出口恢复所致。次年，美国经济下跌10%，进口方面做出了剧烈反应——负增长40%以上。从1922年美国经济复苏直到1929年，美国的进口年增长率随经济的年增长率起伏，规律性较强。大萧条导致1930年经济滑坡幅度重演了1921年的故事，进口比上年锐减30%。1932年，以年为单位的经济滑落速度见顶，进口减幅也随之见底。1933年经济跌幅大大缩减，进口增长了14%以上。1934年，美国经济恢复增长，进口增长幅度与GDP增幅相当。这种局面持续了4年之后，1938年，经济负增长近3.5%，进口再次比上年大跌30%。1939年，第二次世界大战爆发，美国照例没有在第一时间参战。远离战场的美国经济又一次得到了巨大的需求拉动。从1939年到1944年，美国经济增长出现高峰，平均年增长率两位数，最高达18.5%。在大战的几年中，美国的进口基本上随经济增幅涨落，只是1942年除外。1942年是美国参战的第一个整年，由于日本占领了东南亚，传统商路中断，使美国的天然橡胶等物资进口锐减。次年，进口基本恢复到了1941年的水平。

"二战"结束后，欧洲重建家园，致使美国的外部需求减弱程度不大。美国除对英国的出口有所回落之外，对法国、德国、日本、加拿大和墨西哥的出口都是持续增长的。从美国经济的环比增长率来看，1945～1949年虽有连续负增长，但由于是从战时高增长的回落，所以，其绝对产量仍是很高的。因此，在这一阶段中，除1949年一年美国进口负增长外，其余年份的进口都有可观的增长。1950年，美国出兵朝鲜，导致经济小高潮出现，进口大增。此后，美国产出和进口都结束了大起大落的时代，波动幅度收敛。此后有若干年份进口异于GDP态势，都与当年国际或国内形势方面的短期特殊原因有关，限于篇幅，不逐一讨论。

美国经济自20世纪50年代之后，波动幅度明显收敛。究其原因，主要是成功运用财政政策和货币政策手段及其他政治外交手段的结果。美国的进口年增长率周期波幅从50年代起也有所收敛，但收敛的程度不如GDP。造成GDP和进口年增长率波动异幅的主要原因是，由于美国在过去90年左右的时段中产业结构变化较大，国际分工程度加深，从而导致美国经济的进口依存度加大，因此，小幅经济波动会产生较大幅度的进口量变化。据本文附表数据计算，美国进口额占GDP的比重从1919年的5.84%，提高到了2007年的14.25%。

我们最后来讨论一下美国GDP和进口的长期数量关系。

（1）单位根检验。我们首先分别对美国GDP（Y）和进口额（IM）取对数，以消除数据存在的异方差。然后，对$\ln Y$和$\ln IM$进行ADF检验，检验结果表明，$\ln Y$和$\ln IM$是一阶单整变量。ADF检验结果如表8-1所示。

表8-1　$\ln Y$和$\ln IM$ ADF单位根检验结果

变量	差分次数	(c, t, k)	DW值	ADF统计值	5%临界值	1%临界值	结论
$\ln Y$	1	(c, n, 2)	2.06	-5.08	-2.89	-2.59	$I(1)^*$
$\ln IM$	1	(c, n, 2)	2.03	-5.62	-2.89	-2.59	$I(1)^*$

（2）协整检验。本文对 lnM 和 lnY 两个变量的 JJ 协整检验结果如表 8-2 所示。

表 8-2　JJ 协整检验结果

特征根	迹统计量（P 值）	5%临界值	λ - max 统计量（P 值）	5%临界值	原假设
0.188536	19.30580（0.00）*	12.32090	17.96668（0.00）*	11.22480	0 个协整向量
0.015451	4.129906（0.29）	4.129906	1.339119（0.29）	4.129906	至少有 1 个协整向量

*，**表明在 1%，5%的显著水平下拒绝原假设，P 值为伴随概率。

协整检验结果表明在 1% 的显著水平上两个解释变量之间具有协整关系，因此按照计量经济基本理论可以直接运用普通最小二乘法回归。

（3）回归方程。回归结果如下：

$$lnIM = -9.83 + 1.848 lnY \qquad (8-1)$$

$$s_1 = 4.44, s_2 = 0.258, t_1 = -2.216, t_2 = 7.161$$

$$R^2 = 0.997, DW = 1.96, F = 11025.58$$

模型（8-1）说明，长期内，进口的美元实际值主要取决于实际 GDP。平均来看，实际 GDP 每变动 1%，实际进口额就同向变动 1.85% 左右，进口对 GDP 呈强弹性。在过去的 90 年中，虽有过实际进口税率高达 60% 的 1930 年《史慕德-哈利法》，该税法曾招致各国的严厉报复，使世界贸易成为一潭死水[1]；虽有过 1971~1973 年布雷顿森林体系崩溃的汇率震荡；虽有过石油危机

---

[1] 〔美〕戴斯勒：《美国贸易政治》，中国市场出版社，2006，第 11 页。

导致的成本推动型通货膨胀与增长率大降——滞涨；虽有过"9·11"恐怖袭击；但是，数量模型表明，长期内，美国进口最重要的影响因素是国民收入这一因果关系始终成立。

8.1.2 美国的货币流量与经济增长：货币是最重要的观测指标

从前面的讨论来看，美国的进口取决于 GDP，而且，进口对 GDP 呈强弹性。于是，在当前世界经济危机态势下，若要判断美国的进口增长何时再现，必先判断美国经济何时触底腾升。

1916 年，美国颁布了"反倾销法"。1920 年，美国出现了推销员和促销员制度，同时兴起了分期付款购买方式。据美国经济学家测算，20 世纪 20 年代后半期零售额的 15% 是用分期付款方式完成的，1927 年分期付款销售的汽车占当年汽车交易总量的 60%。① 这说明，"一战"之后美国经济的核心环节已不再是生产，而是销售，即需求是经济增长的发动机。我们假定，美国经济已进入了需求约束型经济态势，即供给不会自动创造需求，而需求则可以呼唤出供给。

在需求约束型经济态势下，经济增长的先决条件就是保持适度的总需求，即保持一定的货币增长率。但是，货币增长率的保持不是件容易事。在经济低迷时，厂商的销售是大问题，商业银行体系为自保而"惜贷"，会使银根"放而不松"，总需求滞留于低迷状态下。1932 年美国大萧条时，社会各界都对银行不愿意增

---

① 〔美〕弗雷德里克·刘易斯·艾伦：《大繁荣时代》，秦传安、姚杰译，新世界出版社，2009，第 183 页。

加发放贷款大加谴责:"那些银行已经成了我们社会的寄生虫。"①这就是货币政策理论常说的货币这根绳子"只能拉车不能推车",必须依靠财政政策启动经济。罗斯福政府的所作所为,证实了财政政策的有效性。但是,多数经济学家忽视了这样一个问题:大萧条时,是货币政策本身出了问题还是货币政策的实施环境出了问题?我们认为,厂商的供给和消费者的需求,最终仍要靠货币来实现,即最终使经济走出低谷的因素还是货币。政府的各种宏观调控手段——财政支出政策、税收政策、产业结构调整政策、劳工政策等的作用都是理顺货币政策发挥作用的大环境,最终使货币量顺利增长,即总需求增长。罗斯福政府的大手笔埋单,就是使手持政府订单的厂商能够从银行顺利地得到贷款,从而使这些得到贷款厂商的上下游企业连带受益、就业增加、销售回暖、宏观经济乘数效应启动……因此,货币仍是最重要的。

接下来的问题是,我们所说的货币是指哪个层次?有的学者用 M_1 来分析问题,有的学者用 M_2 来与之争论。我们对此先来做一简单的考察。在 M_2 总量一定时,子货币层次的数量结构又是不断变化的。在准货币中,定期存款既可能与 M_1 发生转化,也可能与证券账户保证金发生双向转化;同时,M_1 和定期存款也可能双向转化。但无论如何,直接参与商品市场的货币量层次是 M_1,准货币中的定期存款和证券账户保证金必须转化为 M_1 后,方能进入商品市场。我们是否可以这样认为,对于商品市场而言,M_1 是"飞着"的货币,定期存款是"坐着"的货币,证券

---

① 〔美〕拉斯·特维德着:《逃不开的经济周期》,中信出版社,2008,第85页。

账户保证金是"躺着"的货币。鉴于本文主要讨论商品市场问题,因此,如无特殊说明,文中所用的货币一词均指 M_1。

一般的讨论大都到此为止了,但进一步思考,既然 M_1 是"飞着"的货币,这就必然涉及它的"飞速"问题。从逻辑上和经验上来看,代表总需求的应该是货币流量,而非货币存量,即货币不仅要投放到市场上,而且要周转起来。但货币流通速度只有事后才能得到准确的数据,事前我们只能认为它是预期价格和其他某些变量的函数。因此,我们用滞后若干期的环比 CPI 作为影响货币流通速度的变量加入模型,即:

$$Y = f(M_1, P_{t-n}) \qquad (8-2)$$

上面的讨论,是我们从一个"需求约束型经济"假设推出的逻辑,那么,90 年来的美国经验是否支持我们的逻辑,需要做出实证检验。

(1) 单位根检验。同前,我们首先对美国的 M_1 取对数,以消除数据存在的异方差。然后,对 $\ln M_1$ 进行 ADF 检验,检验结果表明,$\ln M_1$ 和 $\ln P$ 都是一阶单整变量。ADF 检验结果如表 8-3 所示。

表 8-3 $\ln M_1$ ADF 单位根检验结果

变量	差分次数	(c, t, k)	DW 值	ADF 统计值	5% 临界值	1% 临界值	结论
$\ln M_1$	1	(c, n, 3)	1.93	-3.42	-2.89	-351	I(1)**
$\ln P$	1	(0, n, 1)	2.09	-7.89	-2.59	-1.94	I(1)*

注:*表示变量在 1% 的显著水平上通过 ADF 平稳性检验;**表示变量在 5% 的显著水平上通过 ADF 平稳性检验。

(2) 协整检验。本文对 $\ln M_1$、$\ln P$ 和 $\ln Y$ 两个变量的 JJ 协整检验结果如表 8-4 所示。

表 8-4　JJ 协整检验结果

特征根	迹统计量（P 值）	5%临界值	λ - max 统计量（P 值）	5%临界值	原假设
0.2547	38.87（0.04）**	35.011	24.918（0.04）**	24.252	0 个协整向量
0.1000	0.327（0.18）	4.1300	8.928（0.504）	17.148	至少有 1 个协整向量

*，**表明在 1%，5%的显著水平下拒绝原假设，P 值为伴随概率。

(3) 回归模型。协整检验结果表明在 1%的显著水平下两个解释变量之间具有协整关系，因此按照计量经济基本理论可以直接运用普通最小二乘法回归。回归结果如下：

$$\ln Y = 0.53\ln M_1 + 0.67\ln P_{t-1} + 0.49\ln P_{t-3} \quad (8-3)$$

$s_1 = 0.067, s_2 = 0.109, s_3 = 0.085, t_1 = 7091, t_2 = 6.17, t_3 = 5.80,$

$R^2 = 0.998, DW = 1.66$

模型说明，长期内，GDP（总供给）的变动受总需求的影响。从 90 年的平均值来看，实际 M_1 每变动 1%，实际 GDP 就同向变动 0.5%左右，GDP 对影响货币流通速度的两个滞后变量的弹性分别为 0.67 和 0.49。

8.1.3　对美国进口走势的判断

美国的进口是否复苏，取决于美国经济增长的态势。美国经济增长与否，取决于货币流量是否有效放大。按照前面的逻辑，我们不去考察各个时期美国政府怎么用支出政策、税收政策、产业结构调整政策等手段治理好的宏观经济环境，我们只看后果，

即 M_1 的流量是否有效增长了。从附表数据观察，美国经济大致可分为四个阶段。

第一阶段为 1919~1949 年，特征是产出和货币供给波幅巨大。包括 1929~1933 年的大萧条时期在内，货币与产出周期同步。除个别年份之外，高增长低通胀，需求拉动经济效果显著。

第二阶段为 1950~1971 年，特征是产出和货币供给波幅明显收敛，货币和产出周期基本上还是同步的，大多数年份中经济增长率高于通货膨胀率。

第三阶段为 1972~1991 年，GDP 波动幅度、货币供给波幅扩大，出现低增长高通胀的"滞涨"局面，货币供给的周期与 GDP 周期勉强同步。从约翰逊到尼克松，两任总统都是在美国"总产量达到或接近最高水平的时候奉行全面提高需求的财政和货币政策的"。[①] 同时，欧佩克不失时机地将石油价格翻番上涨，造成了美国乃至世界经济总成本上升，物价水平不大幅上升是不可能的。在此期间，所谓"滞涨"无非就是成本推动型通胀，而且是"输入型"的成本推动。因为美国物价上涨幅度曾达两位数，看得出，货币量的变动有强烈的反通胀的意图，但由于成本抬升是输入性的，往往紧缩的货币政策反掉的是经济增长率，而反通胀效果不甚显著。

第四阶段为 1992~2008 年，美国新经济产业格局呈现，GDP 和 M_1 两个变量的波动幅度比前期稍有收敛，二者重又同步波动，"高低型"局面重现。2000 年之后，物价走势与 GDP 走势几乎重

[①] 〔美〕戴斯勒：《美国贸易政治》，中国市场出版社，王恩冕、余少蔚译，2006，第 54 页。

合，货币量年增长率逐年走低，直至 2007 年。从表 8-5 所列的 2008 年全年和 2009 年第一季度的数据来看，虽然货币增发量逐季猛增，但截至 2009 年第一季度末，除私人消费止跌回升之外，投资、进出口、政府支出都在回落，其中投资同比回落了近 50%，这是商业信心严重不足的表现。在奥巴马政府重拳干预下，2008 年 M_1 增幅高达 16% 以上，价格涨幅和 GDP 增幅合计不过 5%，可以肯定地说，是公众心理预期导致了货币流通速度降低了 11% 以上，在很大程度上冲销了增发货币的购买效应。这说明，公众的不乐观预期使宽松的货币政策效果大打折扣。

表 8-5 2008~2009 年实际 GDP、CPI 同比变化季度数据 (%) 和 M_1 季末余额

项目	2008 Q1	2008 Q2	2008 Q3	2008 Q4	2009 Q1
CPI	4.5	4.5	6.2	-8.3	-2.4
M_1（10 亿美元）	1383.4	1393.7	1451.6	1595.3	1563.3
GDP	0.9	2.8	-0.5	-6.3	-5.5
私人消费	0.9	1.2	-3.8	-4.3	1.4
国内私人投资	-5.8	-11.5	0.4	-23.0	-48.9
出口	5.1	12.3	3.0	-23.6	-30.6
进口	-0.8	-7.3	-3.5	-17.5	-36.4
政府消费支出和投资额	1.9	3.9	5.8	1.3	-3.1

资料来源：M_1 见美联储网站 http://www.federalreserve.gov/releases/h6/hist/h6hist4.pdf，其他数据见 http://www.bea.gov/。

货币流通速度是观测过去时点商业信心的重要综合指标，它反映了投资支出和消费支出的谨慎或激进程度。数据表明，1991

年的海湾战争爆发，美国货币流通速度连续三年下降；2001年恐怖袭击事件发生，又是接连三年货币流通速度下降；2005年以后，美国的货币流通速度一直是加快的；随着次贷危机的爆发，美国公众乐观情绪在2008年陡然转换为悲观，货币流通速度下降11%以上，年降幅之大，是"二战"后美国从未有过的。只是在大萧条时期的1932年和1938年，公众的信心曾低于2008年。这样低迷的支出速率，在需求约束型经济态势下必然影响实体经济。从表8-6所列的最近5个季度若干重要变量的走势来看，实际生产部门的信心还是存在严重问题的，积极的财政政策和宽松的货币政策并未奏效。虽然总需求不旺盛，但油价出现了1992年以来最大的涨幅。如果油价、资源商品价格始终高企不下，美国则可能再度发生成本推动型通胀。一旦滞胀局面发生，美联储的货币政策必然转为偏紧，那么，经济增长率也将是偏低或负增长的。于是，如果不发生奇迹，根据20世纪90年代以来的经验，美国经济增长在近两三年内是不乐观的。从长期来看，美国经济的下一步走势是否发生重大转折，是不明朗的。我们判断，随次贷危机发生后暴露出来的金融体系自身的问题和国际油价高企态势出现，"低高型"的"滞胀"有发生的可能。

根据《中国统计年鉴》公布的1994~2007年中国对美出口数据和同时期美国进口数据，我们计算了二者的数量关系，美国进口每增长1%，中国对美国出口就增长1.68%左右，反之则反是。[①]

[①] 由于中美建交时间仅30年，且开始几年贸易额不大，故从美国"新经济"启动后的1994年开始分析。限于篇幅，数量模型从略。

根据美国的历史经验，大凡危机降临，即是贸易保护主义抬头的时机，短期不利因素会更趋活跃。因此，我们的判断是，货币流通速度标志着的信心指标不会马上止跌回升，美国经济年增长率提高尚需时日，中国对美国出口不会有大的起色。当下，我们应该有的心理准备是，美国经济继续恶化，进口进一步萎缩，中国对美国出口继续增幅回落，甚至负增长。

8.2　美国大萧条的逻辑起点：收入分配不公（1919～1929年）

　　作者按：本文是笔者与研究生李杰合写的，从收入分配结构入手，探讨美国大萧条的逻辑起点。收入分配不公是世界上绝大多数国家都存在的问题，笔者自信，这是经济增长的巨大隐忧，希望借此讨论提请当局关注。

　　原文内容提要：在"一战"之后的美国经济大繁荣进程中，国民收入分配结构不合理程度日趋严重。收入占比较小的大多数美国家庭收入达不到边际消费倾向递减的水准，边际消费倾向递减现象只发生在收入占比很大的少数富人阶层。但是，大萧条前10年美国非但没有发生有效需求不足，而且消费占GDP的比例增长趋势非常显著。统计分析发现，是消费信贷缓解了有效消费需求不足对美国宏观经济运行的压力。1929年股市崩盘，美国金融体系垮塌，致使消费信贷规模锐减，收入分配不合理造成的有效需求不足之严重局面显现，大萧条不可避免。

自大萧条发生以来，学界对其爆发原因的探讨就一直没有停止过。凯恩斯认为，大萧条的出现是由于有效需求不足所造成的，边际消费递减规律和资本预期收益率递减规律分别造成消费需求不足和投资需求不足，其中决定因素在于投资需求不足。Temin 基本同意凯恩斯关于自发支出下降引发了大萧条的结论，[①]但是，他对凯恩斯的"投资不足是引发大萧条的原因"结论提出了质疑。虽然消费支出下降的主要原因是收入的下降，但是一些经济学家也认为股票市场崩溃不仅使人们手中的财富缩水，而且改变了人们的消费预期。Romer 认为，大萧条的原因是股票市场的崩溃导致一系列冲击，从而引发了总需求的下降，同时他认为消费者和生产者对未来的不确定性也导致其减少了对耐用消费品的支付。[②] 货币主义领袖弗里德曼与施瓦茨对大萧条的原因提供了一个简单而有力的解释——大萧条起因于货币供给的外生变化，即直接由 20 世纪 30 年代初货币供给收缩引起。[③] Bernanke 的进一步考察发现，金融危机也是一种影响产出的重要方式，它通过导致信用中介成本上升的非货币效应影响实际产出。基于此，伯南克强调了美联储作为最后贷款人的重要角色。[④] 曹家和从货币制度角度进行分析，得出了"各国普遍实行的金本位制度也是

---

① Temin P. Did monetary forces cause the Great Depression? [M]. New York: Norton, 1976.
② Romer C D. The nation in depression [J]. The Journal of Economic Perspectives, 1993: 19-39.
③ 弗里德曼：《美国货币史：1867~1960》，北京大学出版社，2009。
④ Bernanke B. S. Non-monetary effects of the financial crisis in the propagation of the Great Depression [J]. 1983.

导致这场大萧条的重要因素"的结论。① 陆寒寅则从总供给和总需求的角度出发，认为货币因素是美国大萧条爆发的根本原因之一，也是日后进一步促使危机加深并扩散到其他经济联系国的重要环节和纽带。② 可以看出，货币主义和凯恩斯主义争论产生的原因在于双方关注的维度不一样。凯恩斯主义者对于紧缩的前两年私人支出的下降更感兴趣。货币主义者更感兴趣的是大萧条独一无二的深度和严重程度。他们把注意力集中在1931~1933年这个时间段，此时的紧缩呈现出空前的加速度。

综上所述，对大萧条爆发的原因有许多种解释，但不是所有解释都是彼此绝对排斥的，只是每个学者关注的时间点或者角度不一样。总之，一系列事件共同作用下导致了大萧条的发生。沿着凯恩斯的思路进行分析，既然GDP由消费、投资、政府购买（暂时不考虑净出口），由于凯恩斯主义面世之前政府购买变量尚不足以影响一国宏观经济运行，那么，找到消费或投资减少的原因，大萧条的原因似乎也就水落石出了。但是在分析的过程中，大部分论文都只是在收入总量研究的思路下展开，基本上没有涉及收入分配结构问题。我们从计量经济史的角度对大萧条发生的原因曾有初步的猜测，收入分配不公可能是造成总量上边际消费倾向递减的原因。边际消费倾向递减使得产品销售困难重重，从而储蓄转为投资的压力增大，最终造成总需求的不足。本文在先前猜测的基础上，从收入分配结构角度对大萧条的原因进行讨

---

① 曹家和：《大萧条：起因何在》，《经济学家》1998年第5期。
② 陆寒寅：《再议金本位制和30年代大危机：起因、扩散和复苏》，《复旦学报》2008年第1期。

论，就教于学界同仁。

8.2.1　美国大萧条之前收入分配差距的不断扩大

大萧条爆发后，崇尚自由的新古典主义者一筹莫展。1936年，凯恩斯的巨著《就业、利息和货币通论》问世，将1929～1933年的大萧条诊断为"有效需求不足"。凯恩斯认为，三大心理因素造成的阻碍使得需求约束型经济中会产生有效需求不足，即较多的收入被储蓄起来了，并未转化为投资，事前储蓄远大于事前投资。假定凯恩斯的有效需求分析正确，那么，资本主义经济萧条的根源在于消费需求和投资需求所构成的总需求不足以实现充分就业。消费需求不足在于边际消费倾向小于1，即人们不会把增加的收入全部用来增加消费，而投资需求不足是由于资本边际效率在长期递减。本文拟从两个角度对凯恩斯的研究做进一步探讨：第一，凯恩斯只是研究总量，基本没有涉及结构问题。边际消费递减规律显然不太适用于处于中下层的美国人；第二，凯恩斯对消费分析没有考虑对美国消费者影响很大的信贷消费。本节首先探讨大萧条前夕美国的收入分配情况。

在20世纪20年代的大繁荣中，美国经济取得了巨大成就。但同时，美国社会的贫富差距并没有因为大繁荣而缩小，反而越来越大。在大繁荣中，收入越是多的阶层收入增加越快。根据斯图尔·蔡斯（Stuart Chase）的统计，1920～1929年，1%最富有的人享受着75%的收入增长。尽管1922～1928年美国的人均国民收入从625美元增加到742美元，但不同阶层所分得的收入是不同的。其中，城市总人口71%的工人工资收入仅占总收入的

38%，而企业主阶层却获得41%的国民收入。全美前10%富有阶层共270万户，拥有270亿美元的收入，平均每户1万美元，而剩下的90%（共2430万户）拥有540亿美元的收入，平均每户仅2200美元。到1929年，这种收入分配不公更加严重，当时美国0.1%最富有家庭的收入等于42%最贫困家庭的收入，即2.4万户最富有家庭的总收入相当于115万户中下层家庭的收入总和。大约有71%的家庭年收入低于2500美元，60%的家庭年收入低于2000美元。2.4万户最富有的家庭年收入超过了10万美元，其中513户的年收入在100万美元以上。[①] 表8-6可以清晰地反映不同收入阶层的净收入增长率，收入越高的阶层，收入增长越快。

表8-6 1923~1929年不同收入阶层净收入

单位：万美元

年份 净收入	1923	1924	1925	1926	1927	1928	1929	增长率 （%）
5000	0.4949	0.4974	0.4992	0.4992	0.4992	0.4992	0.4997	0.1
10000	0.9653	0.9859	0.9917	0.9917	0.9917	0.9917	0.996	0.3
25000	2.3140	2.348	2.387	2.387	2.387	2.401	2.416	0.4
100000	7.7440	7.746	8.397	8.397	8.397	8.426	8.515	1.0
500000	30.460	30.05	38.4	38.4	38.4	38.43	38.92	2.7
1000000	58.710	57.05	75.9	75.9	75.9	75.93	76.92	3.1

资料来源：George Henry Soule, Prosperity Decade: From War To Depression 1917-1929, Holt Rinehart &Winstorn 1962, p.318.

[①] Stuart Chase, Prosperity Fact or Myth, Charles Boni Paper Books 1929, p.82.

由于美国没有公布1946年之前的基尼系数情况，所以，很多数据需要根据为数不多的样本进行计算和估计。斯坦利·恩格尔曼和罗伯特·高尔曼（Stanley Engerman，Robert Gallman）使用计量经济学工具测算出了美国1913~1946年的基尼系数以及贫困率数据，见图8-1。通过他们的计算我们可以知道，基尼系数整体呈现上升的趋势，其中到1929年达到一个新的高点，从1919年的0.48增加到了1930年的0.589。另外，与基尼系数的趋势类似，贫困率也几乎是逐年升高，贫困率从1919年的51.6%增加到了65.8%，增长幅度达到28%，[1]如图8-2所示。恩格尔曼和高尔曼的测算结果毫无疑问地证明了美国大萧条前夕糟糕的贫富差距问题。经济强劲增长的背后隐藏着巨大的收入分配隐患。

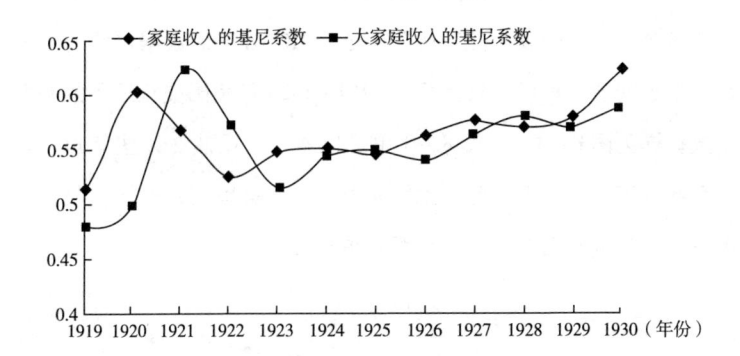

图8-1 美国1919~1930年基尼系数变化趋势

数据来源：恩格尔曼、高尔曼：《剑桥美国经济史》，第三卷，中国人民大学出版社，2008，第208~210页。

---

[1] 斯坦利·恩格尔曼、罗伯特·高尔曼：《剑桥美国经济史》，第三卷，中国人民大学出版社，2008，第207页。

计量经济史研究方法

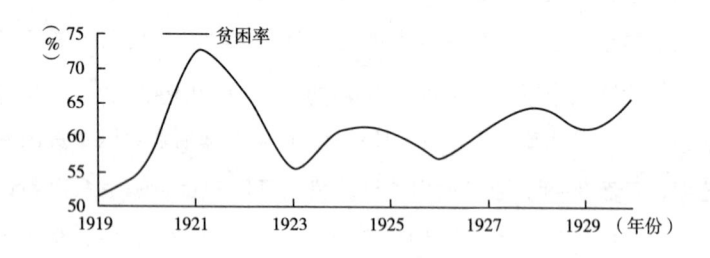

图 8-2 美国贫困率变化趋势

数据来源：恩格尔曼、高尔曼：《剑桥美国经济史》，第三卷，中国人民大学出版社，2008，第 208~210 页。

另外，美国国税局（IRS）收入统计报告（SOI）是一份非常详细的报告（见 http://www.nber.org/databases/macrohistory/Statisti-csofIncomeReport）。该报告统计了自 1916 年以来美国申报个税的各收入阶层的收入分布情况。通过 IRS 公布的数据，我们根据基尼系数的公式可以大致计算出 1919~1929 年美国交税居民的基尼系数，详见图 8-3。从图 8-3 中可以看出，虽然在某些年份，基尼系数是下降的，但在此样本区间内，它们是呈上升趋势，收入分配不平等程度在上升，收入差距越来越大。

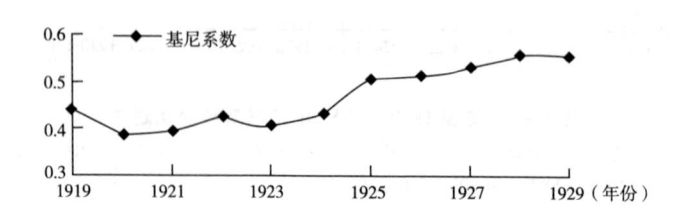

图 8-3 美国 1919~1929 年基尼系数

数据来源：根据美国国税局（IRS）收入统计报告（SOI）数据计算。

我们的测算结果虽然和恩格尔曼等人的数据有些偏差，但是基本趋势完全一样，结论也基本一致。在1919~1930年间，美国经济出现爆发式的增长，但是随之而来的收入分配问题也隐藏其中，贫富差距越来越大，贫困线以下的家庭比例不但没有下降，反而出现了增长。这一切对后来美国大萧条的爆发带来了巨大的隐患。

8.2.2 收入分配差距与消费需求不足

1. 美国收入差距扩大的原因分析

一方面，根据威廉·曼彻斯特的描述，哈定－柯立芝总统任期内的所谓"新世纪的繁荣"并没有坚实的基础。第一次世界大战后，工人每小时的劳动生产率已经提高了40%以上。既然有了这样大量的商品生产，消费者的购买力显然需要得到相应的提高，也就是说，要增加工资。但是，在20世纪20年代，工人的收入并没有随着生产力的提高而相应增加。就是在黄金时代的1929年，布鲁金斯研究所的经济学家们也计算过，一个家庭如果想要取得最低限度的生活必需品，每年需要2000美元的收入才行，但是当年美国家庭60%以上的进款是达不到这个数字的。一句话，购买力跟不上商品产量。例如，工资指数在1920~1929年10年间仅仅上涨了3.28%，而同期的生产指数却上升了62.5%。工资指数和生产指数之间的差距越拉越大（见图8-4）。换句话说，"福特制"所增加的利润大部分被企业主占有，分配不公随着生产力的不断增加而扩大。

另一方面，美国经济的繁荣并非在所有行业中展开。占人口

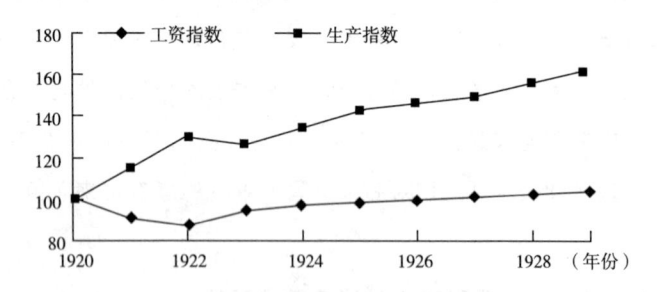

图 8-4 1919~1929 年工资指数和生产指数变动情况

数据来源：http://www.nber.org/databases/macrohistory/contents/。

约 25% 的农业部门没有在繁荣中受益。19 世纪中期以后，伴随着机械化的发展，美国农业的生产效率和总产量大大提高。"一战"中由于欧洲对美国食品的需求急剧增加，不仅使得一度低迷的农产品价格从 1914 年开始回升，而且促进了农业投入增长和规模的扩张。但是，随着战后欧洲需求的消失，从 1920 年开始，美国农业的形势急转直下，陷入了萧条的泥潭中。

在表 8-7 中我们观察到，1921~1922 年，由于价格下降，农业名义产出降幅很大，而实际产量和 1920 年相比反而略有上升。在整个 20 世纪 20 年代，农产品产量的增加是比较适中的，1929 年的产量只比 1920 年高 10.5%。但是，由于农业产品价格的快速下降，农业纯收入远远落后于 1920 年并且一直没有恢复。农业在整个国民收入中占的比率逐渐下滑，从 1919 年的 21.7% 下降到 1930 年的 11.3%。可见，20 世纪 30 年代发生的农业灾难确实深深植根于 20 年代的经济发展之中。占人口四分之一的农业人口收入一直没有增加。

表8-7 美国农业部分数据（指数）

年份	农场名义产量	农场真实产量	农场净收入	每英亩利息	每英亩税收	农场产出占GDP的比重
1919	105	102.1	116	83.3	80	21.7
1920	100	100	100	100	100	18.1
1921	58.5	99.5	43.2	114.8	122	12.5
1922	64.5	103.9	55.7	120.4	129	14
1923	71.4	106	65	120.8	130.5	13.3
1924	72.5	106.9	62.3	115.7	133	13.2
1925	83.6	113.1	86.4	109.3	132.5	14.5
1926	78.7	114.6	76.2	105.6	135	12.8
1927	77.8	116.4	73.1	103.2	135.5	12.7
1928	81.4	115.2	76.8	101.4	138.5	13.3
1929	81.7	116.4	78.9	98.5	139.5	12.4
1930	65.4	110.5	54.6	95.4	140.5	11.3

资料来源：休斯：《美国经济史（第7版）》，北京大学出版社，2011，第476页。

2. 无信贷条件下不同收入阶层消费模型讨论

所谓消费需求，可以从不同角度做多种分类。我们认为，满足人们基本温饱问题的需求可以称为"生存需求"；当收入增加到满足了"生存需求"以后，人们开始朝着富裕生活努力，于是，我们将超过"生存需求"之后的需求称为"改善性需求"；另外，我们认为，当收入达到一定的水平之后，人们会产生"奢侈性需求"，这种需求主要为了体现个人的地位和满足一些自己的虚荣心方面的需求。根据三种不同的需求以及大萧条前期的实际情况，我们将全体美国居民分为三类："贫困阶层""富裕阶层""富豪阶层"。

根据布鲁金斯的统计数据，1929年美国有大约60%的家庭处于"贫困阶层"，家庭收入在2000美元以下。进一步分析可知，将该阶层又可以细分为两个子类：第一子类为没有满足温饱需求的"严重贫困户"。这类人的收入微薄，家庭年收入低于1000美元，有的甚至完全没有劳动收入，全靠救济度日。"严重贫困户"完全没有储蓄，有多少就消费多少。他们生活在美国社会的最底层，过的是挣扎在饥饿线上的悲惨生活，这部分人主要来自非技术工人、农业工人、临时工人以及一些失去劳动力的人群。这部分家庭占到全美家庭数的21%。第二子类人我们权且称他们为"一般贫困户"。这类人的收入在购买生存物品后略有结余，但是他们也几乎没有储蓄，因为他们一旦有改善生活的欲望和需求，对其他物质的需求就会很轻易地花掉他们的积蓄，储蓄可以忽略不计。这部分人主要是技术熟练的工人、自由职业者等。他们虽然能够满足基本的生存需求，但是在购买除生存物品之外的物质显得心有余而力不足。这部分人在大萧条前夕的美国占比非常大，比重大概在40%。

"富裕阶层"主要来自一些高级企业管理人员、小企业主等。这部分人完全有能力购买汽车、收音机、钢琴等消费品，并且还有储蓄，当收入有所增加时，消费有所增加，但是不如收入增加的幅度大，即新增部分的收入大部分被储蓄起来。凯恩斯的边际消费倾向递减规律符合这部分人群。

"富豪阶层"的人数占总人口的比重虽然不多，但是占据很大部分的收入和财富。这部分人的储蓄非常高，据统计，1929年0.1%最富有的家庭储蓄占到总储蓄的34%。这部分人满足凯恩斯的边际消费倾向递减规律。

我们记"温饱需求""改善性需求"的临界点分别为 D_1、D_2。当收入水平低于 D_1 时，并且假设人们没有政府补助或者信贷消费的情况下，会把收入全部用于消费以满足"温饱需求"。这种情况下，人们不会有任何的储蓄行为，即 $Y \in [0, D_1]$ 时，$APC = 1$，消费者的消费行为可由图 8-5 所示的 OB 线段描述。在收入 $Y \in [D_1, D_2]$ 时，人们能够满足温饱需求，但是不能完全满足改善性需求，人们几乎会将所有的收入用于改善性需要，换句话说，边际储蓄率和平均储蓄率接近于 0。这意味着，在大萧条前夕收入不高的美国人基本上没有什么储蓄，消费量局限于收入水平的消费行为可由图 8-5 的 BD 线段描述。当 $Y \in [D_2, +\infty]$ 时，人们在满足了"温饱需求"和"改善性需求"之后，开始出现了大量的储蓄。在"边际消费倾向递减"规律的作用下，虽然消费支出随着收入增加而增加，但边际消费增加额小于收入增加额。消费者的消费行为可由图 8-5 的 DG 线段描述，整个消费函数可以表示为：

$$Y = \begin{cases} Y & (Y < D_1) \\ Y & (D_1 < Y < D_2) \\ a + b(Y - D_1 - D_2) & (Y > D_2) \end{cases} \quad (8-4)$$

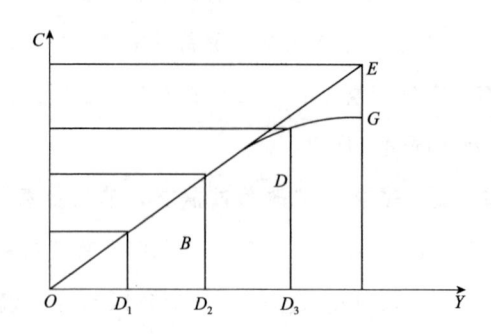

图 8-5 不同收入阶层的消费函数

3. 收入差距与消费需求的逻辑关系分析

根据凯恩斯的绝对消费理论，我们将经济中的全体居民划分为两类群体：高收入群体和低收入群体。假设：①高收入群体的总收入为 Y_h，其平均消费倾向为 c_h（$0<c_h<1$）。同理，低收入群体的总收入为 Y_l，其平均消费倾向为 c_l（$0<c_l<1$）；②根据边际消费递减规律，高收入群体的平均消费倾向小于低收入群体的平均消费倾向，即 $c_h<c_l$；③设全体居民的总收入为 Y，全体居民的平均消费倾向为 c，且设高收入群体占总收入的比例为 a。

从这一组前提出发，我们很容易得到居民总消费关系式：

$$C = c_h Y_h + c_l Y_l \tag{8-5}$$

又因为：$Y_h = Y - Y_l$ 及 $Y_h = aY$（$0<a<100\%$）代入式（8-5）可以得出：

$$C = [ac_h + (1-a)c_l]Y \tag{8-6}$$

进一步地：

$$c = ac_h + (1-a)c_l \qquad (8-7)$$

由于 $c_h < c_l$，而 c 是关于 a 的递减函数，于是，在总收入水平不变的情况下，c 随着 a 的变大而变小。换言之，c 随着收入差距的变大而变小。

下面考虑大萧条前夕的具体情况。低收入阶层的平均消费倾向基本为 1，且收入差距越来越大，高收入者的比重越来越高，则修正后的平均消费函数为：

$$c = a(c_h - 1) + 1 \qquad (8-8)$$

亦即随着 a 的增加，平均消费倾向逐渐下降。年复一年需要更多的投资来消化巨大的储蓄。从理论上来讲，美国大萧条前夕的储蓄率应该呈现大幅上升的趋势，但是实际情况与其相反。美国大萧条前期国民消费率不仅没有下降，反而出现了上升的趋势，见图 8-6。

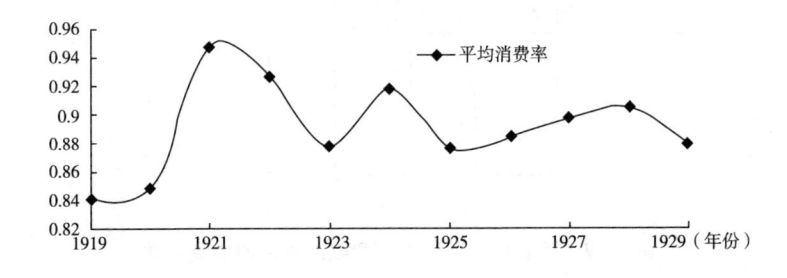

图 8-6 美国 1919~1929 年平均消费率

数据来源：http://www.nber.org/databases/macrohistory/contents/。

8.2.3 消费信贷对有效需求不足的掩盖作用分析

1. 消费信贷存在条件下对消费函数的修正

信贷消费的实质是把未来的收入提前用于消费。在提前消费未来的收入时，消费者凭借其信用借入一笔款项用于现在的消费，然后在未来的某一时间间隔均匀地或者非均匀地偿还这笔款项。我们可以判断信贷阶层最主要集中在"一般贫困阶层"和"富裕阶层"。"严重贫困户"完全没有储蓄的空间，所以没有信贷消费的基础。"富豪阶层"既能满足"改善性需求"，也能满足"奢侈性需求"，完全不会考虑信贷消费。而"一般贫困户"存在挤压消费来获取信贷的空间，从而实现"美国标准"生活方式。"富裕阶层"也可以通过信贷消费努力实现消费"奢侈品需求"的状态。

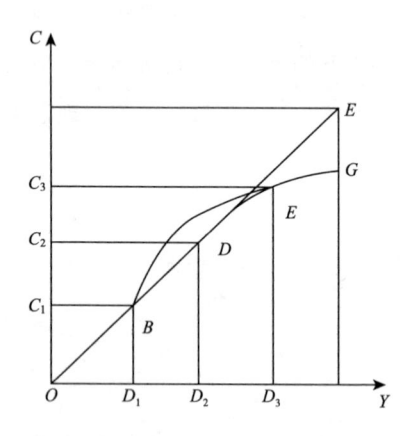

图 8-7 消费信贷条件下不同收入阶层的消费函数

假设某一典型消费者在某一时点收入为 Y_1，信贷消费为 C_1，以后按某一时刻利率 i（$0<i<1$）偿还款项。很显然，能够取得

信贷的前提是某人必须除了能够满足生存的需要，亦即前文所指的"温饱需求"后还有剩余储蓄的空间，用数学表达式表达为 $Y_t > D_1$，假设还款利率为 i，则 $Y_t > D_1 + iC_1$。也就是说，人们在某一时点收入为 Y_t，且信贷消费 C_1，其当期收入 Y_t 必须能够支持"温饱需求"支出和当期应偿还的本息。如果这一条件得不到满足，贷款者不会轻易贷款给借款者。

根据上述分析，在有消费信贷条件下，由于消费信贷的刺激，消费者消费支出增加。在 $D_1 < Y < D_2$ 时，消费曲线不再是 BD 和 DE，而变成了 BE 弧线。这说明，在有信贷消费的情况下，明显会增加即期的消费额，短期的消费会出现明显的增加。

2. 美国消费社会的出现和信贷对消费的推动

美国在经历了 100 年的工业革命后，人们的收入已经增加不少，消费需求自然会上升。规模化的工业技术已经趋于成熟，开动机器就能生产很多产品，工业产能开始过剩，到了"你要多少，我就能生产多少"的地步，于是，生产已经不再是经济增长的"瓶颈"，消费需求才是"瓶颈"，按照我们（刘巍、陈昭，2010）先前研究的结论，即 1919 年美国实现了从供给约束型经济到需求约束型经济态势的转变。根据凯恩斯的边际消费递减规律，随着收入越高，整个储蓄率会越来越高，这就需要更多的投资来消化巨大的储蓄。在没有新的经济热点出现的情况下，投资缺口必然会带来经济的萧条，但是，事实与凯恩斯理论不太一致。1919～1929 年，美国的消费总额出现了强劲的增长。美国经济研究局的统计数据表明（见图 8-8），美国人的消费总量从 50.2 亿美元增加到76.4亿美元，其中，服务消费、耐用品消费、半耐用消费和非耐用消费在此期间分别增长了56.18%、75.9%、57.73%和40.7%。国民消费占GDP的比重从84%上升到88%。消费占GDP的比例不仅没有下降，反而出现了上升的趋势，见图8-9。

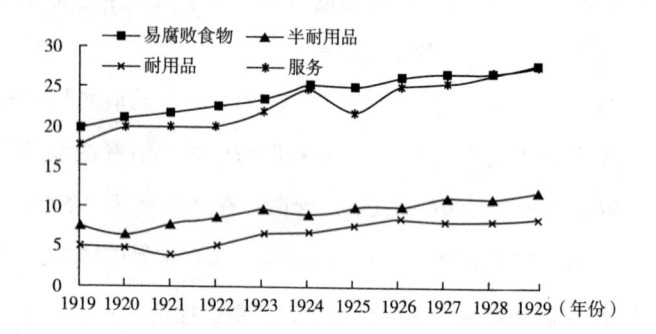

图8-8 美国1919~1929年消费结构数据变动情况（10亿美元）
数据来源：http://www.nber.org/databases/macrohistory/contents/。

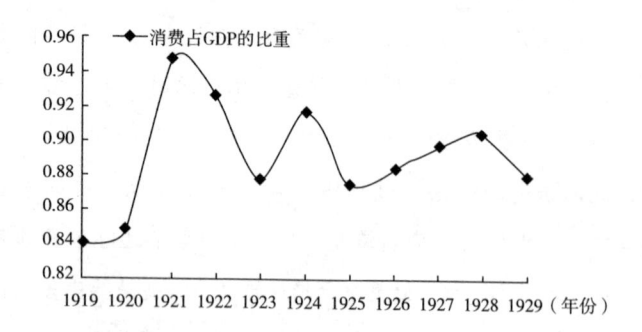

图8-9 美国1919~1929年消费占GDP比重的趋势线
数据来源：http://www.nber.org/databases/macrohistory/contents/。

美国贫富差距大，且进入了需求约束型经济态势，消费需求的增长——进而经济增长应该是相当艰难的。但是，美国靠分期付款方式暂时解决（或者说推迟）了这一重大问题，其中影响最大的莫过于私人汽车，如表8-8所示。

表8-8 美国信贷购车数据　　　　　单位：%

年份	当年购车家庭百分比	信贷购车家庭百分比	信贷购车占新车购买量的百分比
1919	8.6	4.9	65
1920	9.7	5.4	62
1921	7.4	4.3	64
1922	11.3	6.6	64
1923	17	10.3	65
1924	16.5	10.3	70
1925	19.4	12.7	68
1926	18.8	12.2	64
1927	16	9.8	58
1928	19.7	11.8	58
1929	24.2	15.2	61
1930	17.4	11	61
1931	13.4	8.2	63
1932	8.2	4.1	55
1933	7.3	4.2	57
1934	9.6	5.4	54
1935	11.3	6.9	58
1936	15.4	9.2	61
1937	15.1	8.9	57
1938	9.5	5.4	52
1939	11.3	6.8	54

资料来源：Olney M L. Avoiding default: The role of credit in the consumption collapse of 1930 [J]. The Quarterly Journal of Economics, 1999, 114 (1): 319-335.

在私人轿车面世的初期，每辆车的价格为1500美元左右，而当时一般工人的年收入才800美元左右，私人汽车主要是有钱人的消费品。虽然后来福特公司推出售价仅850美元的简易型T型车，但其价格还是高于一般美国家庭的年收入。靠现金购买只能是满足"富裕阶层"和"富豪阶层"。"贫困阶层"完全没有办法购买。1913年，第一家汽车按揭公司在旧金山成立，专门向普通大众提供汽车消费信贷，买车者只需要付四分之一的预付款，剩下的分期付。这个行业此后发展迅速。信贷制度的发展使得越来越多的汽车消费以信贷消费的形式发生。在1923年销售的350万辆汽车中，65%是通过分期付款的方式购买的，详见表8-8。在汽车的带动下，1920年以后信贷消费的形式被推广到收音机、洗衣机、珠宝、服装等商品中。截至1927年，美国人均消费中，75%的汽车、80%的留声机、75%的洗衣机、65%的吸尘器以及25%的珠宝等都是以信贷消费形式购买的。①

1919~1929年信贷消费拉动了美国消费的增长，消费的增加又进一步促进了投资的增长。消费信贷"藏匿"了供需平衡的矛盾，凯恩斯式的难题有了暂时解决的方式。值得一提的是，"一战"中大规模扩大的生产能力在战后初期（1920~1921年）一度造成了供大于求的经济衰退，但是由于消费信贷机制的作用，很快把美国经济带出了低谷。

3. 消费信贷锐减、外需骤降与大萧条

众所周知，信用是将未来的消费提前到即期，从而扩大即期消

---

① 〔美〕弗雷德里克·刘易斯·艾伦：《大繁荣时代》，秦传安、姚杰译，新世界出版社，2009，第182~183页。

费需求的有效手段，在需求约束型经济条件下保持一定消费规模，可以调节供需平衡矛盾。但是，过度依赖信贷消费则风险极大，一旦信贷消费额大幅减少，总需求就会陡然下降，总产出遭受沉重打击。消费信贷机制发挥作用需要两个必要条件：第一，商业银行体系正常运转；第二，借贷双方均对未来有足够的信心。

1929年，胡佛政府就任伊始，试图抑制股票市场的投机浪潮，实行了紧缩货币政策。这一政策非常"奏效"：股市暴跌、银行危机、信用萎缩，实体经济从次年开始逐步下行。从1930年起，美国商业银行接连倒闭（见表8-9），没有倒闭的银行纷纷自保，"惜贷"现象严重。人们指责那些不愿贷款的银行家们"已经成了我们社会的寄生虫"。[①] 但是，大萧条已经开始，银行家们"惜贷"寻求安全是理性选择，指责无济于事。银行倒闭浪潮在时刻提醒着还"健在"的银行的经理人员，不可贸然放款。于是，商业银行存款直到1933年方见谷底，到1934年才有像样的环比回升。

表8-9 大萧条期间的美国银行状况

年份	银行总数（家）	破产银行数（家）	破产率（%）	坏账率（%）
1930	22172	1350	3.48	1.40
1931	19375	2293	7.62	2.87
1932	17802	1453	3.64	1.73
1933	14440	4000	20.2	7.84

资料来源：陆甦颖：《经济衰退的历史答案：1920年代美国经济的多维研究与启示》，上海三联书店，2009，第169页。

[①] 拉斯·特维德：《逃不开的经济周期》，董裕平译，中信出版社，2008。

商业银行体系不能正常运转，授信方"惜贷"，两个必要条件的消失，导致消费信贷锐减。于是，1929~1933年美国家庭债务指数急速单边下降，直至罗斯福政府整顿了商业银行体系，银行重新正常营业，该项指标始见上升，见图8-10。

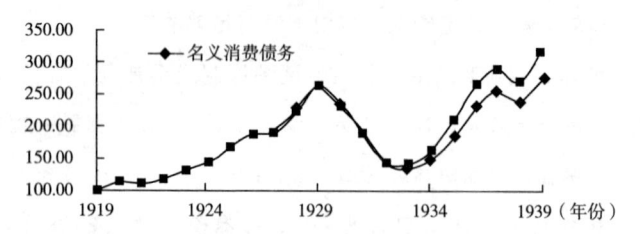

图8-10　美国1919~1939年家庭债务指数曲线

数据来源：http://www.nber.org/databases/macrohistory/contents/。

当信贷消费下降时，消费支出也出现了大幅减少。其中，耐用消费品也出现了大幅下降，而易腐败食品等生活必需品并没有出现大幅下降的情况，见图8-11。耐用品方面受影响最大的莫过于汽车了，通过观察美国汽车销售量，我们发现，美国家用私家车的数量在1929年达到了巅峰，但是1929年之后数量出现了急剧下降，见图8-12。

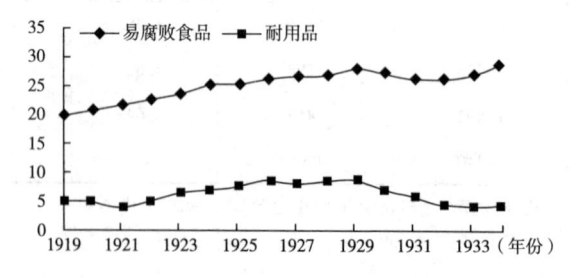

图8-11　美国耐用品和易腐食品变动情况

资料来源：http://www.nber.org/databases/macrohistory/contents/。

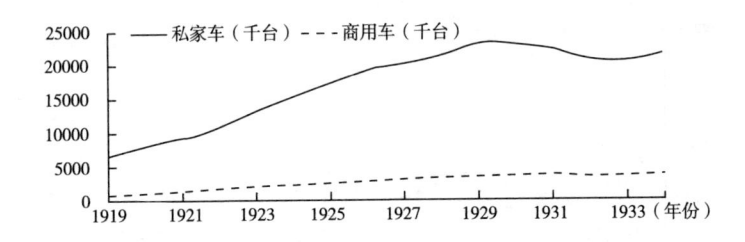

图 8-12　1919~1933 年美国在用汽车数曲线

数据来源：B. R. 米切尔：《帕尔格雷夫世界历史统计》，美洲卷，经济科学出版社，2002，第 599~600 页。

当信贷消费不在时，美国有效需求出现了严重不足，美国的经济很快陷入了恶性循环，金融危机演变成了经济衰退，进而演化成了旷日持久的大萧条。

同时，外需衰退对美国经济的衰退起到了推波助澜的作用。大萧条期间，美国颁布了《1930 年关税法案》。该法的本意是为美国农业提供关税保护，但是招来了贸易伙伴的报复行为。这沉重打击了美国的出口，美国的进口额从 1929 年的 44 亿美元下降到了 1933 年的 14.5 亿美元；出口尤为严重，从 51.6 亿美元下降到了 16.5 亿美元。这使得本来就内需不足的美国雪上加霜，见图 8-13。根据马里奥·克鲁格西（Mario Crucini）和詹姆斯·卡恩（James Kahn）的估计，《斯穆特-霍利夫关税法》使得美国 GDP 减少了 2%。[①]

[①] Crucini M J, Kahn J. Tariffs and aggregate economic activity: Lessons from the Great Depression [J]. Journal of Monetary Economics, 1996, 38 (3): 427-467.

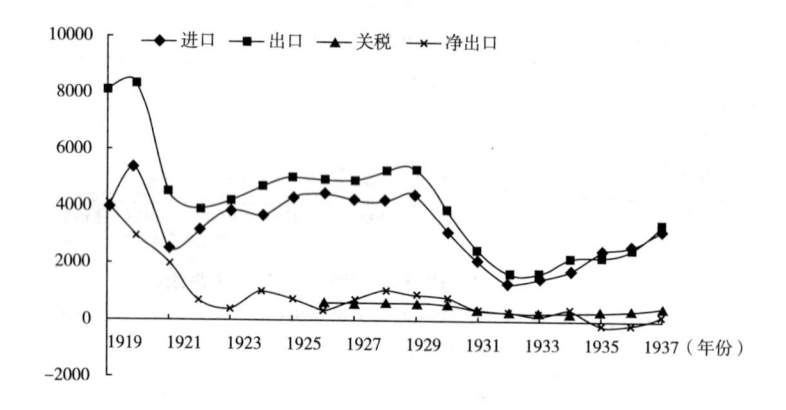

图 8-13　美国进出口关键数据趋势图

数据来源：B. R. 米切尔：《帕尔格雷夫世界历史统计》，美洲卷，经济科学出版社，2002，第 816~817 页。

8.2.4　结论

总结前面的分析，我们可以得出以下几个结论。

第一，国民收入分配不公是美国大萧条的本质性起点，是大萧条的病根。美国经济在 1919~1929 年间虽然得到了狂飙式的发展，但是繁荣的背后隐藏着巨大的风险。收入的大部分被占比很少的一部分人所获得，他们的边际消费倾向是显著递减的。基本徘徊在温饱水平以下的家庭占到了美国总人口的 60% 以上，即使边际消费倾向递减等于 1（或大于 1）也购买不了多少商品。分配不公无法保证供需平衡，必然造成物品供应的过剩。供给的过剩并不意味着这些生产盈余不需要，而是大多数人想买却买不起。也就是说，当机械化的流水线生产出大量商品投放在市场上时，缺乏足够的购买力来吸收这些产品。从逻辑角度分析，接下来必然会导致厂家减产，投资减少，消费和投资都会出现不足的现象，整个经济表现为有效需求不足，失业率上升，产能闲置。

第二，消费信贷药方用好了能治病，用不好会要命。相关数据表明，1919~1929年美国的有效需求是高度增长的，逻辑与现实有很大的反差。我们的分析结论是，增长动力源于当时日益盛行的信贷消费。收入分配不公造成的生产能力和消费能力间距离的扩大被分期付款时间错位的需求所掩盖，特别是在耐用消费品方面。但是，在金融要素的支持下，不断透支的需求尽管延迟了消费不足的问题，但这一问题并未解决，繁荣或衰退的命运反而系于更容易出事、波及面更广的金融部门了。在总供给的物质属性与总需求对路的条件下，若收入分配结构合理，则无信贷支持的消费率也较高，总需求基本可以拉动总供给，未必对消费信贷过分依赖，宏观经济运行风险较小。在需求约束型经济中，消费需求对消费信贷依赖越重，总需求对货币政策的依赖就越重，宏观经济运行的风险就越大。

第三，经济下行是具有惯性的，各企业、各部门之间存在着有机的市场联系，某些市场主体因债务问题（欠人或人欠）而倒闭，必然引发"多米诺骨牌效应"，导致虚拟经济部门和实体经济部门交替倒闭。因此，当局的突兀紧缩性货币政策应当慎用。20世纪20年代，由于美国刚刚进入需求约束型经济，胡佛政府没有宏观调控经验，不太清楚货币政策与总需求、总需求与总供给之间的利害关系，鲁莽行事，铸成大错。时至今日，也没有充分的证据证明股市飙升就一定是经济泡沫，虽然经济泡沫往往表现于资产价格飙升，但逆命题未必成立。

第四，一国发生经济危机时，若采用以邻为壑的经济政策，限制进口以提升内需，必然遭受严厉的报复，出口举步维艰，致使本国经济雪上加霜。

附表　1919～2007年美国宏观经济数据

单位：10亿美元

年份	Y（2000年价格）	进口（2000年价格）	M_1	CPI	年份	Y（2000年价格）	进口（2000年价格）	M_1	CPI
1919	622.2	36.32196	23.5	142.25	1936	866.6	31.48665	30.9	102.11
1920	595	42.79513	23.1	126.76	1937	911.1	38.05658	29.1	100
1921	543.2	24.07279	20.6	119.01	1938	879.7	26.38406	31.7	99
1922	629	31.34229	22.8	121.13	1939	950.7	29.154	36	100
1923	705.1	37.18817	22.9	121.13	1940	1034.1	32.20092	41.9	105
1924	703.4	35.89999	24.4	124.65	1941	1211.1	37.71168	48.2	116
1925	762.5	41.00153	26.1	125.35	1942	1435.4	27.50486	62.6	123
1926	807.5	42.78757	25.4	123.24	1943	1670.9	29.62158	79.9	125
1927	806.7	41.40128	25.7	121.83	1944	1806.5	31.96464	90.7	128
1928	811.3	40.32637	26.4	121.83	1945	1786.3	32.42518	102.4	139
1929	865.2	43.31727	26.4	118.31	1946	1589.4	38.39346	107.6	159
1930	790.7	31.54661	24.9	108.45	1947	1574.5	41.38139	112.2	171
1931	739.9	24.4842	21.9	97.18	1948	1643.2	47.9627	110.7	169
1932	643.7	17.53065	20.3	92.25	1949	1634.6	45.2265	110.1	171
1933	635.5	19.99435	19.8	95.07	1950	1777.3	59.37474	115.3	184
1934	704.2	21.84752	22.8	97.18	1951	1915	68.83018	122	188
1935	766.9	30.23799	27	98.59	1952	1988.3	66.46674	126.4	190

续表

年份	Y (2000年价格)	进口 (2000年价格)	M_1	CPI	年份	Y (2000年价格)	进口 (2000年价格)	M_1	CPI
1953	2079.5	67.17257	128.2	191	1975	4311.2	258.3853	281.4	383
1954	2065.4	61.91219	131.8	190	1976	4540.9	309.0598	297.2	407.1
1955	2212.8	67.59631	134.6	193	1977	4750.5	355.3336	320	430.7
1956	2255.8	73.3395	136.5	200	1978	5015	384.6448	346.3	466.1
1957	2301.1	73.7448	135.5	205	1979	5173.4	427.8949	372.7	519.2
1958	2279.2	72.39273	140.8	207	1980	5161.7	462.1318	395.7	590
1959	2441.3	78.87334	141.5	210	1981	5291.7	448.3633	424.9	649
1960	2501.8	70.15189	140.4	212	1982	5189.3	394.7945	453	690.3
1961	2560	68.33625	143.1	215	1983	5423.8	412.3778	503.2	713.9
1962	2715.2	75.38811	146.5	217	1984	5813.6	491.3479	538.6	743.4
1963	2834	78.21746	150.9	219	1985	6053.7	484.9742	587	772.9
1964	2998.6	84.49625	156.8	220	1986	6263.6	517.0956	666.4	784.7
1965	3191.1	95.44936	163.5	224	1987	6475.1	559.8259	743.5	814.2
1966	3399.1	109.9802	171	230	1988	6742.7	590.7903	774.8	849.6
1967	3484.6	112.4598	177.7	237	1989	6981.4	608.0585	782.2	890.9
1968	3652.7	132.4277	190.1	247	1990	7112.5	610.9117	810.6	938.1
1969	3765.4	136.948	201.4	260	1991	7100.5	581.4783	859	979.4
1970	3771.9	144.8051	209.1	276	1992	7336.6	621.0867	965.9	1008.9
1971	3898.6	157.6617	223.2	287	1993	7532.7	666.8773	1078.5	1038.4
1972	4105	184.9741	239	297	1994	7835.5	740.8564	1145.2	1067.64
1973	4341.5	221.3518	256.4	315	1995	8031.7	813.5982	1143.1	1097.4
1974	4319.6	298.9432	269.2	350	1996	8328.9	855.7212	1106.5	1129.64

续表

年份	Y(2000年价格)	进口(2000年价格)	M_1	CPI	年份	Y(2000年价格)	进口(2000年价格)	M_1	CPI
1997	8703.5	918.9358	1070.1	1155.68	2003	10301	1188.22	1273.5	1324.32
1998	9066.9	952.2371	1080.6	1174.28	2004	10675.8	1349.402	1344.4	1360.28
1999	9470.3	1054.259	1102.3	1199.08	2005	10989.5	1488.304	1371.7	1406.16
2000	9817	1226.677	1103.5	1240	2006	11294.8	1596.831	1374.3	1452.04
2001	9890.7	1121.327	1140.3	1274.72	2007	11523.9	1641.744	1369.2	1492.96
2002	10048.8	1120.466	1196.2	1295.8	2008	11652	1584.283	1595.3	1549.89

资料来源：1960年以前的GDP见弗里德曼、施瓦茨《美国和英国的货币趋势》，中国金融出版社，1991，第146~148页，1960年以后的GDP见中经网统计数据库http://202.116.197.5:91；1960年以前进口额见米切尔《帕尔格雷夫世界历史统计·美洲卷（1750~1993）》，经济科学出版社，2002，第442~445页，1960年后进口额见中经网统计数据库http://202.116.197.5:91；1960年以前的M_1见弗里德曼、施瓦茨《美国货币史》，北京大学出版社，2009，第508~522页，1960年以后的M_1数据见中经网统计数据库http://202.116.197.5:91。1938年以前的CPI见米切尔《帕尔格雷夫世界历史统计·美洲卷（1750~1993）》，经济科学出版社，2002，第442~445页，1938年后的CPI见http://www.bea.gov/。2008年的数据来自美联储网站http://www.federalreserve.gov/releases/h6/hist/h6hist4.pdf和http://www.bea.gov/。

9
经济学理论探索

9.1 对凯恩斯"流动性陷阱"学说的质疑——基于美国大萧条的经验

作者按：本节是笔者与研究生龙竞合作的一篇论文，略有删节。笔者在研究生教学和指导过程中，一向崇尚"经济史的最高境界是修正、补充和发现经济规律"这一信念，并身体力行之。将本文列入研究案例，意在引导初学者把精力投之于此。

原文内容提要：凯恩斯的"流动性陷阱"学说应该暗含着两个重要前提，其一是货币当局具有持续的货币供给能力，其二是市场中会出现一个公众认识一致的、低得不能再低的利率。本文从逻辑的角度论证了经济中"流动性陷阱"产生前提不可能存在，并以迄今为止世界经济史中最悲惨的美国大萧条为实例，进一步证实了"流动性陷阱"是一个理论假说。

原文关键词：流动性陷阱、金本位、货币供给、大萧条。

国外学者在探讨凯恩斯的"流动性陷阱"学说时，很少讨论其前提假设，而多从货币需求理论出发，以实证方法考察"流动性陷阱"现象能否出现。其核心思路大都是从货币需求的利率弹性是否无穷大来判断经济是否陷入"流动性陷阱"，技术上通过建立货币需求与利率的模型，不断通过修正模型和改进实证方法来证明各自的观点。各家学者在货币和利率统计量选择上的不同，从而导致了结论不一，甚至相反。其中，Friedman[1]、Bronfenbrenner 与 Mayer[2]、Eisner[3] 等学者认为，在低利率时并不存在货币需求弹性无限大的情况，否定流动性陷阱的存在；而 Tobin[4]、Krugman[5]、Youngsoo Bae、Vikas Kakkar 和 Masao Qgaki[6] 等学者认为"流动性陷阱"存在。国内学者虽从前提出发，但大多数是集中于利率角度。王自力[7]、曾令华[8]探讨了流动性陷阱与低得不能再低的利率之间的逻辑关系；王春峰和康莉[9]认为产生

---

[1] F. Milton. "The demand for money: some theoretical and empirical results" [J], The American Economic Review, 49, 1959.
[2] M. Bronfenbrenne, M. Thomas. "Another look at liquidity preference: rejoinder to professor Eisner" [J], Econometrica, 31, 1963.
[3] Robert Eisner. "Another Look at Liquidity Preference" [J]. Econometrica, 3, 1963.
[4] James Tobin. "Liquidity Preference and Monetary Policy" [J], The Review of Economics and Statistics, The MIT Press, 29, 1947.
[5] R. K. Paul, M. D. Kathryn, R. Kenneth. "It's baaack: Japan's slump and the return of the liquidity trap" [J]. Brookings Papers on Economic Activity, 2, 1998.
[6] Youngsoo Bae, Vikas Kakkar, Masao Qgaki. "Money Demand in Japan and the Liquidity Trap" [J/OL]. Ohio State University Department of Economics Working Paper, 2004.
[7] 王自力：《是流动性陷阱还是流动性约束——再论如何提高货币政策的有效性》，《中国金融》1999年第3期。
[8] 曾令华：《我国经济近年来不存在流动性陷阱》，《经济学动态》1999年第12期。
[9] 王春峰、康莉：《从"流动性陷阱"看我国通货紧缩的成因》，《国际金融研究》2000年第2期。

"流动性陷阱"的前提是该国应该是经济的负增长；陈丰[①]分析了利率无法下降所必需的条件，以是否存在这些条件来判断一国有无可能陷入"流动性陷阱"。

本文以美国大萧条为例，讨论在金本位制下（大萧条发生时的国际货币制度安排）"流动性陷阱"是历史真实现象抑或是一个假说，对布雷顿森林体系崩溃之后纸币制度下的问题则拟另案讨论。

9.1.1 对"流动性陷阱"暗含前提的讨论

凯恩斯在1936年出版的著作《就业、利息和货币通论》中，提出了货币需求的极端情况——"流动性陷阱"的逻辑，萧条经济一旦落入"流动性陷阱"，货币需求便成了"无底洞"，无论新增多少货币都会被巨大的货币需求所吸收。从该书的研究背景来看，"流动性陷阱"学说的货币制度安排应该是金本位制。从"流动性陷阱"的逻辑反推，该学说必有若干个暗含的前提假设。我们将"流动性陷阱"学说的逻辑起点——暗含的前提假设归纳如下：第一，短期内人们的收入分布中只有货币和证券两种资产；第二，经济处于非常低迷或萧条状态中；第三，货币当局有能力持续增加货币供给；第四，公众对证券收益率水平会产生"不能再低"的一致认识。本文将讨论经济中是否存在这样的前提，从而推断凯恩斯原汁原味的"流动性陷阱"是否仅为苛刻前提假设下存在的假说，而不涉及后来学界提出的"广义流动性陷

---

① 陈丰：《金融危机下中国货币政策是否陷入流动性陷阱——基于货币政策非对称性的实证研究》，《经济学动态》2010年第5期。

阱"和其他内涵的"流动性陷阱"。

1. "流动性陷阱"的逻辑与政策意义

如果经济中具备上述四个前提,凯恩斯的"流动性陷阱"现象就可以发生。如图9-1所示,当利率降至 r^* 时,货币需求曲线变成与横轴平行的直线,该直线部分即为"流动性陷阱"。曲线的经济学意义是,当利率降至"公认"的最低水平 r^* 时,货币需求的利率弹性为无限大,货币当局无论怎样增加货币供应量,新增的货币余额不会再进入有价证券市场,都会被巨大的货币需求所吞没。需要注意的是,凯恩斯理论中的利率指的是放弃流动性的报酬,是资产市场利率,即有价证券收益率,而不是银行存贷款利率。在经济学教科书中,资产市场利率简称市场利率或利率。《通论》一书中以国债收益率代表市场利率,因为这是有价证券市场的"龙头"利率,对其他有价证券的收益率有风向标的功能。

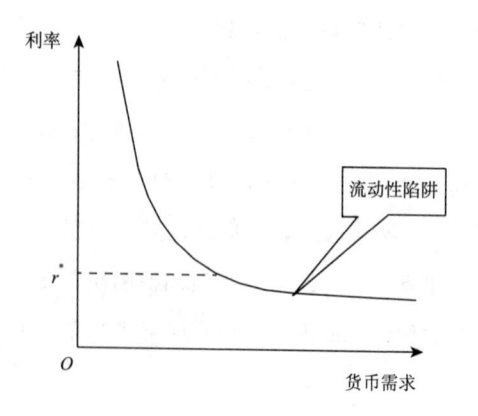

图9-1 凯恩斯"流动性陷阱"的逻辑

"流动性陷阱"学说的政策意义是,处于萧条中的宏观经济如果再坠入"流动性陷阱",货币量对利率,进而对投资将不产生任何影响。于是,此时靠货币政策启动经济的意图是很愚蠢的——"绳子不能推车",走出萧条必须依赖财政政策。

2. 对"流动性陷阱"暗含前提的讨论

在"流动性陷阱"四个前提假设中,"短期中持有两种金融资产假设"可以接受,"萧条假设"可以在案例中分析。因此,我们主要讨论后两个假设。

1)当局货币供给能力的讨论

由于"流动性陷阱"产生的一个前提就是社会公众在公认"至低"的利率下货币需求是无限的,它可以吞噬任何数量的货币供给,因此可以断定,"流动性陷阱"实现的一个必要条件就是一国货币当局必须有能持续供给货币的能力①,否则,从逻辑上无法证明货币需求会趋于无穷大这一神奇的结论。因此,我们首先考察金本位制时期的货币当局的货币供给能力。

在金本位制下,由于黄金自由兑换和自由流动机制发挥作用,所以,一国的货币供给是受制于黄金存量的。我们从影响货币乘数和基础货币的角度出发,通过货币当局对货币乘数、基础货币的影响及货币数量对经济的影响,进一步讨论货币当局是否具备持续供给货币的能力。从货币供给的角度来说,货币量主要由基础货币 H 和货币乘数 m 两个因素决定。凯恩斯认为在货币统

---

① 这里隐含的另一个问题是,在纸币制度下,货币当局倘若有此能力,但是,持续地无限供给货币是否符合货币当局的经济理性。纸币制度下的问题本文暂不讨论。

计口径上应该选择狭义货币 M_1，于是有：

$$M_1 = m_1 H \qquad (9-1)$$

由式（9-1）得：

$$m_1 = \frac{M_1}{H} = \frac{C+D}{C+R} = \frac{(C+D)/D}{C/D+(r+r_e)D/D} = \frac{1+c}{c+r+r_e} \qquad (9-2)$$

其中，C 为流通中的现金，D 为存款是活期存款和其他可凭支票提取的存款之和，R 为存款准备金，c 为现金比率即现金漏损率，r 为法定存款准备金率，r_e 为超额准备金率。

式（9-2）清楚地表明，货币乘数是由非银行公众、商业银行体系和货币当局三者的行为共同决定的。其中，非银行公众和商业银行体系对货币量的影响是与经济风向一致的，而货币当局对法定存款准备金率的调整应该是逆经济风向的（如果货币当局认为应该调节的话）。货币当局只能通过对法定存款准备金率进行调整来影响其他两个主体的经济行为，并没有直接的控制力。如果货币当局打算扩大货币供应量，最极端的法定准备金率无非是降到0，而无法直接控制商业银行体系的超额准备金率。所以，从货币乘数和基础货币的角度来看，在货币供给的整个过程中，货币当局是不能完全控制货币供给的，即没有持续增加货币供给的能力。

在金本位制时期，货币供给中存在两种货币：一种是金属货币，这是基础货币；另一种是信用货币（包括存款货币和银行券），这是派生的货币。由于商业银行体系的发达，金本位制国家在经济发展过程中面对越来越大的货币需求时，总是由大幅度增长的信用货币来弥补货币的供给缺口（表 9-1 的数据表现了英法美元本位时期的货币结构）。信用货币的供给来自商业银行体系，供给量基本走势是顺经济大势变动的，在萧条时政府无力直接令其扩张。同时，信用货币的发行量也受到黄金货币基数及保持可兑现性的约束，而金铸币供给主要是取决于由金矿开采技术和新金矿的偶然发现决定的黄金供给量。[①] 也就是说，商业银行体系也不可以无限派生货币。

表 9-1　1816~1913 年英国、美国、法国的货币结构

单位:%

年份 项目	1816~1848	1849~1872	1873~1892	1893~1913
货币增长	100	100	100	100
a. 黄金	-9	34	2	6
b. 白银	65	-6	3	—
c. 信用货币	44	72	95	94

资料来源：张杰：《货币机制中的金融过程》，社会科学文献出版社，1995，第 47 页。

总之，在金本位制下，货币量的伸缩是在黄金供给量的基础上商业银行体系创造完成的，币材金属存量是其伸缩的基础。所以，在经济自由化的金本位制时代，货币当局没有持续增加货币供给的能力，大萧条中各国纷纷放弃金本位制这一事实本身就是最好的反证，所以"流动性陷阱"产生的这一前提是令人怀疑的。

---

① 在开放的条件下，一国的贸易盈亏或外国投资导致黄金流入或流出，政府在标准的金本位制下是不能对这个过程加以限制的。

2）公众对证券收益率是否存在着"不能再低"的一致认识

在一个完善的金融体系下，凯恩斯假定短期内公众的资产组合中只有货币和债券，这是没有问题的。持有债券有收益，持有货币（M_1）没有收益，至少没有名义收入。正常情况下，公众会在交易货币需求量以外尽可能地压低投机货币需求量，持有有收益的债券。而在经济低迷、投资萎缩时，一旦利率已经低到了公众一致认为"不能再低"的水平，则公众普遍预期债券的价格将会下降（收益率将上升），于是，会把所有的债券卖出（至少不会再新买入债券），而完全以货币形式持有收入。

按照凯恩斯的推理，当利率（有价证券收益率）下降到一定程度时，市场中的全体公众都会预期利率将上升，这说明每个人的主观预期都会是一样或相当接近的，即每个人心中的正常利率都是相同的。但是，在市场上每个人掌握的信息会存在一定的偏差，加之未来的不确定性，对证券主观的预期与评价会使几乎每个人心中都有一个不同的正常利率值，这很难产生一个大体一致的临界值。即使信息披露制度十分完善或其他外在条件完全相同，但基于资产选择偏好、收入等其他主观因素的影响，也会使得众多市场主体各自的风险承受能力和风险偏好不一样，也会使各主体有不同的证券收益率的预期。因此，从逻辑上判断，很难会有一个公众一致接受的"至低"利率值点或很小的波动区间在"凯恩斯短期"内持续存在。

9.1.2 迄今最低迷经济的案例分析：美国大萧条

前面我们对"流动性陷阱"暗含前提的质疑是从逻辑角度所

做的判断，从实证角度看，用金本位制下所有国家的数据做数量分析是比较困难的。我们选择了一个比较简单又比较可靠的办法，以最悲惨的1929~1933年美国大萧条为例，试图证实"流动性陷阱"暗含前提的不存在，以此断定"流动性陷阱"仅仅是一个逻辑通达的假说，理论正确但理论无效。

1. 美国在大萧条时期的经济状况

表9-2数据显示，1929~1933年，美国真实的GNP整整下降了30%，平均每年负增长7%~8%，以当年价格计算的美国GNP减少了45.56%，批发价格指数下降超过30%，1300万人失业，进口和出口降幅都超过2/3。M_1下降了1/4，共9000家银行倒闭。企业利润下降了90%，尤其是1931年和1932年还出现负利润。个人消费支出减少了40.7%，国内私人投资下降了91.36%。股票平均价格跌去一半有余，1932年跌到最低价时只有68美元。这些数据充分说明了美国在此期间陷入经济严重萧条，满足流动性陷阱产生于萧条经济的条件。

表9-2 1929~1933年美国重要经济指标

主要经济指标＼年份	1929	1930	1931	1932	1933
批发价格（1910~1914年=100）	139	126	107	95	96
失业人数（百万）	155	434	802	1206	1283
GNP（现价，亿美元）	1036	912	765	587	564
出口（亿美元）	53.24	38.97	24.51	16.25	16.94
进口（亿美元）	44.63	31.04	21.19	13.42	15.10
M_1（亿美元）	264.34	249.22	218.49	203.41	197.59

续表

年份 主要经济指标	1929	1930	1931	1932	1933
破产银行	659	1350	2293	1453	4000
企业利润（亿美元）	100	37	−40	−23	10
个人消费支出（亿美元）	774	701	607	487	459
国内私人总投资（亿美元）	162	103	56	10	14
股票平均价格（美元） （1941~1943年=100）	220.5	153.1	78.9	68	101.9

资料来源：批发价格指数、失业人数、GNP、进出口数据见米切尔《帕雷格雷夫世界历史统计》，美洲卷，经济科学出版社，2000，第717、117、782、442、445页；M_1见伯南克《大萧条》，东北财经大学出版社，2007，第15页；破产银行数据见陆甦颖《经济衰退的历史答案：1920年代美国经济的多维研究与启示》，上海三联书店，2009，第173页；企业利润数据见凯文·菲利普斯《一本读懂美国的财富史》，中信出版社，2010，第73页；个人消费支出、国内私人投资和股票平均价格数据见乔纳森·休斯、路易斯·凯恩《美国经济史》，北京大学出版社，2011，第496、495、495页。

2. 美联储控制货币供给的能力

美国于1933年3月放弃金本位制，所以我们选取1929年1月至1933年3月作为样本期间，[①] 货币供给量考察M_1、M_2两个层次，分别讨论美国的黄金储备（G）与M_1、M_2之间的关系。其中，美国的黄金储备（G）是由美国联邦储备银行的黄金储备G_1和联邦储蓄银行以外的黄金储备G_2两部分构成。

对黄金储备（G）与M_1、M_2分别做相关系数分析，相关系数分别为0.723、0.8，货币供给量与黄金储备呈高度正相关关系。

[①] 本节所用数据详见各图"数据来源"引注的网址，限于篇幅，恕不列表。

1) 美联储对基础货币的控制力

对基础货币（H）数量的调整是一国货币当局对货币供给的控制的重要手段之一，而基础货币主要由公众手中持有的货币（M_0）、商业银行在央行的准备金（R）和商业银行的库存现金（C_0）三部分构成，前三者在 1929～1933 年的月度走势见图 9-3。对 H 与 G 做相关系数分析，两者之间的相关系数为 -0.653，基础货币和黄金储备高度负相关。二者此消彼长的趋势说明，美国基础货币中的金铸币来自黄金储备。美国规定流通环节中所持有的黄金数量至少占联邦储备总额的 40%，占储蓄的 35%，即最小的黄金支持率为 40%（黄金支持率由 G_3/H 计算得出，G_3 为美国所持有的货币黄金储备，所得结果见图 9-4）。从图 9-4 可知，1929～1933 年 3 月之前的黄金支持率都为 51%～73%，这表明美联储在发行基础货币时，是以美国所持有的货

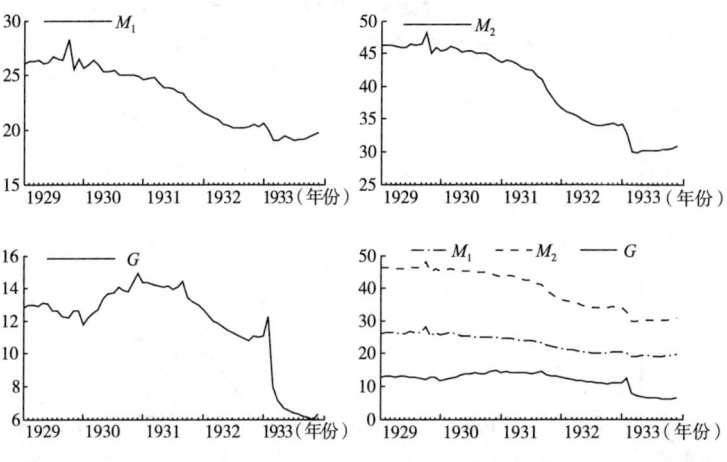

图 9-2 1929～1933 年的 G 和 M_1、M_2，月度走势（单位：10 亿美元）

数据来源：http://www.nber.org/databases/macrohistory。

| 计量经济史研究方法

币黄金储备为基础的,同时美联储所拥有的黄金储备量在最高时期也只是占全美黄金储备的 29.4%。所以,从对基础货币供给量控制力的层面上看,美联储是没有能力持续增加货币的,对基础货币控制的大部分能力应该在商业银行体系。

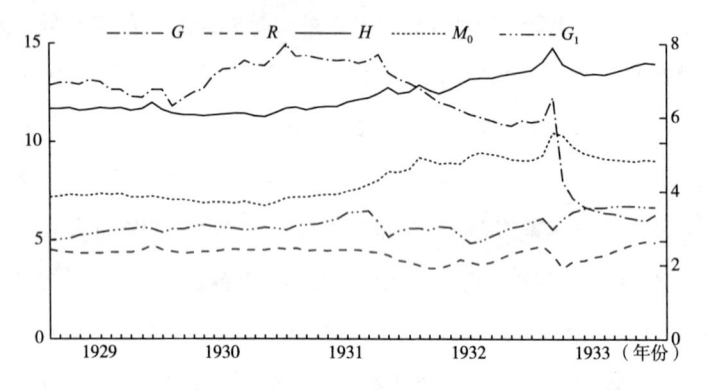

图 9-3　1929~1933 年美国的基础货币和黄金储备的月度走势（单位：10 亿美元）

数据来源：http://www.nber.org/databases/macrohistory。

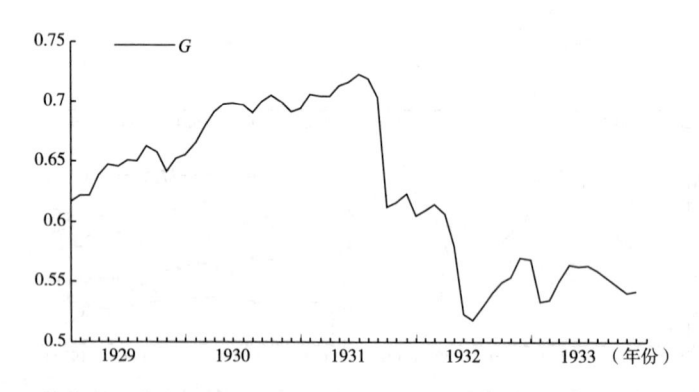

图 9-4　1929~1933 年美国的黄金支持率走势（单位：%）

数据来源：http://www.nber.org/databases/macrohistory。

2）美联储对货币乘数的影响力

前面我们讨论了货币当局对货币乘数的影响力大小的问题，现在我们以美国大萧条期间的经验来做一考察。非银行公众、商业银行体系和美联储对货币乘数的影响分别体现在现金漏损率、超额准备金率和法定准备金率上。从货币统计口径 M_1 出发，现金漏损率就表现为美国公众手中持有的货币 M_0 的多少，法定准备金率主要表现为美联储的准备金 R 在活期存款 CD 中的比重，但难以找到美国大萧条时期商业银行的超额准备金数据。因为贷款额是与超额准备金成反比的，所以用银行的贷款额 L 近似代替，贷款包括其他贷款 AL 和证券贷款 SL 两部分。我们来具体讨论一下商业银行的贷款，其中 GDP 用 Y 表示。

如图 9-5 所示，1929~1933 年，贷款的变动主要分为三个阶段：第一个阶段是 1929 年 1 月至 1930 年 10 月，这段时间，贷款呈波动性上涨趋势，在 1930 年 6 月达到最大值，为 85.6 亿美

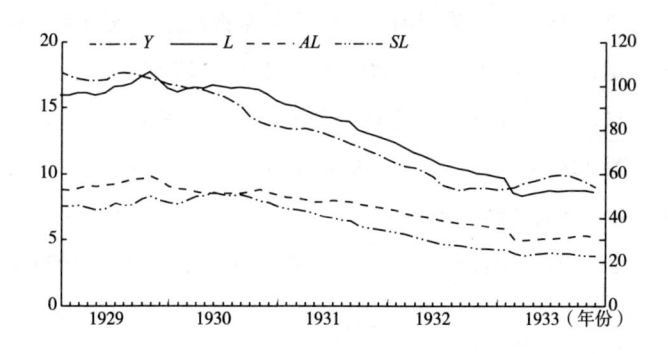

图 9-5　1929~1933 年贷款额度和 GDP 的月度走势
（单位：10 亿美元）

数据来源：http://www.nber.org/databases/macrohistory.

元；第二个阶段是在1930年11月至1933年4月，呈持续下降趋势，在1933年4月降到最低值，只有37.5亿美元；第三个阶段是在1933年5月以后，贷款额度变化不大。在美国大萧条中，贷款的下降主要是因为在1930年10月发生了三次银行危机：第一次开始于1930年10月，第二次开始于1931年3月，第三次开始于1933年3月。1930年10月大量银行破产，促使人们普遍试图将活期存款和定期存款主要转化为通货，这种恐慌从农业领域蔓延并扩大。到同年11月，256家银行破产，流失的存款总额为1.8亿美元。到同年12月，破产银行达到352家，流失的存款总额达到3.7亿美元。[①] 1930年总共破产的银行有1350家，而11月和12月两个月破产的银行就超过了这一年破产银行的2/3以上，破产的银行多为联邦银行体系之外的银行，美联储认为这些银行倒闭是它们的管理不善和银行业务操作不当带来的，所以对此并不在意。只是在1930年12月底，将纽约联邦储备银行的贴现率下调至2%，以此来增强公众信心，但效果并不明显。到1931年2月至8月，美国的商业银行体系经历了一场前所未有的破产浪潮，在此期间，商业银行存款减少了27亿美元。在1931年银行破产达到2293家，为整个大萧条时期的最大值。从商业银行的总数和储蓄总额来看，1929年6月美国的商业银行共有24504家，存款总额为490亿美元，到了1932年，商业银行的数量减少到17802家，存款总额为360亿美元，而到了1933年3

[①] 米尔顿·弗里德曼、安娜·雅各布森·斯瓦茨：《美国货币史》，北京大学出版社，2009。

月，开业银行只有11878家，存款更是减少到230亿美元。[①] 由于银行危机的产生，大量银行倒闭，同时经济萧条，储蓄存款越来越少，导致可贷款总额越来越小。

我们把这4个变量与GDP做相关系数分析，分析结果见表9–3。

表9–3　1929~1933年相关系数分析

	M_0	CD	L	Y	R
M_0	1.000000	-0.953359	-0.939899	-0.900251	-0.461664
CD	-0.953359	1.000000	0.979261	0.963276	0.353842
L	-0.939899	0.979261	1.000000	0.934451	0.260694
Y	-0.900251	0.963276	0.934451	1.000000	0.310765
R	0.461664	0.353842	0.260694	0.310765	1.000000

资料来源：笔者自己计算。

从表9–3的结果可以看到，公众手中持有的货币与其他变量是负相关的，其中与活期存款、贷款、GDP是高度负相关的，与法定准备金的负相关程度是中等的，即经济越繁荣，手中持有的货币越少，这说明公众手中持有的货币数量主要是受经济状况的制约，与中央银行的政策并不是很大的关联。而贷款金额与法定存款准备金的相关系数为弱相关，即法定存款准备金对银行贷款的影响力很弱，说明中央银行对银行的控制力是很小的。银行贷款总额与经济总量的相关系数为0.962，法定准备金与经济总量的相关系数只为0.311，这说明银行的贷款主要是受宏观经

[①] 斯坦利·L.恩格尔、罗伯特·E.高尔曼主编《美国剑桥经济史》，中国人民大学出版社，2008，第549页。

济形势影响。于是,商业银行的超额准备金也应该是受宏观经济形势影响的,只不过是方向相反。

对 H 与 Y 做相关系数分析,两者之间的相关系数为 -0.895,说明美联储发行基础货币是与经济逆风向调节的,在经济萧条时采取宽松的货币政策,这与银行体系相反。再对 H 与 L 做相关系数分析,两者的相关系数为 -0.958,呈高度的负相关,这进一步说明了美联储的基础货币的发行与银行体系的贷款额度是反方向变化的。所以,无论从美联储对基础货币的控制,还是对货币乘数的影响来说,美联储对货币供给的影响都很小,说明了美联储在金本位制下,没有持续增加货币供给的能力。

3) 有价证券交易量、有价证券收益率和 M_1 的变动

(1) 十年来美国资产市场变化

凯恩斯的资产组合为货币与债券,但是从20世纪20年代以来,证券市场发生了重大变化,企业融资更加依赖股市,详见表9-4。美国学者文森特写道:"20世纪20年代,国内公司年均发行证券总数量增加了3倍多,从1920年的约28亿美元猛增加到1929年的90亿美元。除了1921年稍有下降,比前一年减少了5亿美元外,其余年份均持续增长,到1925年之后越发呈现出迅速增长的势头。"[①] 股票市场的发展大大超过了债券市场的发展,所以把有价证券扩大到债券和股票。我们把凯恩斯"流动性陷阱"的前提假设放宽:收入摆布形式由货币和债券组合扩大到货币和证券组合。

---

① 转引自王书丽《政府干预与1865-1935年间的美国经济转型》,人民出版社,2009,第164页。

表 9-4　1919~1929 年美国公司证券发行情况

单位：百万美元

年份	债券和票据	股票	总额
1919	1122	1546	2668
1920	1750	1038	2788
1921	1994	275	2269
1922	2329	621	2950
1923	2430	736	3166
1924	2655	865	3520
1925	2975	1247	4222
1926	3354	1220	4574
1927	4769	1738	6507
1928	3439	3491	6930
1929	2620	6757	9377

资料来源：王书丽：《政府干预与 1865-1935 年间的美国经济转型》，人民出版社，2009，第 164 页。

（2）大萧条时期有价证券交易量变动、有价证券收益率和 M_1 的变动

M_1 包括公众持有的美国货币 M_0 和商业活期存款 CD 两部分构成。有价证券的构成主要是股票和债券，对于企业和政府两个主体来说，企业主要是发行股票，政府发行债券，主要选取在纽约证券交易所出售的股份数量（SN）和国库券余额（TB）作为有价证券交易量，以 SN、TB 和 M_1 为资产组合，通过对股份售出数量、短期国债（一年以内）、股票价格和短期国债利率 r（到期

收益率）的分析，来判断美国在大萧条时期是否出现"流动性陷阱"。由于没有短期国债出售的票面价值的相关资料，所以本文中选取的短期国债的到期收益率只是美国国家经济研究局里的三个月和六个月的国债到期收益率，国库券首次发行是在1929年12月，所以TB数据是从1929年12月到1933年3月。

美国股市在20世纪30年代初崩溃，以标准普尔普通股票价格指数P_1（1935~1939年=100）和道·琼斯美国工业股票价格指数P_2为例，对股市的月度数据进行分析（见图9-6），两者在1929~1933年的整体走势是一致的，都在1929年9月到达了最高点，纽约证券交易所在1929年10月交易的股份数为大萧条时期的最高值。虽然9~10月股市从总体上来说呈下降趋势，但是纽约证券交易所的日成交量始终保持在400万股以上，而且时常超过500万股。[①] 10月，股市终于下跌，但是人们对此情况并不在意，以为股市很快就会反弹，就像1927年曾经出现的走势。[②] 因为在9月，新股的发行量甚至超过了8月，而且通常总有高于发行价的溢价出现，在这个月，经纪人贷款增长了将近6.7亿美元，是有史以来最大的月增幅，这都说明了投资没有减弱。[③] 道·琼斯美国工业股票价格指数和标准普尔普通股票价格指数1932年6月都跌到了谷底，在1932年股票的年平均收益只有0.72%，但是这一年的

[①] 约翰·肯尼斯·加尔布雷斯：《1929年美国大崩盘》，上海财经大学出版社，2006，第66页。
[②] 约翰·肯尼斯·加尔布雷斯：《1929年美国大崩盘》，上海财经大学出版社，2006，第63-66页。
[③] 约翰·肯尼斯·加尔布雷斯：《1929年美国大崩盘》，上海财经大学出版社，2006，第66页。

股份交易数量交易虽然减少，但远未达到零，说明公众的手中还是持有股票。1933年3月美国退出金本位制，股票价格指数开始小幅度上涨。1933年比1929年9月的最高点股票市值损失约850亿美元，大约相当于1929年GDP的85%[①]。除了在纽约证券交易所关闭时交易停止之外，股份交易数量并没有为零的情况。

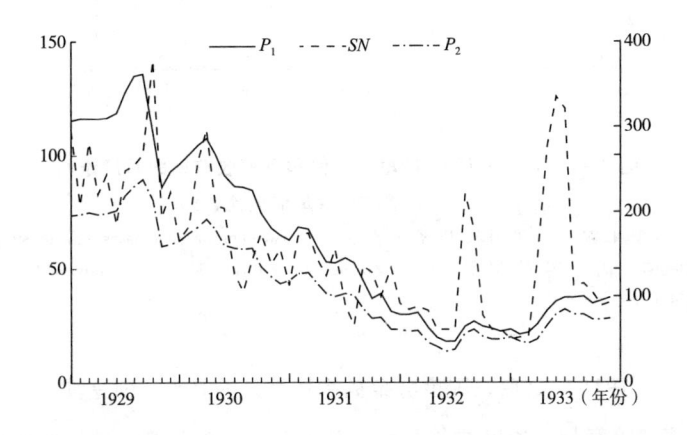

图9-6 1929~1933年纽约证券交易所出售的股份（百万股）和股票价格指数

数据来源：http://www.nber.org/databases/macrohistory/contents/。

图9-7显示，在大萧条时期，国库券余额在1930年3月达到整个大萧条时期的最小额为56.108百万美元，此时的到期收益率为2.95%，次低点为9月和12月，国库券余额分别为120百万美元和127.455百万美元，而到期收益率分别为1.77%和1.48%。

---

① 乔纳森·休斯、路易斯·P.凯恩：《美国经济史》，北京大学出版社，2011，第487页。

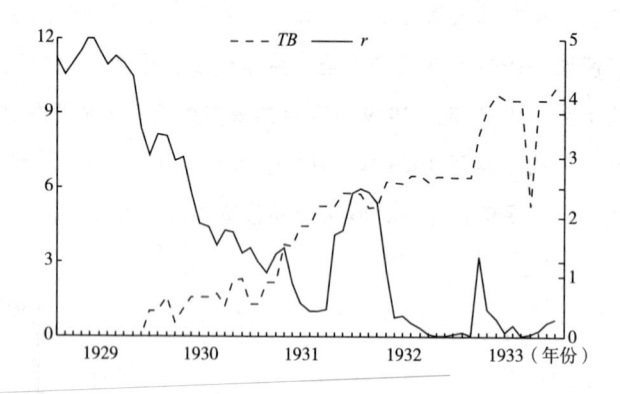

图 9-7 1929~1933 年短期国债和到期收益率的月度走势
（单位：TB 亿美元、r%）

数据来源：短期国债利率见 http://www.nber.org/databases/macrohistory/contents/，国库券数据见 http://www.treasurydirect.gov/govt/reports/pd/mspd/mspd.htm。

在1931年之后，国库券余额都呈上升的趋势，但是其到期收益率并没有相应的反方向运动，在2.41%~0.42%间变动，变动幅度较大。在1932年10~11月，国库券到期收益率到达了整个大萧条时期的最小值，为0.01%，这个到期收益率的值虽然快接近于零，但是国库券余额只是从10月的645.107百万美元减少到642.56百万美元，减少的幅度为0.395%，变动并不明显。与发行国库券以来的到期收益率最高点——1930年1月的3.39%相比，国库券余额不但没有减少，反而分别增加了545.107百万美元、542.56百万美元。随后，直至取消金本位制度，国库券的到期收益率几乎都在0.1%~0.01%变动，但是国库券余额是呈上升的趋势。在整个大萧条时期，在国库券到期收益率的最低点时没有出现国库券余额骤减的情况，更没有出现国库券余额为零的情况，所以在大萧条期间没有出现公众判断一致的利率"至低点"或"至低区间"。

从总体上来说，在大萧条时期，国库券的持有量并没有减少，反而是随着股市的崩溃而增加，因为在股市崩溃后，公司将其融资的场所从股市转向了债券市场。除了在证券交易所关闭的那几天外，股市的交易量也并没有出现为零的现象，同时，公众手中持有的美国货币也没有出现巨额的增长——股票市场和债券市场的资金没有变现到公众手中，证券的收益率很低，但没有出现接近于零或等于零的情况。资料表明，美国股市的暴跌对人们的资产选择产生了影响——从股票转向了债券，但无论如何大萧条时期的美国并没有出现一个利率的至低点（或区间），在此点位（或区间）上货币不再进入证券市场。因此，在大萧条时期，无论从美国货币当局的货币供给能力角度看，还是从金融资产组合角度看，美国并没有出现凯恩斯原汁原味的"流动性陷阱"。

9.1.3　总结与余论

通过逻辑讨论和对美国大萧条案例的分析，我们认为：在金本位制时期，经济中不存在凯恩斯"流动性陷阱"暗含的两个重要前提假设。其一是，货币当局不具有持续增加货币供给量的能力；其二是，有价证券市场上也没有一个"至低"的收益率，在这个收益率水平上公众不再购买有价证券。从逻辑层面分析，若第一个前提假设不存在，使"流动性陷阱"出现的可能性消失了——既然当局不能无限供给货币，那么，"货币需求可以吞噬任何数量的货币供给"就成了纯粹的想象或虚张声势。即使存在第一个假设——当局有无限供给货币的能力，但如果第二个前提假设不存在，"流动性陷阱"也不会出现。"流动性陷阱"的景象是这样的：公众一致认为有价证券收益率不能再低了，于是市场上无人愿意买入有价证券，短期内收入摆布结构简单到仅仅为货币这一种资产的地步。但是，无论收益率低到了什么程度，如果公众不能形成一致的"至低"预期，最多是有价证券交易量下降，而不会出现无人购买的惨状，宏观角度的短期收入摆布结构依然是货币和证券。

从实证角度讨论，大萧条时期的美国货币当局不具有无限供给货币的能力，同时，1932年国库券到期收益率在10~11月低到了 0.01% 时（股票的年平均收益只有 0.72%），股票交易量明显下降，国库券交易额却有所上升。也就是说，在经济萧条到如此悲惨的地步时，由于前提假设不存在，因此也就未能出现凯恩斯的"流动性陷阱"。

在经济学理论研究层面上，无论设定的前提条件多么苛刻，若从前提可以顺畅地推出结论，一般被称为理论正确。然而，正确的理论赖以存在的前提在经济史和经济现实中都不曾存在时，这一理论只能是一个假说。只有当前提存在时，这一正确的理论才是有效的，其结论可以演化为经济政策，从而调节宏观经济运行。于是，理论正确和理论有效是两码事，切不可混为一谈。凯恩斯的"流动性陷阱"是建立在两个苛刻的前提假设之上的，逻辑通达理论正确，但由于这些前提不存在，那么"流动性陷阱"至少在金本位制时期还只是一个假说，而不是有效的理论。在凯恩斯理论中,"流动性陷阱"的价值在于从一个极端角度论证在大萧条中货币政策启动经济是无效的,即"不可以用绳子推车",凯恩斯自己也承认在他生活的时代"流动性陷阱"并未出现过。

进一步地,在当代纸币制度下,"流动性陷阱"的这两个前提假设是否同时存在也是一个尚需研究的问题。这就提醒了我们,在使用某个经济学理论解释经济现象时,要十分注重经济中是否具备这个理论赖以存在的前提,而不是仅仅经济现象符合了某个理论所阐述的一部分特征时,便轻率地用这个理论去解说经济现象。任何时候,我们都需要对任何一个理论赖以存在的前提假设高度重视。

9.2　比较优势理论的前提假设:供给约束与国家虚无

作者按:这篇论文从世界经济史角度考察了 2×2 模型的前提假设与结论之间的逻辑通道,使用了高等数学的分析工具,可能做得还不是很严谨。将这篇论文列入案例部分,意在给初学者提供一个问题式的研究思路:古典和新古典经济学的某些结论在当今世界有效吗?可以不加判别地遵循这些理论制定经济政策吗?

原文内容提要:比较优势理论的上位前提是自由贸易双方都处于"供给约束型"经济态势下,在这样的时代,需求不是问题,比较优势理论对两个国家都是有益的。而在当今"需求约束型"经济态势下,产品的优势不再取决于相对价格,比较优势理论失效。比较优势理论最重要的下位前提是不存在国家利益冲突,而在国家利益冲突频现的"供给约束型"经济时代,比较优势理论往往也会失效。主流贸易理论淡化了国家利益冲突,将个人利益等同于国家利益,这些前提假设与历史和现实均有矛盾,这也正是贸易保护始终存在的最重要的原因。

自由贸易理论自诞生以来,就一直是国际贸易的核心理论,对后世各种不同类型国家的贸易理论和政策选择产生了深远的影响。自亚当·斯密提出绝对优势理论至今,主流国际贸易理论大多认为,自由贸易有利于在世界范围内实现资源的合理配置和利益的最大化,所有参与贸易的国家都可以从不受约束的商品交换和国际分工中获利,自由贸易政策理所当然应该成为世界各国的不二选择。然而,令人遗憾的是,完全的自由贸易从来就没有在这个世界上存在过一天,贸易保护从来也不曾退出国家贸易政策的舞台,自由贸易理论与现实之间存在巨大的反差。诚然,古典经济学家们的逻辑推理过程几乎无懈可击,毫无疑问,自由贸易理论揭示了某些理想状态下的可能性。然而,由于逻辑推理建立在远离现实的前提假设之上,即使理论正确,也无法避免理论无效的尴尬。本文拟对自由贸易理论的前提假设做一些初步的讨论,就教于方家。

9.2.1 文献综述

针对自由贸易理论的局限性,各国学者做了大量的研究,其线索主要有两条:纯贸易理论和附加政治因素的贸易理论。

纯贸易理论的思路主要集中在当市场失灵或扭曲的前提下自

由贸易理论的情况。Robert Torrance（1844）最早提出，一个贸易大国往往在贸易方面具有垄断力量，"外部"市场失灵。这时，相对于最优关税来说自由贸易政策就不再是最优的选择，这是战略贸易理论的雏形。后来，加拿大不列颠哥伦比亚大学教授 Brandt 和 Spencer（1983）建立了战略性贸易政策的研究框架并提出，当某产业存在国际市场垄断时，贸易保护不但无损于经济福利，反而有利于提高本国福利。同年，Krugman（1983）在运输成本为零的假设条件下，建立了相互倾销的国际贸易模型，提出了一个国家可以使某个企业对外国的竞争者拥有一个规模优势的贸易政策，这为"保护进口可以促进出口"的观点提供了理论支持。与战略贸易理论所研究的"外部"市场失灵不同，Keynes（1936）所提出的贸易保护理论主要建立在国内市场失灵的基础之上。Keynes 以大萧条为背景，提出在国内总需求不足的条件下有大量失业存在，关税可以将总需求从国外商品转移到国内商品上来。与此同时，Edward Chamberlin 和 Joan Robinson 分别于 1929 年和 1931 年各自独立地对不完全竞争进行了重要的理论研究，结果是不完全竞争削弱了市场价格反映社会成本的观点，并对放任自由的市场政策提出了广泛的质疑。除了上述两种思路外，另外一种流行的观点集中在要素市场的不完善，Hagen（1958）就提出了一个支持对制造业进行保护的例子，并指出扭曲的工资差异提高了制造商的劳动成本。Haberler（1974）认为自由贸易造成失业，在黏性工资的制度下，这种失业带来的真实收入损失会超过贸易带来的好处。

附加政治因素的贸易理论同样是贸易保护理论的重要组成部

分。早期最有影响力的自由贸易质疑者莫过于 Hamilton 和 Lester。Hamilton（1791）在《关于制造业的报告》中提出了幼稚产业保护理论，他指出美国想要在世界中占据有利地位，必须走工业化道路，而不仅仅是按照自由贸易理论所要求的那样发展农业。后来的德国经济学家 Lester（1841）更加系统和全面地阐述了保护幼稚工业的理论，否认了自由贸易理论的前提假设——世界永久和平的现实性，强调了国家在经济发展中的作用。20 世纪初，Richard Schuller 进一步发展了 Lester 的理论，他的分析完全从国家利益出发，指出贸易政策的好坏以国家利益的得失为唯一的判断标准。应用数学家 Ralph Gomory 和经济学家 Baumol（2003）在《全球贸易与国家利益冲突》一书中提出自由贸易并非总是有益的，其取决于一国经济在整个国际上的市场份额。总体来看，对自由贸易的质疑主要从前面所提到的两方面来展开，贸易保护理论取得了一定的空间。

按照计量经济史的研究方法，我们从上位前提和下位前提两个角度分别进行分析。① 从上位前提的角度来看，我们发现自由贸易理论的核心理论——比较优势理论在需求约束型经济态势下可能会失效，绝对优势理论更具有现实意义。从下位前提角度来分析，自由贸易完全排除了国家安全和利益冲突的前提假设，在国家利益面前，自由贸易政策往往会让位于贸易保护政策。美国经济学家查理说："任何理论对于经济现象是否具有可用性，取

---

① 刘巍：《计量经济史研究中的"上位前提假设"刍议——经济学理论框架应用条件研究》，《广东外语外贸大学学报》2012 年第 2 期。

决于这些理论所赖以存在的假设在多大程度上反映了现实情况。如果假设与实际基本相符，则通过对这一理论的运用可以帮助我们理解和预测大量复杂的现实经济的变化。但如果所做的假设和实际不一致，那么，依靠这种理论会把我们引入歧途，从而使经济现实更为神秘莫测。"[1] 因此，一旦放在真实的世界里，自由贸易理论就需要具体情况具体分析。在不同经济态势下自由贸易理论结论可能完全不一样，同时排除了国家安全和利益冲突的前提假设使得自由贸易理论与真实世界严重脱节。因此，自由贸易理论的现实有效性还有待商榷。

9.2.2 需求约束型经济态势下比较优势原理无效

1. 大多数国家已经进入了需求约束型经济态势

经济理论是建立在逻辑演绎基础之上的一种理论，其特征为从基本前提假设出发，通过数学演绎推理，得出结论。任何一种经济理论都是建立在一定的前提假设之上的，没有放之四海而皆准的理论。例如，微观经济学暗含着理性人的前提假设，没有这个前提假设，微观经济的理论大厦将会倒塌。同样，凯恩斯在研究货币需求时，实际上也假设存在一个完善的金融市场，这与当时的美国情况相似。如果研究发展中国家的货币需求时仍然引用凯恩斯的货币需求函数就不对了，因为中国不存在完整的金融市场，甚至连市场都不完整，何来收益率。所以说，前提假设非常重要，这是一个理论是否具有现实意义的最重要的部分。

---

[1] 埃德温·查理：《发展中国家宏观经济学》，刘伟译，商务印书馆，1990，第245页。

| 计量经济史研究方法

在计量经济史研究中，前提假设一般可分为上位前提和下位前提。本节主要研究不同上位前提下比较优势理论的适用性。在研究经济运行时，首先应该考察的上位前提是，研究对象是处于供给约束型经济态势还是需求约束型经济态势。供给约束型经济属于短缺经济，即经济增长的发动机在总供给一端。人们生产的东西不怕没有销路，卖商品根本不是问题，只要能生产出来就能够卖出去。这个时候萨伊定律完全正确，即供给能够自动创造需求。古典经济时代的理论应该是建立在这个供给约束型经济态势的前提假设之上的。需求约束型经济属于过剩经济。由于生产力的飞速发展，总供给态势悄悄发生了变化。营销学的产生是需求约束型经济态势下所发生的必然结果。这个时候经济增长的发动机在需求一端，只要有订单，厂家就能生产出产品，生产完全不是问题。这个时候最大的问题是有效需求不足，弄得不好经济就有爆发萧条的危险。古典经济学家西斯蒙第在1819年出版的《政治经济学新原理》一书中首次提出普遍生产过剩的必然性。紧接着，马尔萨斯在他的《政治经济学原理》一书中提出了有效需求不足可能造成普遍商品过剩的观点。凯恩斯的《通论》鲜明地提出1929年经济危机为有效需求不足的结果，并提出了造成需求不足的三大因素。刘巍、陈昭等人从三个实证路径做了相应的数量分析，计算出了一些国家经济态势的时间转折点。根据他们的研究，中国在1995~1996年进入了需求约束型经济态势，英国在维多利亚时代已经进入了需求约束型经济态势，日本在1950年前后进入了需求约束型经济态势，美国也在大萧条前夕进入了需求约束型经济态势。

2. 需求约束型经济态势下比较优势模型失效

自由贸易理论的核心理论是李嘉图的比较优势理论，后来的H-O理论、新贸易理论以及杨小凯的新兴古典贸易理论实际上都是对比较优势理论进行的完善和进一步论证。李嘉图的比较优势理论实际上暗含着供给约束型经济态势的前提假设。按照李嘉图的比较优势理论，一个国家往往生产其具有比较优势的产品，而放弃生产虽然具有绝对优势但不具有比较优势的产品，这在供给约束型经济态势下是完全成立的。在李嘉图的模型中，每个国家都不会有生产过剩的麻烦，只要生产出来，产品就能够卖出去。这个时候如果各自生产具有比较优势的产品往往能使两个国家都受益。但是在需求约束型经济态势即产能普遍过剩的情况下，比较优势模型就值得商榷了。

在标准贸易模型中，比较优势下的贸易均衡使用的都是相对量分析，贸易均衡的条件是双方的相对价格相等。下面我们回顾一下标准贸易模型。其假设条件有以下几条。

（1）国际市场上有A、B两个国家，都能生产X和Y。生产这些产品需求投入两种生产要素：L和K。A国拥有的L和K总量分别为L_A和K_A，B国拥有的劳动和资本总量分别为L_B和K_B。

（2）A、B两国都属于供给约束型经济态势，即不存在生产过剩的问题。

（3）生产要素在一国之内可以自由流动，在国家之间不能自由流动。

（4）不存在技术进步、资本积累和经济发展。

(5) 边际产出递减。

(6) 不存在贸易壁垒和运输成本。

在标准贸易模型中,每一个国家的生产可能性边界都是一条光滑的曲线。生产可能性边界上的点代表社会在充分利用 L 和 K 情况下的产品组合。令 A 国的生产可能性曲线为 $Y_A = G_A(X_A)$,B 国的生产可能性曲线为 $Y_B = G_B(X_B)$。假定贸易前 A 国两产品的相对价格分别为 $\frac{P_{Ax}}{P_{Ay}}$ 和 $\frac{P_{Bx}}{P_{By}}$,同时 $\frac{P_{Ax}}{P_{Ay}} < \frac{P_{Bx}}{P_{By}}$,且 $P_{Ax} < P_{Bx}$,$P_{Ay} < P_{By}$。如果一个市场是一个完美的市场,不存在产出过剩以及其他方面的扭曲,那么这个市场的生产效率就非常高。也就是说,在产品价格给定时,这样的市场可以使 $P_{Ax}X_A + P_{Ay}Y_A$ 和 $P_{Bx}X_B + P_{By}Y_B$ 达到最大化。以 A 国为例,用数理方法表示如下:

$$\max P_{Ax}X_A + P_{Ay}Y_A$$
$$\text{s.t } Y_A = G_A(X_A)$$

根据拉格朗日定理可轻易得出:

$$\frac{\mathrm{d}Y_A}{\mathrm{d}X_A} = \frac{P_{Ax}}{P_{Ay}}$$

$\frac{\mathrm{d}Y_A}{\mathrm{d}X_A}$ 正好是 A 国生产可能性边界上任一点的切线的斜率,即两产品的相对价格决定了 A 国实际产出的组合,如图 9-8 所示。

这样,A 国两产品的供给曲线可以轻易地推出,A、B 两国 X 产品的供求曲线如图 9-8(b)和图 9-8(d)所示。一方面,在允许进行国际贸易后,B 国会发现 A 国的 X 产品相对价格比自己国家的便宜，于是 B 国有向 A 国进口 X 的倾向。另一方面，美国的厂商发现将 X 产品运往 A 产品国销售将有利可图，这就产生了出口小麦的倾向，其结果是不断有 X 产品从 A 国流向 B 国，直到两国小麦的相对价格相等时结束，其最终的均衡如图 9-8（c）所示。美国在获得比贸易前更高卖价的同时，多生产了 X 产品，B 国以低价消耗了这些产品，两国都得到了经济利益；同样的道理，在其他条件不变的情况下 A 国向 B 国进口 Y。可以讲，标准贸易模型在给定的前提条件下无可挑剔。但是在上位前提改变的情况下可能就没那么完美了。

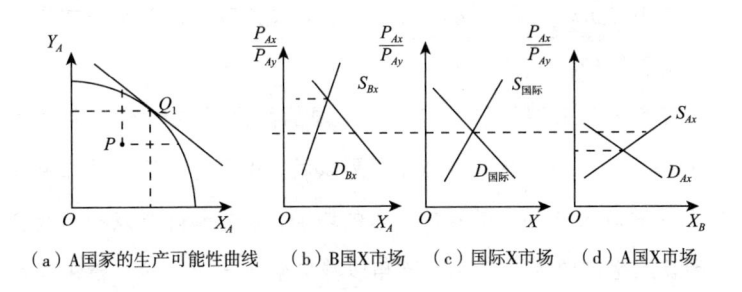

（a）A国家的生产可能性曲线　　（b）B国X市场　　（c）国际X市场　　（d）A国X市场

图 9-8

现在我们把标准贸易模型的条件（2）改为：A 国属于需求约束型经济态势，B 国属于供给约束型经济态势。需求约束型经济态势下，供给能力非常大，产品市场上供大于求，厂家开始担心产品的销售问题。这个时候，A 国的生产可能组合并不在生产可能性边界上，而是在生产可能性边界的内部，例如图 9-8（a）中的 P 点。这就意味着，A 国家存在大量闲置的生产要素 L 和 K。显然，A 国两种产品的供给不再取决于相对价格，而应取决于各自的绝对价格。在标准贸易模型中，某产品的优势取决于相对价格而不是绝对价格。当 $\frac{P_{Ay}}{P_{Ax}} > \frac{P_{By}}{P_{Bx}}$ 时，即使 $P_{Ay} < P_{By}$，A 国也宁愿从 B 国进口 Y 产品，因为在资源已经充分利用的前提下，B 国生产 Y 意味着放弃 X 的生产，而这显然是不划算的。换句话来说，Y 的供给量取决于 Y 的相对价格，而不是绝对价格。然而在需求约束型经济态势下，X 与 Y 的生产量并不是此消彼长的关系，因为这个时候产能过剩，社会上有大量闲置的生产要素比如劳动力和设备待利用。此时 A 国家增加 X 的生产并不意味着 Y 产量的减少，由相对价格决定的两产品的供给曲线失效，绝对价格才是产量的绝对优势。

在需求约束型经济态势下，A 国的两产品的供给求曲线如图 9-9 所示。在允许进行国际贸易以后，B 国会向价格更加便宜的 A 国进口 X 产品。随着总需求的增加，A 国刚好可以利用社会上闲置的生产要素生产 X 而不用以减少生产 Y 为代价，需求曲线向右移动，价格基本保持不变。同时，A 国家的 Y 也具有绝对优势，A 也会向 B 出口 Y，这对 B 国的两个产业显然是不利的。

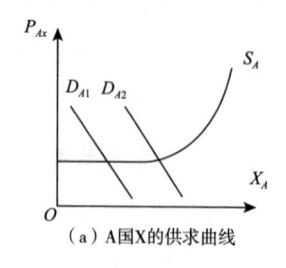

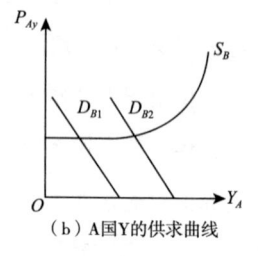

(a) A 国 X 的供求曲线　　(b) A 国 Y 的供求曲线

图 9-9

很明显，2×2模型并没有考虑现实社会的普遍产能过剩的现实，即大多数国家都已经从供给约束型经济进入了需求约束型经济，生产能力突出，供给完全不是问题，问题出在需求方面，发达国家与落后国家之间进行自由贸易往往对落后国家不利而对发达国家有利。

在需求约束型经济态势下，强国往往鼓吹自由贸易理论，而落后国家更倾向于贸易保护。18世纪在英国爆发的工业革命使英国的工业水平得到了飞速发展，生产力很快过剩。这带来了一个巨大的难题：当时的英国人口不到2000万，生产这么多的工业品后卖给谁呢？睿智的英国人亚当·斯密开始全面反思统治欧洲长达三百多年的重商主义贸易保护政策。实际上，笔者（刘巍，2010）先前的一个研究结论认为，英国在维多利亚女王时代进入了需求约束型即过剩经济时代，这个时候英国开始大力推行自由贸易以销售其大量生产的产品。1846年，英国废除《谷物法》，1854年完全取消《航海条例》，到1875年，英国对制造品平均进口的关税率已经下调为0，英国成为实行自由贸易的国家。当时英国率先完成了第一次工业革命，英国本身经济迅速的发展，产品极大地丰富，而且产品的竞争力非常强，其他国家往往难以与其竞争，这个时候推行自由贸易理论无疑对英国是有利的。然而随着第二次工业革命的诞生，德美的生产力开始超过英国，甚至到最后除了造船业勉强占据优势以外，其他的产业大部分都处于绝对弱势。随着1921年《工业保护法》的颁布，英国开始转向贸易保护。"二战"以后，美国成为超级大国，各方面占尽优势的美国接过了英国自由贸易的大旗开始推行全球自由贸易。实际上，英国、美国和德国在落后阶段采取的都是贸易保护措施，无论是英国女王伊丽莎白，还是美国第一任财政部长汉密尔顿和德国的铁血宰相俾斯麦，采取的都是国家干预和贸易保护。我们可以从各国的对外贸易史中发现一些规律：大国在兴起的初期往往采取贸易保护政策，当大国的力量发展到足够占据绝对优势时，便积极推行自由贸易政策。当强国地位动摇而走向衰弱时，便转向贸易保护政策。这种规律性状况说明，在需求约束型经济态势下比较优势理论已经部分失效或完全失效。

9.2.3 国家利益优先前提下的分析

我们把对制度、习俗、追求、惯常行为等因素的抽象称为下位前提。自由贸易理论实际上暗含了一个重要的下位前提：世界上所有国家组成的只是一个社会，且共同存在于一个持久和平的局势之下，各个国家之间不存在国家利益冲突。自亚当·斯密和大卫·李嘉图开创自由贸易理论以来，该理论一直是西方贸易的基石。但迄今为止，完全的自由贸易从来就没有发生过，这是自由贸易理论所无法解释的。笔者认为该理论除了受制于上位前提的束缚外，还与本身固有的根本性的缺陷有着必然的联系，即该理论所暗含的下位前提不具备现实性。

德国经济学李斯特明确指出，流行学派理论体系存在着三个主要缺陷："第一是无边无际的世界主义，它不承认国家原则，也不考虑如何满足国家利益。第二是死板的唯物主义，它处处只是顾到事物的单纯交换价值，没有考虑到国家的精神和政治利益，眼前和长远的利益以及国家的生产力。第三是支离破碎的狭隘的本位主义和个人主义,对于社会劳动的本质和特征以及力量联合在更大关系中的作用一概不顾,只是把人类想象成处于没有分裂为各个国家的情况下与社会(即全人类)进行着自由交换,只是在这样的情况下来考虑自然而然发展起来的私人事业。"[1] 诚如李斯特所言,自由贸易理论基本上是把全人类的经济当成研究的对象,其研究的主体对象是私人,排除了国家冲突的现实性。亚当·斯密认为:"凡是私人家庭中审慎的行为,在国家中也极少是愚蠢的。"[2] 美国第一个自由贸易的倡导者——哥伦比亚大学校长托马斯·库柏甚至否认国家的存在,他把国家称为"一个语法上的发明",仅仅是为了便于表达,它不是一个实体,除了在政治家的头脑中存在之外,实际上并不存在。[3] 然而,现实的情况是世界是由不同国家组成的整体,各国之间的历史、文化和价值观各不相同,各国之间的利益冲突甚至是战争此起彼伏,无休无止。那些在私人经济看起来明智的行为在国家事务中则可能是愚蠢的,私人经济利益并不等同于国家利益,自由贸易理论片面夸大了其带来的私人利益和国家利益的统一性。独立、发展和强大是每个国家所考虑的目标,国家利益依然凌驾于自由贸易之上,自由贸易理论的前提假设与现实严重脱节。我们下面以数理的方式来分析,为简单起见,我们可以把国家利益分为经济

---

[1] 〔德〕弗里德里希·李斯特:《政治经济学的国民体系》,邱伟力译,华夏出版社,2009,第83页。
[2] 〔英〕亚当·斯密:《国民财富的性质和原因的研究》第二卷,郭大力、王亚南译,商务印书馆,1972,第28页。
[3] 〔德〕弗里德里希·李斯特:《政治经济学的国民体系》,邱伟力译,华夏出版社,2009,第78页。

利益和其他利益（其他利益包括政治利益和安全利益等）。在优先考虑国家利益的前提假设下我们再来看自由贸易理论的标准模型。

在标准的 2×2 模型中，国家贸易实现的私人经济的利益最大化必然造成国家利益最大化。但是，现在我们改变了前提，即国家利益不等同于贸易利益，国家利益是进行国家贸易的根本原因。我们将 A 国的国家利益定义为一个目标函数 Y，国家利益由经济利益 E 和其他利益 O 所决定，即 $Y = F(E, O)$，且 $\frac{\alpha Y}{\alpha E} > 0$，$\frac{\alpha Y}{\alpha O} > 0$。其中 $E = F_1(X_A, Y_A)$，$O = F_2(X_A, Y_A)$，这里为了分析的简单，我们假设其他利益 O 只由 X_A、Y_A 所决定。A 国的生产可能线为 $Y_B = G_B(X_B)$。国家为了保证一定的经济稳定，对经济有个最低目标 $P_{\min}$，同时也有政治底线 $O_{\min}$。为实现 Y 的最大化，我们用数理方法来表示如下：

$$\max Y = F(E, O)$$
$$\text{s.t } Y_A = G_A(X_A)$$
$$E > E_{\min}, O > O_{\min}$$

比较优势下的贸易均衡使用的都是相对量分析，贸易均衡的条件是双方的相对价格相等，在相对价格相等时确定 A 国生产的 X、Y 的量为 X_A^*，Y_A^*，这时 E 能实现最大化，但是此时并不一定能实现 Y 的最大化。$X_A = X_A^*$，$Y_A = Y_A^*$ 在大多数情况下都不是 Y 的最优解。国际贸易的目标和国家利益的目标发生了冲突，但是国际贸易利益让位于国家利益，自由贸易的理论在此处很可能就会失效。

我们假设前面模型中的 X 生产行业为国家命脉行业时，一个国家为了其国家产业安全着想，必定会实行保护政策。亚当·斯密在《国富论》中也指出当某种产业为国防所必需时，对外国产业或产品施加某些负担以鼓励国内产业会有好处。由于国家安全问题的特殊性，很少国家会因为没有发展国防工业的优势而放弃该产业，相反大部分国家都独立自主地发展国防工业，任何国家不会因为比较优势这样一个轻佻的条件而放弃国防安全产业。例如，现代的飞机制造、半导体等高科技产品就很难任由市场主导其贸易，由于军事力量与经济力量在高科技时代尤其存在的关联性，美国欧盟等对华一直采取高科技禁运。中国通过廉价劳动力的优势出口大量劳动密集型产品，创造了巨额的外汇储备，却难以买到先进的高技术产品。美国国防部战略管司司长约翰康曾明确表示"美国要在战略意义的关键领域保持至少 30 年的领先地位，以此决定对话出口"。[1] 毫无疑问，当涉及国家安全的行业时，国家对外政策就不再是什么自由贸易理论了，国家安全利益摆在了第一位，毕竟没有任何人能够保证战争不会在未来爆发。我们考虑另一种情况，当上述模型中的 X 生产为 A 国重要的资源行业时，Y 值最大时的 E 可能会偏小。在以国家利益最大化的贸易政策导向下，该国的 X 产品生产会处于生产可能性曲线之内，贸易保护主义应该是合理的选择。当今社会很多国家都进行资源战略储备，减少资源的消耗，以备不时之需。然而，在自由贸易

---

[1] 向南：《对华高科技禁运的前世今生》，《知识中国》2003 年第 12 期。

的旗帜之下，也有相当部分资源生产国以 E 最大化为出发点，最大限度地生产该资源产品，资源大量消耗，其结果必然是某种资源的枯竭、环境恶化，从而影响该国的可持续发展。资源受损的国家在世界经济体系中的地位会日益边缘化。目前我国的稀土问题一直是各国关注的焦点，中国对稀土的配额受到各方关注，各个国家指责中国阻碍自由贸易。当今世界，每 6 项新技术的发明，就有一项离不开稀土。稀土是 21 世纪重要的战略资源，是现代工业的"味精"。稀土在国防战略武器、新材料开发、信息产业、生物工程上应用越来越广泛。从长期来看，为了维护本国利益，对本国稀土行业进行保护所能得到的回报远远高于目前得到的短期利益。

  自由贸易理论用来指导各国的国际贸易还有其局限性，而这一理论用来指导各国的国内贸易却有着重要的现实意义。国内各省之间贸易同样会面临需求约束型经济态势下比较优势失效的可能性。以中国为例，中国中西部之间存在巨大的差距，西部如陕西和贵州等地生产力水平低下，而东部省份如广东、江苏等地生产力水平比较高，技术先进。我们假定西部各省份处于供给约束型经济态势下，而东部省份处于需求约束型经济态势下，如果任由东西部地区进行自由贸易，西部地区的贸易逆差会越拉越大，东西部之间的贫富差距会加剧。政府可以从两个方面来缓解这种局面。第一，通过西部大开发等政策手段扶持西部地区，培养西部地区的潜力产业，形成绝对优势产业，从而带动西部地区经济的发展。第二，缓解需求约束型经济态势下需求不足的影响，化解供需之间的矛盾，使得厂家的生产尽量回到生产可能性曲线之上，减少社会上的闲置生产要素，使比较优势尽可能发挥作用。具体措施包括缩小贫富差距来扩大总消费需求，打通储蓄与投资之间的通道，扩大有效投资，等等。同时，在国内各省之间进行贸易时，不存在所谓的国家利益与私人利益的冲突，自由贸易理论具有现实意义。贸易保护主义者李斯特指出，在一个处于和平状态的国家内，各地区之间不存在所谓的国家利益，这些地区已经在政治上结成联盟，商业上联盟的产生是水到渠成的事情，国际贸易的原则在一个国家内是完全正确的。省际利益中的其他利益不再涉及安全、政治等因素的考虑，$Y=F(E,O)$ 变成了 $Y=F(E)$，当 E 取最大值时，Y 同样是最大值，自由贸易理论有效。当然，在与其他省份进行贸易的时候，各省肯定也会考虑各省的利益等因素，例如各省的财政和政府官员的个人功绩等，但是这个时候情况和国际贸易发生了根本的变化，进行自由贸易所带来的私人经济利益总和远远大于所带来的负面影响，这与国际贸易具有本质的区别。政府可以通过行政的手段和立法的方式进行解决。在一个共同的政治同盟内，打击地方保护主义，建立统一的国内市场已成了大家的共识。在这方面，美国的措施值得借鉴。在美国，有非常强大的法令反对为国内贸易设置障碍，捍卫国内自由贸易的进行。美国的宪法明确规定不允许在各州之间设置贸易自由进行的壁垒和障碍。中国是一个地域辽阔，资源丰富却分布不均的国家。东部省份经济发达，技术先进，资金雄厚，人力资源充足，但是自然资源不足。西部省份自然资源丰富而资金不足。这给各省区各自寻找自身优势，进行专业化生产创造了条件。进行自由贸易可导致资源的最优配置。但是，自改革开放以来，我国地方保护主义问题一直比较严重，远未得到根除。中国地方贸易保护表现形式复杂多样，成因也相当复杂，既有政治方面的原因，也有制度上面的缺陷，在这里我们就不予讨论。

9.2.4 简单结论

综上所述，自由贸易理论有效的上位前提是自由贸易双方都处于供给约束型经济态势。在需求约束型经济态势下，某产品的优势不再取决于其相对价格，真正起决定作用的是该产品的绝对优势，比较优势理论失效。处于供给约束型的发展中国家和处于需求约束型的发展中国家自由地进行自由贸易时，往往对发展中国家不利，此时进行必要的保护是合理的。其实无论是李嘉图的比较优势理论还是赫克希尔－俄林的 H-O 理论都是属于短缺经济理论。在生产力比较低下的供给约束型经济态势下，需求不是问题，比较优势理论对两个国家都是有益的。但在当今普遍生产过剩的需求约束型经济态势下，比较优势模式很难实现，先进国家并不会按照比较优势理论所设想的那样乖乖地将所有的资源投入具有比较优势的产业中，比较优势一部分已经失效了。这个时候能够在国际市场上占据主动的多是具有绝对优势的行业。当一个生产力水平低下的发展中国家和生产力先进的国家进行贸易的时候，发展中国家大部分产品都不具备绝对优势，这个时候实行贸易保护政策可能是一种更理性的选择。自 WTO 成立以来，世界贸易虽然取得了令人瞩目的成绩，但是各国的贸易壁垒和贸易摩擦特别是发达国家与发展中国家之间的矛盾一如既往，甚至愈演愈烈。在目前的世界体系里面，世界经济发展极不平衡，发达国家与发展中国家生产力水平差距很大，发达国家相较于发展中国家在大多数行业都占有明显的绝对优势，发展中国家如果按照传统贸易理论的思想进行自由贸易，最坏的结果可能是大部分的产业都会遭受毁灭性的打击。

自由贸易理论最重要的下位前提是不存在国家利益冲突。在国家利益冲突频现的现实社会，自由贸易理论往往会失效，其原因在于国家利益和私人经济利益并不具有一致性。世界由不同主权国家组成，每个国家有着不同于私人的利益目标，在国家利益和私人经济利益之间发生冲突的时候，私人经济利益往往让位于国家利益，即国家利益是自由贸易政策制定的最终出发点。不管是在落后的发展中国家还是在推崇市场经济力量的发达资本主义国家，这种私人利益与国家利益的矛盾冲突总是持续上演着。假如取消对外关税可以使得国内老百姓以更低的价格购买该产品，对于私人来讲这是有好处的，但是如果该产品的大量进口与国家利益冲突，国家也会采取各种手段加以调节来限制该产品进口。相反，一项产品的进口于国内私人毫无好处，但是如果对国家利益有好处，政府也有会干预来增加进口额。结论很简单，贸易是否进行，以怎样的方式进行，主要取决于国家的利益要求。主流贸易理论淡化了国家利益冲突，将个人利益等同于国家利益，这些前提假设与现实矛盾，也正是贸易保护始终存在的最重要的原因。

9.3 *IS-LM* 模型的必备前提：有效需求小于潜在需求——对"有效需求不足"的逻辑分析

作者按：本文是笔者与研究生周锦兰合写的，从历史角度对凯恩斯经济学的重要前提假设"有效需求不足"的界定问题做了探讨，提出并讨论了"潜在需求"概念。论文的逻辑推理过程远不是无懈可击的，将此研究列入案例意在抛砖引玉，诚望读者指正。

原文内容提要：本文认为，有效需求"足"与"不足"的参照系应该是"潜在需求"。当有效需求显著小于潜在需求时，有效需求不足的前提存在，IS-LM 模型的结论成立，衍生的积极经济政策有效。同时，本文对"潜在需求"做了初步界定，并从逻辑的和历史的角度做了纵向和横向两个维度示范效应的讨论。最后，本文的判断是，对于一个需求约束型经济态势下的国家来说，或负增长严重，或国内基尼系数较大，或与先进国家经济发展水平差距较大，潜在需求才显著大于有效需求，积极经济政策方能有效。

众所周知，凯恩斯经济学的大背景是"需求约束型经济"，即总供给潜力巨大，产出量被迫适应总需求。其逻辑框架的基本假设是"有效需求不足"，整个宏观经济运行的逻辑和调控政策模型均建立在这一基础之上。但是，有效需求"足"与"不足"的参照系是什么，即有效需求和哪一组统计量比较是不足的，在凯恩斯经济学中却没有明确阐述。事实上，在后来各国宏观经济政策的制定过程中，政府有关当局只要觉得经济增长率显著不合意、失业率超过了经验值，或者价格长期低迷，便不做其他层面的判断，一般都会自信地认为宏观经济中"有效需求不足"，进而动用积极的财政政策和宽松的货币政策干预经济。

我们认为，对凯恩斯经济学如此理解似乎有较大偏颇。有的国家有效需求低迷，确属有效需求不足，比如大萧条时期的美国，积极的经济政策有效；有的国家有效需求量不合意未必就是"不足"，比如经济泡沫崩溃之后的日本，也许有效需求非常"充足"，即在供给的物质属性不变或收入分配结构不变的条件下，有效需求也就是这个水平了，积极的经济政策不仅无效，而且有制造"泡沫"的隐患。当然，这些猜想需要从逻辑和实证两个方面做出充分的讨论，我们不揣冒昧，尝试对有效需求充足与否的参照系做初步的讨论，求教于方家。

9.3.1 文献综述

1. 关于 *IS-LM* 模型

众所周知，*IS-LM* 模型是凯恩斯经济学的核心模型，长期以来，在各国宏观经济调控实践中具有强大的政策意义。狄克逊和格拉德（Huw Dixon and Bill Gerrard Old）认为，"自1960年以来，*IS-LM* 模型一直是用来理解和讲授凯恩斯主义宏观经济学的标准模型"。[1] 在戴孟德（Robert W. Dimand）看来，"中级宏观经济学的教学以及持续到现在的研究生教学一直被货币市场和产品市场均衡条件下的总需求决定的 *IS-LM* 曲线支配着"。[2] 多恩布什和费

---

[1] Huw Dixon, Bill Gerrard, Old., New and Post Keynesian Perspectives on the *IS-LM* Framework: A Contrast and Evaluation [J]. *Recent Economic Thought*, 2000 (73): 7-28.

[2] Robert W. Dimand. Macroeconomics without *IS-LM*: A Counterfactual [J]. *Recent Economic Thought*, 2000, Vol73: 121-131.

希尔（Rudiger Dornbusch and Stanley Fischer）把这个模型称作"现代宏观经济学的核心"。但是，自模型产生之初，缺少微观基础、假定价格黏性、没有考虑预期的作用、将复杂的经济问题简单为几个粗略的总量（I、C、G、NX）关系等问题就成了众矢之的。[1] 沙考尔（G. L. S. Shackle）批评了 IS-LM 模型分析的均衡构架，认为这个模型低估了潜在不确定性，特别是没有表示出不确定性对投资函数的重要作用。[2] 莱荣赫夫德（A. Leijonhufvud）认为，IS-LM 模型是静态的同步均衡分析，因此不适合用来表达凯恩斯的宏观经济动态学的观点。[3] 齐克（V. Chick）认为，价格固定的 IS-LM 模型只有在厂商正确地预期到总需求的情况下才有效，模型缺乏微观基础。[4] 罗默（David Romer）认为，IS-LM 简单模型假定存在固定的价格水平，因而不能用来分析通货膨胀问题，并对模型进行了扩展，生成 IS-LM-AS 模型。[5]

综合看来，对 IS-LM 模型的批评大都在模型的逻辑层面，鲜有学者在前提假设层面讨论该模型所要求的基本条件——有效需求不足应该如何判断的问题。

---

[1] Rudiger Dornbusch, Stanley Fischer. The Open Economy: Implications for Monetaryand Fiscal Policy [M]. *University of Chicago Press*, 1986: 459 – 516.
[2] G. L. S. Shackle, Sir John. Hicks. "*IS-LM*: An Explanation": A Comment [J]. *Journal of Post Keynesian Economics*, 1982 (3): 435 – 438.
[3] Axel Leijonhufvud. What would Keynes have Thought of Rational Expectations? [M]. 1983
[4] Victoria Chick. A Comment on "*IS-LM*: An Explanation" [J]. *Journal of Post Keynesian Economics*, 1982 (3): 439 – 444.
[5] David Romer, Keynesian. Macroeconomics without the *LM* Curve [M]. *National Bureau of Economic Research*, 2000.

2. 关于有效需求

亚当·斯密首先明确提出了"有效需求"概念，他认为，愿支付商品的自然价格的人，可称为有效需求者，而他们的需求，可称为有效需求。马尔萨斯认为，产品分配不当，也许会导致对未来产品的有效需求，进而，资本家为扩大生产而进行的不断积累可能被证明是失败的，这将导致生产过剩，这种过剩产品会由于没有需求而卖不掉。西斯蒙第是"有效需求不足会引起经济危机"这一观点的早期代表，他开创性地批评了古典经济学的主要观点，提出了国家干预经济的相关政策，这在古典学派中是比较少见的。但是，在"供给约束型经济"态势下，古典经济学主流学者是不会过多关注需求问题的，他们虽然对于需求与供给问题进行了争论，但最后的结果仍旧是萨伊定律统治了整个古典经济学。

新古典学派虽对需求做了一些研究（如需求曲线等），但是，新古典经济学中，萨伊定律同工资、价格和利率具有完全灵活性的假设结合在一起，提供了一个理想的市场经济均衡模型。在这个模型中，新古典经济学的核心是以自由竞争的市场经济作为假设和条件的经济自由主义，市场机制可以充分地自动调节，不存在经济危机和失业的可能性，所以，在经济政策方面仍旧主张自由放任和国家不干预经济的原则。

凯恩斯认为，经济发展在短时期内是由有效需求决定的，经济波动、经济危机产生的根本原因在于有效需求不足，而有效需求不足是三个基本心理规律——消费倾向规律、资本边际效率规律和灵活偏好规律共同作用的结果。卡莱茨基将马克思再生产模型加以修正，进而推出收入分配与有效需求的关系问题，并且得出结论：工人将工资全部用于消费的前提下，当资本家的储蓄大于投资时，投资利润将下降，进而导致有效需求不足。

后来，凯恩斯学派、新剑桥学派、理性预期学派、货币学派和供给学派等现代经济学流派都从不同角度对"有效需求理论"做了研究，但研究内容都局限于有效需求不足产生的原因、对经济的影响和调节政策等方面，基本上都没有涉及如何判断有效需求不足的问题。

近年来，国内学者对有效需求理论也有一定的研究。刘洪军、陈柳钦分析了产权制度和分配制度对心理预期的决定性影响，对凯恩斯有效需求的理论进行了修正。[1] 邓亚平、任小江（2000）认为凯恩斯提出的三大心理规律并不是引发有效需求不足的根本原因，只是有效需求不足的表现或结果，而据此开出的药方只能治表，不能治本，短期有效，长期无效，甚至带来副作用。[2]

综上所述，无论是经典大师还是当代学者，对有效需求的研究均未达到如何判断"足"与"不足"的层面。也就是说，在理论通向政策之路上存在着一个认知盲区，为政府错误动用积极经济政策留下了很大的动作空间。

---

[1] 刘洪军、陈柳钦：《论宏观经济稳定运行的制度基础——对凯恩斯的有效需求理论的修正》，《江苏社会科学》2001年第6期。
[2] 邓亚平、任小江：《有效需求不足的定义、成因及对策》，《金融研究》2000年第3期。

9.3.2 有效需求与潜在需求

1. 对凯恩斯主义"有效需求不足"的讨论

众所周知,凯恩斯学派的 *IS-LM* 模型是封闭假设的——不考虑进出口,有效需求概念中不包括出口需求(有效外需),若考虑有效外需,且外需增长势头过猛,无疑就会掩盖有效内需不足的问题。本文遵从需求约束型经济态势下的封闭假设,把政府购买分为政府的消费和政府的投资,即有效需求 = 消费 + 投资。为简化分析,我们将政府购买分解为政府的消费和政府的投资,有效需求为:

$$ED = Y = C + I \tag{9-3}$$

凯恩斯认为,消费倾向规律、资本边际效率规律和流动性偏好规律造成的阻碍使得需求约束型经济中会产生有效需求不足。一般来说,随着收入的增加,消费的增加往往赶不上收入的增加,呈现出总量层面的"边际消费倾向递减"规律,于是,产生消费需求不足。同时,在资本边际效率递减和流动性偏好两个因素的作用下,使得投资需求不足。凯恩斯提出,消费倾向在短期内一般是相对稳定的,因而,要实现充分就业就必须从增加投资需求入手。投资的变动会通过乘数效应使收入和产出发生变动,因而他主张政府投资,以促使国民收入成倍地增加。这一政策主张成为后来宏观经济调控的理念,凯恩斯理论被各国政府普遍用于治理经济增长缓慢以及大量失业等问题。政策效果有时显著有时不显著,有时产生负效。可见,正确的经济学理论在合适的市场条件下能解释实际经济问题,即理论有效。市场条件变了,该理论虽然正确,但无效。

在需求约束型经济态势下,扩大再生产顺利进行有两个关键要素,缺一不可。其一,生产出来的商品能在流通中实现;其二,厂商有投资意愿。显然,这两个要素是紧密联系在一起的。如果消费者的收入减少到某种程度,以致人们根本不可能购买生产出来的东西,那么,厂商是不会愿意投资的。凯恩斯的理论认为,经济从衰退回到充分就业的唯一途径是政府支持消费者的购买力,增加人们的收入,刺激消费,使之足以保证充分需求,达到提高有效需求的目的。从供给角度观察,可将有效需求不足理解为产品相对过剩。产品过剩即投资生产出来的产品没有及时卖出去。既然产品销售有问题,那么,解决消费需求不足才是解决有效需求不足的关键点所在。从支出法表示的国民收入核算恒等式上看,消费需求虽然是有效需求的一个部分,但事实上它和投资需求的关系并不是相互独立的,消费需求与投资需求之间存在着因果关系,消费需求是投资需求增长的重要影响因素。换言之,在需求约束型经济条件下,消费需求在有效需求中占主导地位。

从各国的经验来看,政府和学界目前公认的"有效需求不足"主要有三种情形:第一,受某种重大事件影响,绝大部分消费者虽有强烈的购买意愿,但支付能力骤降。消费需求下降导致投资需求低迷,发生经济负增长,且进一步衰退的预期形成。这种灾难性的情形不常见,应该属于原汁原味的凯恩斯主义"有效需求不足",如美国大萧条。第二,购买力与消费意愿异位,即同一消费者不能同时具有购买力和消费意愿,有购买力的人没有足够消费意愿,无购买力的人消费意愿强烈,结果是消费需求乃至有效需求总量增速缓慢。这种情形一般发生在收入分配不公的国家，同时，该国银行体系的消费信贷发展缓慢或停滞。第三，绝大部分消费者的消费需求并未下降，但没有消费增长意愿——消费者买得起，但没有刺激消费者多买的新产品。于是，投资需求难以快速增长，因而经济增长速度低迷或零增长。这种情形一般发生在富裕国家，且该国国民收入分配较为合理，如"经济泡沫"崩溃之后的日本。我们认为，这种情形是被误判的有效需求不足，并非凯恩斯主义的。

2. 对"潜在需求"概念的讨论

既然消费需求在有效需求中居于主导地位，且有效需求不足的主要原因是消费需求不足，那么，接下来不能绕过的一个问题是，"有效需求不足"或"有效需求充足"的判断标准是什么？在需求约束型经济态势的总量分析层面上看，潜在供给永远大于有效需求，显然，有效需求足与不足不能拿潜在供给能力作为参照系。同时，也不能仅凭有效需求本身数量的大小来判断，那样会见仁见智的。我们提出，以"潜在需求"概念作为判断有效需求充足与否的参照系。有效需求即有支付能力的需求，是动用真金白银的购买。但是，数量看似较大的有效需求未必是合意的需求——可能是"有效需求不足"；数量看似不大的有效需求未必不是合意的需求——可能是"有效需求充足"。以大米需求为虚拟案例，假如在无信贷条件下某单身男人某月的有效需求是 8 千克大米，但是他没有吃饱，这不是合意的有效需求——有效需求不足。假如他合意的（能吃饱的）需求是 12 千克大米，若在宽松货币政策条件下他能得到消费信贷，他的有效需求必是 12 千克大米。假如某单身女人某月的有效需求是 7 千克大米，但这已经是她合意的需求了，无论信贷如何宽松，她也不会再买大米了，有效需求相当充足了。

综上所述，潜在需求是合意的需求，在支付能力（包括债务收入形成的支付能力）允许的条件下可以转化为有效需求。潜在需求不是欲望，而是与需求者广义收入（包括债务收入）、商品物理属性和时尚相适应的满意购买量。

潜在需求不是实际发生的需求，而是在支付能力允许的条件下可以转化为有效需求的需求，潜在需求的产生有一定的心理因素，我们从示范效应的两个维度来考察。

（1）纵向维度。从最近过去的收入前期高点，判断当期时点的潜在需求，即自己与自己最近过去的好时光比较产生的示范效应。例如，如果过去某一时点 $t-n$ 是吃得饱的，而现在（t 时点）吃不饱，那么，$t-n$ 时点对现在有一个比较性示范，在支付能力允许的条件下，至少想要达到 $t-n$ 时点的状态，当前时点的潜在需求至少是 Y_{t-n}，即：

$$LD_t \geq Y_{t-n} = C_{t-n} + I_{t-n} \tag{9-4}$$

式（9-4）中，LD_t 表示当期潜在需求，Y_{t-n} 为最近的前期高点 GDP，C_{t-n} 为高点消费需求，I_{t-n} 为高点投资需求。

（2）横向维度。横向比较产生的示范效应可以从国内和国际两个方面来考察。

第一，国内比较。依据一国国内收入分配的历史和现状，我们将居民分为三个层次:"低收入者""中等收入者"和"高收入者"。假如高收入者的消费模式会向中等收入者和低收入者逐次提供示范效应,于是,国民收入分配越不公平(基尼系数高企),低收入者在居民总数中占比越大,想买而买不起的人数越多,潜在需求也越大,即在其他条件不变时,有:

$$LD = f(G) \tag{9-5}$$

式(9-5)中,G 为基尼系数,其他符号意义同前。

第二,国际比较。依据世界经济发展情况,我们将各国分为"发达国家""发展中国家"和"不发达国家"。假如发达国家的消费模式以及消费习惯会向"发展中国家"和"不发达国家"提供示范效应,在支付条件允许的情况下,"发展中国家"和"不发达国家"的居民也会像"发达国家"居民的消费模型逐次靠拢,于是,如果和发达国家存在一定差距,"想买"的意愿就会在其他国家造成潜在需求,即在其他条件不变时,有:

$$LD = f(PC_f - PC_d) \tag{9-6}$$

式(9-6)中,PC_f 表示发达国家人均消费水平,PC_d 表示本国人均消费水平,其他符号意义同前。进一步讨论,如果考虑到各国文化的差异,以及文化对于消费的影响,国际比较产生的示范效应应该小于国内不同收入阶层比较产生的示范效应。但是,有些文化趋同程度较高的国家之间的示范效应可能会比较大,诸如欧盟各国间和阿拉伯国家之间。

基于上面的讨论可以得出这样几个判断,对于一个需求约束型经济态势下的国家来说,与 GDP 最近的前期高点值差距越大(负增长越严重)、国内基尼系数越大、与先进国家经济发展水平差距较大,潜在需求就越大,有效需求与潜在需求之间的差额会越大。

9.3.3　IS-LM 模型有效的前提：LD 与 ED 之间的差额足够大

上节得出的判断为探讨有效需求"足"与"不足"的问题提供了方向性的指引,接下来,我们尝试通过对潜在需求和有效需求的差额分析,进一步探讨凯恩斯主义标准模型 IS-LM 有效的条件,进而从逻辑角度考察积极经济政策空间的大小。

图 9-10 中,纵轴表示总需求,LD 和 ED 的刻度分别表示潜在需求(先不讨论是横向维度还是纵向维度比较产生的),二者的差额为总需求可能实现的增量 $\Delta(C+I)$。进一步地,只有这个差额存在,才能认为"有效需求不足"状况已经发生。显然,不论有效需求的绝对数额如何,如果它与潜在需求额相当接近或相等,就不应判断为"有效需求不足",而是经济运行的其他方面出了问题。我们认为,潜在需求应该是有效需求"足"或"不足"的参照系,而不是仅从有效需求本身的大小或其他主观不悦的感受方面判断。

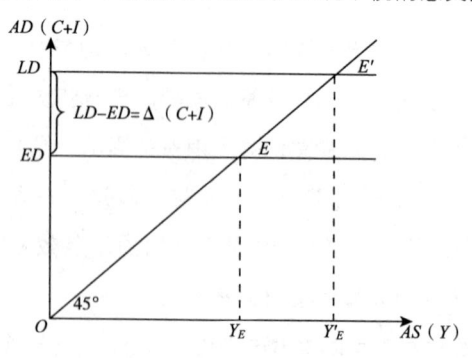

图 9-10　潜在需求与有效需求的差额

图 9-10 中的 ED 线与平面上的 45°线相交于 E 点，决定了横轴上的总供给为 Y_E，LD 线与 45°线相交于 E'点，表明总供给可能会达到 Y'_E。也就是说，产量最大的增长空间为 $LD - ED = \Delta(C+I) = Y'_E - Y_E$。在有效需求既定的条件下，经济增长的空间大小取决于潜在需求大于有效需求的程度。

图 9-11 是标准的 $LS\text{-}LM$ 模型，过图 9-10 的 Y'_E 和 Y_E 两个产出量值向图 9-11 的横轴做垂线，在图 9-11 的横轴上得到 Y_E' 和 Y_E 两个点。初始时刻 IS 曲线和 LM 曲线相交于 E 点，显然，Y_E 是有效需求不足的产量，财政政策和货币政策都有较大的空间，如果实施适度的财政政策和货币政策，GDP 会有合意的增长。在其他条件不变时，GDP 总量最高会达到 Y'_E。

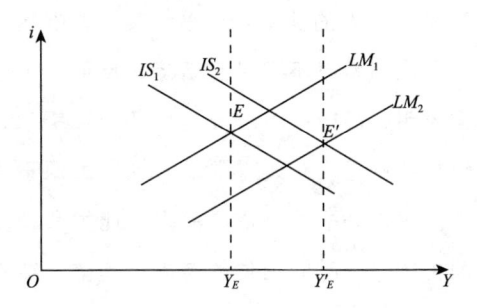

图 9-11　$IS\text{-}LM$ 模型衍生的积极经济政策空间

从经济史观察，横向维度产生的 LD 与 ED 差额一般较大，即在发生了严重的负增长条件下，积极财政政策和货币政策有较大的实施空间。美国大萧条爆发时，总需求持续回落，1933 年比 1929 年实际总产出下降了 30%。同期英国遭受了一样的命运，但情况比美国好些，1932 年比 1929 年实际总产出下降 7.1%。美国和英国都实行了积极的干预政策,前者财政政策和货币政策双管齐下,后者则以货币政策为主,其结果是,宏观经济均进入了上升通道,总产出很快就超过了1929年。[①] 从横向维度的国内层面讨论,当基尼系数较大时,较多社会公众处于"想买却买不起"的状态之中,潜在需求("想买"+"已买")客观地大于有效需求("已买")。在20世纪20年代的大繁荣中,美国经济取得了巨大成就。但是,美国社会的贫富差距并没有因为大繁荣而缩小,反而越来越大。据统计,1920~1929年,1%最富有的人享受着75%的收入增长,基尼系数从1919年的0.48增加到了1930年的0.589。按照凯恩斯的边际消费倾向递减理论,随着国民收入的增长,平均消费倾向也应逐渐下降。年复一年需要更多的投资来消化巨大的储蓄。但是,实际情况恰恰相反,美国大萧条前期国民消费率不仅没有下降,反而出现了上升的趋势。有关数据表明,1919~1929年美国的有效需求是高度增长的。我们的分析结论是,有效需求增长的动力源于当时日益盛行的信贷消费。收入分配不公造成的生产能力和消费能力之间的差距被分期付款——时间错位的需求所掩盖,特别是在耐用消费品方面。[②] 由此可以看出,用未来若干期的收入实现当期的部分潜在需求,可以扩大当期有效需求,进而维持强劲的经济增长,结构性货币供给增长——消费信贷导致的 *LM* 曲线右移存在

[①] 刘巍:《不同经济态势下货币政策的有效性——大萧条时期的历史经验》,《经济学动态》2011年第2期。
[②] 刘巍、李杰:《美国大萧条的逻辑起点:收入分配不公(1919~1929)》,《国际经贸探索》2014年第12期。

着一定空间。①

对于国内示范效应造就的潜在需求，本文只是提出了思路性的一般函数，与国际示范效应造就的潜在需求一样，分析深度还远远不够。我们拟另写专文，日后再度求教方家。

图9-12是虚拟的极端情况——潜在需求与有效需求重合，无论有效需求绝对量是否合意，事实上已经达到了极限。在这种情况下，如图9-13所示，财政政策和货币政策无力拉动有效需求。如果有关当局执意推行积极经济政策，可预知的结果一般会有两种：其一，大量货币冲向虚拟经济，造成"经济泡沫"；其二，有效需求不为所动，经济增长率仍旧低迷。

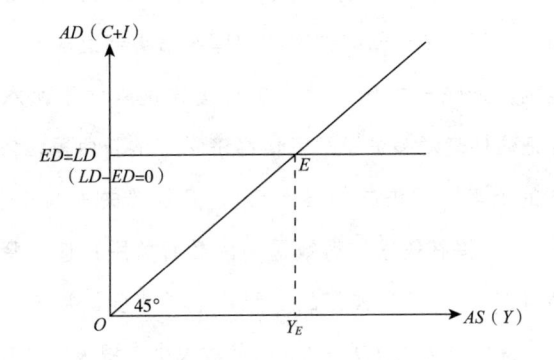

图9-12 极端情形：潜在需求与有效需求的差额为0

20世纪80年代中期以来的日本虽然没有图9-12那样极端，但是，在不考虑出口的条件下，有效需求和潜在需求在数量上应

---

① 当然，动用财政政策改善收入分配结构也应该是有效的，但是，这不仅在当时的美国，而且在当今大多数国家短期内都是难以实现的。

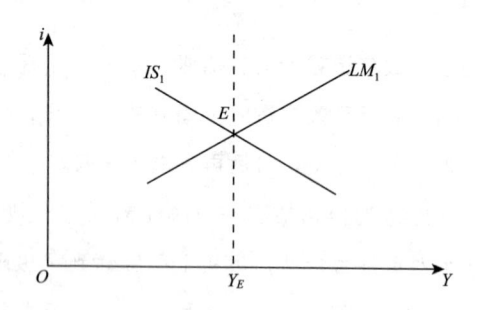

图 9-13　*IS-LM* 模型衍生的积极经济政策无空间

该是相当接近的,积极财政政策和宽松货币政策的实施空间应该相当狭小,经济增长主要依赖外需。"广场协议"打击了日本的出口之后,"量化宽松"的货币政策立即催生了"经济泡沫"。当泡沫崩溃时,正当东亚新兴国家和中国经济崛起之时,日本的出口再受重创,无论日本历届政府怎样虔诚地求助于凯恩斯经济学,甚至把这杯老酒装进了"安倍经济学"的新瓶里,依然经历了"失去的十年""失去的二十年",乃至"失去的二十五年"之"磨难"。从潜在需求与有效需求的数量关系角度解释,我们看到,25 年中日本"失去"的是经济增长速度,并未发生显著的负增长,纵向维度的 *LD* 与 *ED* 的差额太小,积极经济政策的空间几乎不存在。从消费需求层面观察,日本的消费率相当稳定,20 世纪 80 年代以来基本上稳定在 55% 左右,[①] 几乎不存在大起大落。从横向维度考察,直到 1993 年,日本的基尼系数还是

---

① 张乃丽、刘巍:《日本"经济泡沫"成因的逻辑判断与统计分析(1985~1991)》,《现代日本经济》2013 年第 2 期。

0.249，2011 年是 0.31 左右，社会贫富差距很小，90% 的人认为自己是中产阶级。① 日本人不是想买买不起，而是没什么可多买的，国内示范效应导致的 *LD* 与 *ED* 的差额几乎不存在。由于日本的人均收入名列世界前茅，国际比较也不可能产生示范效应导致的 *LD* 与 *ED* 的差额。所以，日本基本不存在有效需求（内需）不足的问题。我们曾对日本问题有过初步讨论，认为日本已经处于"新供给约束型"经济态势下，创造新物理属性的产品——发展"新供给"，诱致有效需求，方能走出经济增长低迷的困境。但是，日本虽是一个技术强国，但不是科学强国，日本人的强项是"学习—消化—吸收—创新"，却难以在科学层面领导新潮流。因此，率先实现"新供给"的境界恐力所不能及，这一出路比较遥远。②

9.3.4 结论

通过逻辑分析和历史考察分析，本文得出了以下几个不成熟的结论。

第一，有效需求"足"与"不足"的参照系应该是"潜在需求"。当有效需求显著小于潜在需求时，有效需求不足的前提存在，*IS-LM* 模型的结论成立，衍生的积极经济政策有效。当二者的差额不显著或为 0 时，有效需求不足的前提消失，*IS-LM* 模型的结论无法推出，积极经济政策不仅无效，且有负面隐患。

第二，潜在需求是合意的需求，在支付能力（包括债务收入

---

① 赵志君：《日本："失去 20 年"的"民生大国"》，《中国发展观察》2011 年 1 月。
② 刘巍、蔡俏：《新供给约束型经济：日本经济低迷的逻辑与前景分析》，《现代日本经济》2014 年第 1 期。

形成的支付能力）允许的条件下可以转化为有效需求。潜在需求不是欲望，而是与需求者广义收入（包括债务收入）、商品的物理属性和时尚相适应的满意购买量。

第三，潜在需求可以从示范效应的两个维度来考察。①纵向维度——自己与自己最近过去的好时光比较产生的示范效应。从最近过去的收入前期高点，判断当期时点的潜在需求。②横向维度——与他人比较产生的示范效应。横向比较产生的示范效应可以从国内和国际两个方面来考察：a. 国内比较。假定高收入者的消费模式会向中等收入者和低收入者逐次提供示范效应，于是，国民收入分配越不公平（基尼系数高企），低收入者在居民总数中占比越大，想买而买不起的人数越多，潜在需求也越大。b. 国际比较。假定发达国家的消费模式以及消费习惯会向"发展中国家"和"不发达国家"提供示范效应，于是，如果和发达国家存在一定差距，"想买"的意愿就会在其他国家造成潜在需求。

基于上面的结论可以得出这样几个判断，对于一个需求约束型经济态势下的国家来说，与 GDP 最近的前期高点值差距越大（负增长越严重）、国内基尼系数越大、与先进国家经济发展水平差距较大，潜在需求就越大，有效需求与潜在需求之间的差额会越大。

主要参考文献

[1] 鲍莫尔:《全球贸易与国家利益冲突》,中信出版社,2003。

[2] 波斯坦等主编《剑桥欧洲经济史》(九卷本),经济科学出版社,2002(从第五卷起为近代以来经济史)。

[3] B. R. 米切尔:《帕尔格雷夫世界历史统计》(美洲卷),经济科学出版社,2002。

[4] 曹家和:《大萧条:起因何在》,《经济学家》1998年第5期。

[5] 戴斯勒:《美国贸易政治》,中国市场出版社,2006。

[6] 丹尼尔、贝尔:《资本主义文化矛盾》,严蓓雯译,人民出版社,2010。

[7] 邓亚平、任小江:《造成有效需求不足的三个规律》,《经济研究参考》2000年第1期。

[8] 邓亚平、任小江:《有效需求不足的定义、成因及对策》,《金融研究》2000年第3期。

[9] 恩格尔曼、高尔曼:《剑桥美国经济史》,中国人民大学

出版社，2008。

［10］弗里德曼、施瓦茨：《美国和英国的货币趋势》，中国金融出版社，1991。

［11］弗里德曼：《美国货币史：1867～1960》，北京大学出版社，2009。

［12］〔美〕弗雷德里克·刘易斯·艾伦：《大繁荣时代》，秦传安、姚杰译，新世界出版社，2009。

［13］霍俊江：《计量史学基础——理论与方法》，中国社会科学出版社，1991。

［14］韩毅：《美国工业现代化的历史进程》，经济科学出版社，2007。

［15］何正斌：《经济学300年》，湖南科学技术出版社，2000。

［16］凯恩斯：《就业、利息和货币通论》，华夏出版社，2005。

［17］卡莱茨基：《社会主义经济增长理论导论》，上海人民出版社，1996。

［18］克鲁格曼：《萧条经济学的回归》，中国人民大学出版社，1999。

［19］克鲁格曼：《萧条经济学的回归和2008年经济危机》，中信出版社，2009。

［20］拉斯·特维德：《逃不开的经济周期》，中信出版社，2008。

［21］刘洪军、陈柳钦：《论宏观经济稳定运行的制度基础——对凯恩斯的有效需求理论的修正》，《江苏社会科学》2001年第6期。

[22] 李斯特：《政治经济学的国民体系》，华夏出版社，2009。

[23] 刘巍、郝雁、陈昭：《国际贸易理论的逻辑与实证——基于中国宏观经济运行角度的研究》，经济科学出版社，2008。

[24] 刘巍、陈昭：《计量经济学软件：EViews 操作简明教程》，暨南大学出版社，2009。

[25] 刘巍：《储蓄不足与供给约束型经济态势——近代中国经济运行的基本前提研究》，《财经研究》2010 年第 2 期。

[26] 刘巍、陈昭：《大萧条中的美国、中国、英国与日本》，经济科学出版社，2010。

[27] 刘巍、陈昭：《计量经济学软件 EViews 6.0 建模方法》，机械工业出版社，2011。

[28] 刘巍、陈昭：《近代中国 50 年 GDP 的估算与经济增长研究》，经济科学出版社，2012。

[29] 龙步海：《马尔萨斯的有效需求理论新探》，《云南社会科学》1990 年第 6 期。

[30] 陆寒寅：《再议金本位制和 30 年代大危机：起因、扩散和复苏》，《复旦学报》2008 年第 1 期。

[31] 马尔萨斯：《政治经济学原理》，商务印书馆，1964。

[32] 马尔萨斯：《影响世界历史进程的书：人口论》，陕西人民出版社，2013。

[33] 迈克尔·J. 希斯考克斯：《国际贸易与政治冲突——贸易、联盟与要素流动程度》，中国人民大学出版社，2005。

[34] 梅俊杰：《自由贸易的神话：英美富强之道考辨》，上

海三联书店，2008。

[35] 宋则行、樊亢：《世界经济史》，经济科学出版社，1998。

[36] 隋福民：《创新与融合——美国新经济史革命及对中国的影响（1957－2004）》，天津古籍出版社，2009。

[37] 斯坦利·恩格尔曼等：《剑桥美国经济史》（三卷本），中国人民大学出版社，2008。

[38] 唐任伍：《美国经济增长"停滞"及其对中国的影响》，《经济学动态》2008年第4期。

[39] 托马斯·罗斯基：《战前中国的经济增长》，唐巧天等译，浙江大学出版社，2009。

[40] 王璐：《有效需求问题探源：马克思和凯恩斯》，中华外国经济学说研究会第十四次学术讨论会论文摘要文集2006年。

[41] 汪新波：《从流量平衡到存量平衡——明斯基"金融凯恩斯主义"的方法论贡献及其政策含义》，《经济社会体制比较》2013年第3期。

[42] 吴承明：《经济史：历史观与方法论》，上海财经大学出版社，2006。

[43] 吴承明：《中国近代资本集成和工农业及交通运输业产值的估计》，《中国经济史研究》1991年第4期。

[44] 西斯蒙第：《政治经济学新原理》，商务印书馆，2007。

[45] 休斯：《美国经济史（第7版）》，北京大学出版社，2011。

[46] 亚当·斯密：《国富论》，中央编译出版社，2011。

[47] 约翰·穆勒：《政治经济学原理》，商务印书馆，1997。

[48] 张风科：《从萨伊定律到凯恩斯的有效需求理论——对

产出过剩问题的批判与思考》,《区域金融研究》2011 年第 2 期。

［49］张乃丽:《从国外部门角度对战前日本总供求态势的研究——基于 M-L 条件和贸易条件学说的分析》,《国际经贸探索》2012 年第 7 期。

［50］中村隆英等:《日本经济史》（八卷本）,生活·读书·新知三联书店,1997。

［51］Axel Leijonhufvud. What would Keynes have Thought of Rational Expectations? ［M］. 1983.

［52］Axel Leijonhufvud. Hicks on Time and Money ［J］. *Oxford Economic Papers*, 1984, Vol. 36, pp. 26 - 46.

［53］Bernanke. B. S. Non-monetary effects of the financial crisis in the propagation of the Great Depression ［J］. 1983.

［54］Brander, J and B. Spencer, International Rivalry and Industrial Strategy ［J］. *Review of Economic Studies*, 1983.

［55］Crucini M J, Kahn J. Tariffs and aggregate economic activity: Lessons from the Great Depression ［J］. *Journal of Monetary Economics*, 1996, 38 (3): 427 - 467.

［56］David Romer, Keynesian. Macroeconomics without the LM Curve ［M］. *National Bureau of Economic Research*, 2000.

［57］Edward Chamberlin. The theory of Monopolistic Competition ［J］. *Cambridge: Harvard University Press*, 1929.

［58］Fogel, Robert William. "Historigraphy and Retrospective Econometrics", *History and Theory*, Vol. 9, No. 3 (1970), pp. 245 - 264.

[59] Fogel, Robert William. "The Limits of Quantitative Methods in History", *The American Historical Review*, Vol. 80, No. 2 (Apr., 1975), pp. 329 – 350.

[60] Fogel, Robert William. "The Reunification of Economic History with Economic Theory", *The American Economic Riview*, Vol. 55, No. 1/2 (Mar., 1965), pp. 92 – 98.

[61] Fogel, Robert William. "The Specification Problem in Economic History", *The Journal of Economic History*, Vol. 27, No. 3 (Sep., 1967), pp. 283 – 308.

[62] Fogel, Robert William. "Three Phases of Cliometric Research on Slavery and its Aftermath", *The American Economic Review*, Vol. 65, No. 2, Papers and Proceedings of the Eighty-seventh Annual Meeting of the American Economic Association (May, 1975), pp. 37 – 46.

[63] Fogel, Robert William. "The Economic History. I. Its Findings and Method", *The Economics History Review*, New Series, Vol. 19, No. 3 (1966), pp. 642 – 656.

[64] Fogel, Robert William. "Quantitative Economic History: An Interim Evaluation Past Trends and Present Tendencies", *The Journal of Economic History*, Vol. 31, No. 1, the Tasks of Economic History (Mar., 1971), pp. 15 – 42.

[65] Fogel, Robert William. "A Quantitative Approach to the Study of Railroads in American Economic Growth: A Report of Some Preliminary Findings", *The Journal of Economic History*, Vol. 22, No. 2

(Jun. , 1962), pp. 163 – 197.

[66] Fogel, Robert William. "Current Directions in Economic History", *The Journal of Economic History*, Vol. 32, No. 1, the Tasks of Economic History (Mar. , 1972), pp. 1 – 2.

[67] G. L. S. Shackle, Sir John. Hicks. "IS-LM: An Explanation": A Comment [J]. *Journal of Post Keynesian Economics*, 1982 (3): 435 – 438.

[68] Hagen. Some Problems in the Pure Theory of International Trade [J]. *Review of Economic Studies*, 1950.

[69] Haiming Li. The Optimizing IS-LM Model: A New Framework of Macroeconomics Teaching [C]. *International Conference on Education Science and Management Engineering*, 2011: 1427 – 1430.

[70] Huw Dixon, Bill Gerrard Old. New and Post Keynesian Perspectives on the IS-LM Framework: A Contrast and Evaluation [J]. *Recent Economic Thought*, 2000 (73): 7 – 28.

[71] Joan Robinson. The Economics of Imperfect Competition [J]. London: Macmillan, 1931.

[72] North, Douglass C. and Barry R. Weingast, "Introduction: Institutional Analysis and Economic History", *The Journal of Economic History*, Vol. 60, No. 2 (Jun. , 2000), pp. 414 – 417.

[73] North, Douglass C. and Robert Paul Thomas. "An Economic Theory of the Growth of the Western World", *The Economic History Review*, New Series, Vol. 23, No. 1 (Apr. , 1970), pp. 1 – 17.

[74] North, Douglass C. and Robert Paul Thomas. "The Role

of Governments in Economic Growth in Early Modern Times: Comment", *The Journal of Economic History*, Vol. 35, No. 1, the Tasks of Economic History (Mar., 1975), pp. 18 – 19.

[75] North, Douglass C. "Beyond the New Economic History", *The Journal of Economic History*, Vol. 34, No. 1, the Tasks of Economic History (Mar., 1974), pp. 1 – 7.

[76] North, Douglass C. "Determinants of Productivity in Ocean Shipping", in Robert William Fogel and Stanley L. Engerman, ed., *The Reinterpretation of American Economic History*, New York: Harper & Row, 1971.

[77] North, Douglass C. "Government and the Cost of Exchange in History", *The Journal of Economic History*, Vol. 44, No. 2, the Tasks of Economic History (Jun., 1984), pp. 255 – 264.

[78] North, Douglass C. "Institutional Change and Economic Growth", *The Journal of Economic History*, Vol. 31, No. 1, the Tasks of Economic History (Mar., 1971), pp. 118 – 125.

[79] North, Douglass C. "Quantitative Research in American Economic History", *The American Economic Review*, Vol. 53, No. 1, Part 1 (Mar., 1963), pp. 128 – 130.

[80] North, Douglass C. "Structure and Performance: The Task of Economic History", *Journal of Economic Literature*, Vol. 16, No. 3 (Sep., 1978), pp. 963 – 978.

[81] Paul R. Krugman. Reciprocal Dumping' Model of International Trade [J]. *Journal of International Economics*, 1983.

[82] Richard Brecher. "Minimum Wage Rates and the Pure Theory of International Trade", *Quarterly Journal of Economics* 88, No. 1 (1974): 98 – 116.

[83] Robert Torrens. The Budget: On Commercial and Colonial Policy [J]. *London: Smith*, Elder, 1844.

[84] Romer C D. The nation in depression [J]. *The Journal of Economic Perspectives*, 1993: 19 – 39.

[85] Robert W. Dimand. Macroeconomics without IS-LM: A Counterfactual [J]. *Recent Economic Thought*, 2000, Vol. 73: 121 – 131.

[86] Robert W. Dimand. James Tobin and the Transformation of the IS-LM Model [J]. *History of Political Economy*, 2004, Vol. 36: 165 – 189.

[87] Robert W. Dimand, Keynes. IS-LM, and the Marshallian Tradition [J]. *History of Political Economy Spring* 2007, 39 (1): 81 – 95.

[88] Rudiger Dornbusch, Stanley Fischer. The Open Economy: Implications for Monetaryand Fiscal Policy [M]. *University of Chicago Press*, 1986: 459 – 516.

[89] Stuart Chase, Prosperity Fact or Myth, Charles Boni Paper Books 1929.

[90] Temin P. *Did monetary forces cause the Great Depression?* [M]. New York: Norton, 1976.

[91] Victoria Chick, A Comment on "IS-LM: An Explanation [J]. *Journal of Post Keynesian Economics*, 1982 (3): 439 – 444.

图书在版编目(CIP)数据

计量经济史研究方法/刘巍著.－－北京：社会科学文献出版社，2016.12
（社会经济史研究系列）
ISBN 978-7-5201-0078-6

Ⅰ.①计… Ⅱ.①刘… Ⅲ.①计量经济学-经济史-研究方法-世界 Ⅳ.①F224.0-091

中国版本图书馆 CIP 数据核字（2016）第 300537 号

·社会经济史研究系列·
计量经济史研究方法

著　者 / 刘　巍

出 版 人 / 谢寿光
项目统筹 / 陈凤玲
责任编辑 / 陈凤玲　吴春华

出　　版 / 社会科学文献出版社·经济与管理出版分社（010）59367226
　　　　　 地址：北京市北三环中路甲29号院华龙大厦　邮编：100029
　　　　　 网址：www.ssap.com.cn
发　　行 / 市场营销中心（010）59367081　59367018
印　　装 / 北京季蜂印刷有限公司

规　　格 / 开　本：880mm×1230mm　1/32
　　　　　 印　张：13　字　数：287千字
版　　次 / 2016年12月第1版　2016年12月第1次印刷
书　　号 / ISBN 978-7-5201-0078-6
定　　价 / 88.00元

本书如有印装质量问题，请与读者服务中心（010-59367028）联系

版权所有 翻印必究